闕《けつ》字《じ》にみる新島襄の精神と儀礼

明楽 誠

大学教育出版

はしがき

読者の方々は、『闕字にみる新島襄の精神と儀礼』というタイトルに、ある種の戸惑いを感じられるかもしれない。実は、私自身も、新島の用いる闕字に注目するようになったのは、比較的最近のことである。

戦後になっても新島関係資料の閲覧は、極めて制限されていた。しかし、『新島襄全集』の刊行によって研究のための資料が広く公開されるようになり、研究も活発化した。その中で、新島の闕字に注目する研究も現れた。

ニューイングランドに渡りキリスト教を学んだ新島は、慶応三（一八六七）年末に、闕字不使用宣言とも言える記述を含む書簡を日本に送っている。だが、全集に掲載されている資料を見ると、キリスト者新島は、その後も闕字を用いた文章を残している。新島は、闕字を復活させているのである。

では、キリスト者新島は、なぜ闕字を復活させたのであろうか。それは、勤王主義への接近を意味するのだろうか。しかし、研究を進めるうちに、全集を含むこれまでに活字化され公開されてきた資料では、新島の用いた闕字が正確には表記されていないことが、次第に明らかとなってきた。

それゆえ、私は、新島における闕字拒否と、その後の闕字復活の意味を解明するために、まず最初に新島遺品庫に収蔵されている新島の直筆資料を点検して、闕字使用の実態を明らかにし、テキスト・クリティークを行った。そして、その上で、新島における闕字儀礼の意味分析を試みた。

本書は、その報告である。

なお、本書は、かつて「新島襄の闕字について」と題して、『新島研究』（同志社大学人文科学研究所・同志社社史資料室発行）の第九〇号（二〇〇〇年二月）から第九二号（二〇〇二年二月）にかけて掲載していただいた論文を、部分的訂正を行った上で一冊にまとめたものであり、本書で用いている写真資料も、全て『新島研究』において掲載させていただいたものの転載である。これら写真資料の中には、一般には、これまでほとんど知られることのなかったものも含まれている。そのような貴重な資料の本書への掲載を快くお許し下さった同志社社史資料室に対し、心から感謝申し上げたい。これら資料を用いた私の拙い報告が、新島襄研究の一層の発展ために、少しでも寄与できれば幸いである。

二〇〇二年八月

明楽　誠

闕字にみる新島襄の精神と儀礼

目次

〈凡例1〉

［1］資料の表記において、『新島襄全集』全一〇巻（新島襄全集編集委員会編、同朋舎出版、一九八三〜九六年―以下、新島全集と略記）その他の新島資料に関しては、原則として資料通りの表記を行っている。ただし資料の分析に支障を来さない範囲で、編者による表記を一部省略したものや、旧字体を常用の漢字に改めたものもある。明らかな誤字・誤植については、明示しないで訂正した箇所もある。

［2］その他の文献資料からの引用においては、旧字体は原則として常用の漢字に改め、略字も常用のものに改めている。また、これら資料に付されている、ふりがな、強調の記号などは、原則として省略している。

［3］資料からの引用に際して、筆者が字句を挿入した場合には、［―筆者挿入］と表記している。資料を引用する際に一部省略した箇所は、…………印を用いたり、「（中略）」と記したりして示している。また、引用資料そのものに…………印や「（中略）」が記されている場合には、その箇所に「（ママ）」とルビを打ち、筆者による省略ではないことを示している。

［4］新島全集からの引用や参照を示す場合には、新島全集の巻数とページ数とを、略記している。例えば、（二・四五）とは、新島全集第二巻、四五ページという意味である。また、これらの巻数とページの略記の後に／印を挟んで、引用資料に関するその他の情報も付記している場合もある。

［5］新島全集の第一〇巻には『新島襄の生涯と手紙』が収録されており、それは、Arthur Sherburne Hardy, Life and Letters of Joseph Hardy Neesima (Boston and New York : Houghton, Mifflinand Company, 1891)の北垣宗治による全訳である。この中には、新島の書簡その他の文章が掲載されている。それら新島の文章は、新島全集の第六巻と第七巻に英文のまま掲載されている。私が、これらの新島資料を引用する際、和文と英文の両方を参照している場合は、例えば（一〇・七三／六・一六）のように、それぞれの巻数とページを並記している。第一〇巻からの引用に当たっては、基本的には北垣の翻訳に従っている。部分的には明記しないで、筆者が訳し直したところや、必要に応じて原文を挿入している場合もある。しかし、引用に当たって第六巻または第七巻とそのページだけを略記している場合には、それらが筆者による翻訳であることを示している。

［6］その他、各章で用いる略記などに関しては、各章の中で別の凡例を設けて示している。

闕字にみる新島襄の精神と儀礼

序章　問題提起

現代の私たちが、「欠字」という言葉でまずイメージするのは、文章中において、何らかの理由で文字が脱落している状態である。しかし、ここで私が検討しようとしているのは、儀礼作法あるいは感情表現の技法としての闕字である（以下の論考では、儀礼的表現としての欠字を「闕字」と表記し、文字の脱落を意味する欠字とは区別することにする）。このような闕字は、私たちの日常生活では、すっかり廃れてしまっている。だが、戦前までは、闕字も作法であり技法の一つであった。

例えば、大正元（一九一二）年に出版された、大町桂月校閲批評、馬場峯月編纂『作法文範　文章大観』（帝国実業学会発行）という本がある。この本には、文章の達人百余名の文章が、四百ばかりジャンルごとに編集されていて、文字通り国民が作文の上達を目指すためのお手本集である。収録されている文章の闕字使用に注目してみると、まず目に付くのは、徳富蘇峰の「今上天皇の登極を壽し奉る」と「明治天皇の崩御を悼み奉る」という文章である。

徳富は、これらの文章の中で、「今上天皇陛下」「賢所」「皇位継承」「先帝」「大運」「天子」「明治天皇」「孝明天皇」「陛下」「宝位」[1]「天皇陛下」「皇后陛下」「亀山天皇」「万世一系の皇統」「大御心」[2]の表記の前で闕字を用いている。他の達人たちの文章と比較して、闕字使用の頻度と、闕字対象となっている表記の種類の多さにおいて、これら徳富のものは際立っている。

その他、編者である馬場峯月が「儀式文」として編集している文章家たちの文章の中でも、「天皇陛下」「今上陛下」「今上天皇陛下」「皇室」「天皇」「天神の詔」「大詔煥発」「皇師」「陛下」「聖明」「大元帥陛下」「叡聖文武」「天恩」「皇沢」「聖意」「叡鑒」(3)などの前で闕字を使用している例があり、また、編者が「儀式文」の「古文」として掲載している勝安芳の「建白書」では、「上聴」「朝廷」「天朝」「皇国」「天譴」「聖徳天地」「皇化」などの前で闕字が使用されている。(4)また、編者が「論策的書翰」の「古文」として掲載している佐久間象山の文章では、「皇国」「御都城」「御国恩」「皇統」「勅許」「備中守様」「御国威」「御代之形勢」「宸襟」「御大政」「上意」「御更張」「御咎」「御政治」「御国勢」「御勅宣」「天朝」「御国体」「御勅」「御本邦」「公義御船」の前で闕字している場合がある。(5)

このお手本集には、闕字よりもさらに派手な表現技法を用いた文章も紹介されている。それは、大高源吾の「尋常の御覚悟願度」と伊藤博文の「要職解除の上奏文」である。大高は、「殿様」「天下」「大学様」「御主」「上」を表記する際に、その行の下方には広々とした空白を残したまま、これらの語を、次行の行頭に記している。(6)これらも闕字の仲間であるが、闕字とは区別して平出と呼ばれているものである。

闕字は、尊貴な人物や語を表記する場合、そのまま書いたのでは失礼と見なし、一文字か二文字分の空白を設け、敬意を表明するものであり、平出は、該当の語を行頭に置くことで、その語を上方から圧迫するものを全てなくすることで、一層強い敬意を表現しようとする技法である。(7)

伊藤は、文章中で「陛下」と表記する際、その度に改行し、しかも「陛下」と書き出す行頭を、文章中の他の行頭よりも一文字分上に出している。(8)これは、平出をさらに極端にした形式で、抬頭式と呼ばれるものである。

このように闕字といっても、細かく言えば平出式や抬頭式もある。私は、以下の論述では、細かく分類して記述する必要がある場合を除いて、闕字を広義の意味で用いることにしよう。

さて、お手本集に現れる闕字を見ると、幕末から明治にかけて、闕字対象となる語が、天皇へと収斂していく様子がよく判るし、明治時代になると、闕字は「儀式文」において頻繁に用いられているようである。

しかし、編者である馬場は、「儀式文を作るの心得は、第一は矢張達意、第二は同情、而して第三が儀礼なり。」(9)と述べているように、儀礼が最優先されているわけではなく、闕字使用を国民に促そうとしているのでもない。「儀式文」のお手本の中でも、「聖世」「勅語」「皇師」「聖皇」「聖明」「朝廷」「君国」「皇軍」「両陛下」「天皇陛下君」「皇上」「大元帥陛下」「聖天子」などの前で、闕字を使用しない文章も紹介されているし、徳富の場合でも、使用する全ての天皇関連表記に闕字を付しているわけではない。大高の母親宛書簡でも、平出を用いているのは書簡中段においてだけであり、前段でも「殿様」「天下」の語は用いているが、儀礼的な措置は行われていない。

だから、実際には、文章中で特定の語に対して闕字措置を行うかどうかという判断は、文章の書き手自身に任されていたと言ってよい。

このお手本集には、批評を務めている大町桂月の「日本の国」という文章も、「論説文」として掲載されている。大町はその中で、「万世一系の帝室」「皇室」「陛下」「皇族」「天皇」「神武天皇」などの言葉を用いながら、闕字は一度も使用していない。編者である馬場は、「徹頭徹尾人の理性に訴うるもの」が論説文の作法だと述べ、「余り体製に囚わるれば、論文の第一要義たる論旨の明確を没却することあり」(10)と戒めている。編者は、「皇室は神なり仏なり」「天皇は活神なり」(11)と論旨を明確にして、闕字儀礼に囚われないで、天皇関連表記を多用する大町の文章を、論説文のお手本として掲載している。

私が、『作法文範　文章大観』に現れる闕字に言及したのは、日本人が闕字の習慣を失って久しく、闕字というタームの意味内容について、十分な知識を持ってはいないからである。以上は、これから私が、新島の用いている闕字に関する検討を始めるための、ウォーミング・アップでもある。

さて、新島と闕字の関連について最初に言及したのは、おそらく和田洋一であろう。昭和四八（一九七三）年に『新島襄』を出版した和田は、新島精神の反封建的・民主的性格を強調したのであるが、そのときの和田は、「唯一真神を信じ、民主政体の国で一〇年近く自由の空気を呼吸した新島は、〝上　一人を奉じて下も万民〟というような言いまわしは、絶対できなかったはずである。新島が書き残した文章の中で、皇の上を一字あけるとか、皇の字が出てくるごとに行をかえたという実例は、どこにも見あたらない」[12]と記した。

この時点でも、実は活字化された新島資料の中で、天皇表記に対して闕字が用いられた事例は存在していた。例えば、森中章光が昭和三五（一九六〇）年に編集し出版した『新島先生書簡集　続編』の中には、新島が明治四年六月に明治政府へ宛てて起草した「請願帰朝之書」草稿が掲載されており、その中では、「天皇」と「明朝」表記の前で闕字が用いられていた。[13]

新島伝執筆当時の和田も、おそらくこのような闕字事例も、目にしていたのであろう。しかし和田は、それでも敢えて「唯一真神を信じ、民主政体の国で一〇年近く自由の空気を呼吸した新島は、〝上　一人を奉じて下も万民〟というような言いまわしは、絶対できなかったはずである。」と、記述したのかもしれない。当時の同志社では、新島の自筆資料を見ることができるのは、限られた人間であり、和田たちには、そのチャンスが与えられていなかったという事情も関係しているのであろう。[14]だから、和田は、活字化された資料にある闕字は、編者である森中の作為によるものであると、推定したのであろう。しかし、その推定は、あくまでも和田自身の先入観に基づくものであった。和田には、天皇に対する闕字儀礼が、新島が学んだピューリタン的な儀礼とは、絶対に相容れないものだという理解がある。和田は、そのような彼自身の闕字理解に基づいて、新島の闕字儀礼に対する態度を推定しているのである。

徳富蘇峰は、新島精神の本質は、吉田松陰と同様の日本精神だと言う。しかし、私は、「新島襄の儒教論」という論文において彼の用いる儒教的タームを検討し、それらは、完全にキリスト教的意味に転釈されていることを指摘した。[15] だが、これまでの新島研究において、新島の「日本精神」「武士精神」「儒教的倫理観」「勤王主義」などが指摘されてきたのは、新島の用いる儒教的タームだけが原因だったわけではない。

新島全集の刊行が進むに従って、新島も、実は天皇関連の表記の前で闕字を用いている場合があることが、広く知られることとなった。和田の予測は覆されたのである。かつて、新島全集の書簡編の編集に携わった杉井六郎は、新島が書簡で用いる表現の慇懃さに注目し、そこには、「表現される形態の背後にひそむ、新島の心緒、もしくはその心事」[16] があると見なし、その「心緒」とは、新島がアメリカで学んだ「平民主義の主張と矛盾するもの」であり、「江戸の武士の社会のもっていた祐筆の家の意識」[17] だと述べている。杉井は闕字について直接には言及していないけれども、彼には、後ほど詳しく紹介するところの、新島が書簡の中で用いている闕字儀礼も念頭にあって、このような記述を行っているのであろう。

新島全集の刊行が開始されて以降も、杉井に限らず、新島研究に携わる者には、新島の使用している闕字は、当然に視野に入っているはずである。しかし、その後の研究においても、闕字に言及することは、敢えて避けられてきたのではないだろうか。[18]

本井康博は、平成八（一九九六）年に、同志社大学人文科学研究所が編集し出版した『近代天皇制とキリスト教』に、「新島襄」と題した論文を寄稿している。本井は、この論文で、改めて新島全集をはじめとする新島関係資料を渉猟し、新島や同志社の皇室関連の記述や行動を整理し、新島の皇室観を検討したのであるが、その際に本井は、新島研究として、おそらく初めて、新島の闕字に注目している。

本井は、まず、従来の新島の皇室観に関する見解として、すでに紹介した和田の見解を一方の極端と見なし、また、戦前の森中が収集した、

「私が　皇室を尊崇する理由は、貴君のとは少し違ひます。なるほど我々人民は歴代　皇室の鴻大無辺なる御恩澤に欲して居ります。まことに有難いことです。然し、唯単に御恩を蒙つて居るといふ事だけで私は　皇室を尊崇するのではありません。私の　皇室を崇拝する根本精神は、崇拝する其事が、私にとっては実に天の道であると確信するがためであります(19)」

という、新島がある裁判官に語ったといわれるエピソードを、「新島の口を借り」た森中の、もう一方の極端な見解であると紹介している(20)。そして、本井は、「両極端ともいうべきこれら二つの皇室観のうち史実に近いのははたしてどちらであろうか(21)」と自問し、新島資料の検討を開始している。

検討作業の手始めとして、本井は、新島全集から、皇室関連の記述を抜き出して列記している。それらを見ると、新島が皇室関連表記の前で闕字や平出を用いている事例もあるし、また、用いていない場合もある。本井は、そのような資料を提示しつつ、次のように述べている。

「以上の諸例から判明するように天皇（制）もしくは皇室に関するまとまった論考は皆無であり、これらを基に新島の抱く皇室観を全面的に再構成することは至難である。ただ、先の和田氏の見解が正鵠を得ていないことだけは立証できた。さりとて森中氏の伝えるような熱烈な皇室崇拝者としての新島像をこころか析出することにも無理が伴う。多分に修辞上の儀礼的な用法に終始している感が強いからである。そのことは新島が旅行先においてかつて天皇が使用したのと同じ宿所で就寝したり、同じ部屋で食事をとったりすることがあっても、その記述は淡々としていて、さしたる感慨や感激に浸った様子はさらさらないことからも首肯できよう(22)。」

本井は、このように観測結果を記述し、さらに、新島の「一夫一婦制」、「皇室観の変遷」「平民主義」、さらに同志社の皇室関連の動きなどについても検討を行いながら、その論文の結論部分では、

「彼の皇室観は熱烈な皇室主義でもなく、かと言って極端な皇室否定論でもない。また彼個人の言動や彼が校長を

務めた同志社の動向からも、そこに見い出される皇室への崇拝が熱烈とはとうてい言えない。そこにあるのは通り一遍の、あるいは型通りの『崇拝』である」、「新島の場合、青年期の勤王主義的な傾向が、キリスト教に入信後も完全に否定されることなく心情的に残り、彼の思想の基底に伏流していた、と考えられる。」(23)と述べている。

私は、長らく誰も敢えて触れようとしなかった新島の闕字にも着目し、新島の皇室観を検討しようとした、この本井論文の意義は、大変大きいと考える。だが、私は、本井の、最初の自問の仕方や彼の資料理解に関しては、次のような疑問を抱く。

本井は、森中の収集したエピソードを、新島の口を借りた森中の「極端」な見解であり、「史実」とは異なると判断しているのであるが、本井は、なぜそのように判断できると言うのであろうか。それはエピソードであるから、あるいは新島が実際に語った内容とは、誤差があるかもしれない。しかし、逆に、かなり「史実」に近い可能性も、否定できないのではないだろうか。

例えば、本井の紹介している新島の天皇表記の中には、後ほど具体例を紹介するように、新島が彼の私的な記録帳の中において、明治天皇を「天皇陛下」と表記している場合がある。本井は、この記述に関して、「その記述は淡々としていて、さしたる感慨や感激に浸った様子はさらさらない」と言うのであるが、この「天皇陛下」という記述には、本井の想定とは異なって、何らかの意味における、天皇に対する新島自身の個人的心情が、込められている可能性があるのではないだろうか。そのことはまた、その他の対外的な文章における闕字措置も、単に「修辞上の儀礼的な用法」に止まるものではないことを、暗示してはいないであろうか。

また、本井は、和田の見解も「極端」であり、やはり「史実」とは距離があるものと見なしている。しかし、和田がそのように述べていることにも、根拠がないわけではない。和田は、慶応三(一八六七)年一二月二五日付の飯田逸之助宛書簡を見ていることは確かである。[24]和田は、実際には引用していないが、その書簡の中の「僕が〇〇〇〇将軍の為に欠字せぬは我輩共造化の工を受たる者にして、乃〇〇と同等の人間なるによる」（三・五二）という、新島の記述を見て、その記述を根拠にして、新島の闕字不使用を予測したのかもしれない。だから、和田が、新島は闕字を用いないであろうと述べていることも、やはり一つの「史実」に基づくものだとも言える。見方を変えるならば、本井の提示する資料には、新島が慶応三年一二月の飯田宛書簡以降において、闕字を使用しない場合もあるのだから、たとえ部分的ではあっても、新島は自ら述べた闕字不使用を遵守しているようにも見える。

だとすれば、本井が、考察の出発点において、ともに「両極端」な見解として脇に除けてしまう和田と森中の新島観は、いずれも限定は必要だとしても、共に資料的根拠に基づくものであり、新島の皇室観に、かなりの程度まで迫っていることを、意味しているのではないだろうか。

私は、本井が提示する資料から、このような関心を抱いたのであるが、本井の場合は、新島資料に現れる闕字事例の全てを視野に入れているようではなく、また、天皇関連表記についてもサンプル的に紹介しているだけであり、全てを拾い上げているわけではない。

そこで私は、本井の研究に触発されて、私自身も、新島資料の中から闕字事例や天皇関連表記を拾い出し、それらを手がかりに、新島の用いている闕字の意味を検討してみようと考えたのである。

注

（1）馬場直美『作法文範　文章大観』（帝国実業学会、一九一一年）、五六〇～五六〇頁。
（2）同書、五八二～五八三頁。
（3）同書、五三九～六三一頁。

（4）同書、六三一～六三二頁。
（5）同書、七一五～七三三頁。
（6）同書、六八四～六八六頁。
（7）闕字式・平出式に関しては、佐藤進一『［新版］古文書学入門』（法政大学出版局、一九九七年）、伊木壽一『日本古文書学〈第三版〉』（雄山閣出版、一九九五年）など、参照。
（8）前掲、『作法文範　文章大観』、六二九～六三〇頁。
（9）同書、五四〇頁。
（10）同書、二四二～二四三頁。
（11）同書、二四八～二四九頁。
（12）和田洋一『新島襄』（日本基督教出版局、一九七三年）、二四九頁。
（13）森中章光編『新島先生書簡集　続編』（同志社・同志社校友会、一九六〇年）、二六八～二六九頁。
（14）北垣宗治「森中章光先生のことども」、『新島研究』第七七号（一九九〇年一一月）所収、八一～八二頁、参照。
（15）明楽誠「新島襄の儒教論」、『新島研究』第九〇号（一九九九年二月）、参照。
（16）杉井六郎「新島襄の心緒――署名する姿と形――」、『新島研究』第七七号（一九九〇年一一月）、六二頁。
（17）杉井、同論文、六五頁。
（18）例えば、沖田行司は、「キリスト者の文明開化論」、『日本近代教育の思想史的研究――国際化の思想系譜――』（日本図書センター、一九九二年）、一九七ページにおいて、新島全集第一巻に収録されている「同志社大学設立之主意之骨案」の中の、闕字措置の表記された「天皇陛下」を含む記述を引用しながら、闕字は表記していない。
（19）本井康博「新島襄」、同志社大学人文科学研究所編『近代天皇制とキリスト教』（人文書院、一九九六年）、「第Ⅱ部　主要キリスト者における天皇制」所収、二一七頁。ここに紹介されている新島のエピソードに関する記事は、森中編『新島先生片鱗』（洗心会、一九四〇年）、六一ページからの引用である。
(20) 本井、同論文、二一七頁。
(21) 本井、同論文、二一七頁。
(22) 本井、同論文、二三一〜二三二頁。
(23) 本井、同論文、二三六頁。
(24) 和田、前掲書、一一九頁、参照。

第一章　闕字に関する資料批判

1　はじめに

私は、新島が用いている闕字に関心を抱き始めたとき、新島全集の闕字表記の信憑性について、何ら疑いを抱いていなかった。全集の「凡例」には、闕字に関する具体的記述はないが、「原史料の表記およびその体裁を尊重し」(三・ii)ている旨が示されているから、全集を頼りに新島の用いる闕字の意味や、闕字使用の法則を検討しようとしていた。

だが、具体的な作業もかなり進んだ段階で、私の中に疑問が浮かび始めた。そのきっかけは、在米中の新島が、慶応三年一二月二五日付で飯田逸之助に宛てた書簡と、明治四年に森有礼の勧めで明治政府宛に起草した「請願帰朝之書」であった。

前者、飯田宛書簡は、全集第三巻に収録されており、新島はその中で、「僕が〇〇〇〇将軍の為に欠字せぬは我輩共造化の工を受たる者にして、乃〇〇と同等の人間なるによる」(三・五二)と、闕字儀礼を廃することを表明している。しかし、この書簡を読み進んでいくと、末尾の追って書きの最初の所に、

「再白　賢兄僕の双親愚弟への厚遇、実に謝するに言なしと云つべく候、此後尚賢兄の眷顧を労す」（三・五四）との記述がある。

私は、この「賢兄」の前の一文字分の空白は、単なる空字なのか、それとも儀礼的な闕字なのか、判断に迷ってしまった。闕字不使用を宣言している書簡の別の箇所で闕字を使用するとは、実に不可解なことと思われたが、この部分の記述を見る限りでは、闕字かどうかの判断を下しかねた。

現在、この書簡の新島原本は、同志社の新島遺品庫には収蔵されていない。この書簡の所蔵・出典状態に関して、同志社社史資料室の方々にもお尋ねしてみたが、全集に「⑤根岸橘三郎『新島襄』所収」（三・五一）との注記があるように、全集へは、根岸の『新島襄』（警醒社書店、一九二三年）［以下では〈根岸本〉と略記］に収録されている書簡が転載されているのである。そこで、〈根岸本〉の該当箇所を調べてみると、

「再白。賢兄僕の双親愚弟への厚遇、実に謝するに言なしと云つべく候。此後尚賢兄の眷顧を労す。」（〈根岸本〉三一二頁）

と、表記されている。

全集の表記によれば、あるいは闕字かと思われた箇所を、〈根岸本〉で見れば、句点が付してある。全集に表記されている一文字分の空白は、〈根岸本〉から全集へと資料を転載する際に生じた単なる表記ミスなのである。このような記載ミスは、全集の他の箇所でもないとは言えない。だとすると、全集の闕字表記だけを頼りに、新島の闕字について検討を進めるのでは、あやふやさを免れ得ない。私には、このような不安が生じ始めていた。

後者、「請願帰朝之書」は、私たちが新島精神を知ろうとするとき、極めて重要な資料の一つである。しかし、なぜか、全集には収録されていない。私は、この資料については、『新島襄生誕一五〇年記念写真集　新島襄――その時代と生涯』（同志社編、晃洋書房、一九九三年）［以下では〈写真集〉と略記］に活字化されて掲載されているもの

を、普段は見ていた。

新島は、慶応三年一二月二五日付の飯田宛書簡で、闕字不使用を表明している。ところが、〈写真集〉でこの請願書を見ると、新島は「天皇」と「明朝」の表記の前で闕字を使用している（〈写真集〉一六〇頁、参照）。闕字が復活しているのである。その意味で私は、この請願書に特別に注目していた。しかし、私が、繰り返し見ていたのは、活字化された資料であった。

その〈写真集〉には、毛筆の「請願帰朝之書」の一部が、カラー写真で紹介されている箇所がある（〈写真集〉四七頁、参照）。この写真もときどき眺めていたのであるが、上述のように〈根岸本〉と全集との闕字表記の違いに気づき始めていたある日、ふとそこで用いられている闕字に目が止まった。見るとその大胆な筆づかいの書簡の中では、四箇所の「明朝」の前で、優に二文字分はある大きな空白が広がっているし、「朝命」も行頭に置かれている。私がはっきりと疑問を抱いたのは、このときであった。

普段、〈写真集〉の活字化された資料を見慣れていた私の知識によれば、新島がこの請願書で用いている闕字は、「天皇」の前の一箇所と、五箇所の「明朝」表記の内の、三番目、四番目、五番目の表記の前だけであり、一文字分の闕字が合計四箇所で用いられているはずであった。ところが、その写真の毛筆では、一番目以降の四箇所の「明朝」表記の部分が紹介されており、それら四箇所の「明朝」表記の全ての前で二文字分相当の闕字があり、「朝命」も行頭に置かれて闕字措置がさなれている。それまでは、この写真資料と活字化された資料との間にある、闕字の実際の姿の違いに、気づかなかったのである。

私は、直ちに同志社社史資料室を訪問し、〈写真集〉に掲載されている毛筆の「請願帰朝之書」の閲覧を求めた。それは、「新嶋先生文書（脱奔と帰朝）」と表書きされた桐箱に収められていて、他の資料と共に太い巻子になっていた。

活字化された請願書では、「天皇」の前に闕字があり、一番目の「明朝」の前に闕字がない。しかし、〈写真集〉に掲載されている毛筆の請願書は、中間部分はカットされていて、「天皇」表記と一番目の「明朝」の箇所は見ることができなかった。だから、私は、毛筆の請願書では、「天皇」表記と一番目の「明朝」の前がどのようになっているのかが、気になっていた。

巻子を解いていくと、「天皇」表記は行頭に記してあった。行頭に置くことで、「天皇」に対する儀礼は表現されている。次に私は、前行の末尾に目を遣った。すると、そこには、平仮名の「し」の字が書かれている。縦幅の狭い和紙の下端いっぱいまで書かれた、ゆったりとした筆致の「し」である。

次に、一番目の「明朝」も行頭に現れた。前行末尾は「若し」という言葉が書かれているが、その下方には三文字分もある広い空白が広がっている。この毛筆では、一番目の「明朝」も儀礼的表現の対象となっている。一番目の「明朝」についても、活字と毛筆とでは、儀礼的表記が異なっている。

しかし、この毛筆も、新島の自筆ではなく、新島公義による筆写であった。こうなると、私は、是非とも、新島の自筆を見たいと思い始めた。社史資料室で所在を尋ねたけれども、係の方もそれは見たことがないとのことであった。それでも私は諦めがつかず、その後も何度か社史資料室を訪ねた。

資料室には、森中章光が編集した『新島先生書簡集』（同志社校友会、一九四一年）が所蔵されている。それを開くと、新島の自筆らしい請願書の写真が掲載されていた。その写真には、ちょうど「天皇」表記の含まれる行までが写っている。「天皇」表記は、やはり行頭にあった。そして、前行の末尾を見ると、「し」の字が、長く、ほとんど下端にまで達しようとしている。しかし、延びているといっても、「し」の字の下には、若干の隙間がある。

私は、「明朝」の前での闕字措置がどうなっているのかが気になった。しかし、森中が掲載している写真では、五箇所の「明朝」表記を含む箇所はカットされている。

事情を知らない私は、新島家（新島公一氏宅）にまで、資料の所在を尋ねたりもした。しかし、現在までに収集し得る新島関係資料は、すでに同志社の新島遺品庫に収蔵されていた。『新島先生遺品庫収蔵目録　上』（同志社社史史料編集所編、一九七七年）の整理番号一二一九番と一二二〇番は、どちらも新島公義が筆写した請願書である。一二二〇番の項には、さらに＊印を付して、別に活字化された請願書も収蔵されていることが示してある。これは、後ほど紹介するところの深井英五が、大正一四年に同志社に寄贈した資料である。その表記に続けて「写真（五七九）」と記してある。これが、森中が一部写真で紹介しているところの、新島自身がペンで書いた、自筆の請願書草稿の写真であった。

この写真は、私が、ほとんど諦めかけていた頃になって、やっと出てきた。社史資料室の方々の手を随分と煩わせてしまった。この場を借りて謝意を表したい。

新島は、五箇所の「明朝」表記の全ての前で、一文字半くらいの目立つ闕字を用い、「朝命」も行頭に置かれていた。

このことで、私が試みようとしていた新島の闕字に関する研究は、再出発を余儀なくされた。新島の自筆の請願書、あるいはその写真が、同志社にいつ頃持ち込まれたのかについては、はっきりしない。しかし、『新島先生書簡集』には写真が掲載されているから、昭和一六年には、すでに同志社で保管されていたのであろう。

しかし、現代の同志社が編集した〈写真集〉では、新島の自筆で七箇所で用いられている闕字の内、四箇所しか表記されていない。新島全集の刊行が開始されたのは一九八三年であり、〈写真集〉の出版は一九九三年である。このことは、全集においても、新島自身による闕字表記は、完全には尊重されていない可能性があることを示している。全集の「凡例」にある、「原史料の表記およびその体裁を尊重し」という記載は、闕字に関しては、信憑性が低いのである。

私は、このように考えるに至り、私の作業は、まず新島の自筆資料に当たり、全集その他、これまでに活字化された資料における闕字表記との、異同を確認することから始めなければならないことを自覚した。

私のこのような関心を、社史資料室にお伝えしたところ、快く了解して下さり、私が閲覧する必要があると考えた自筆資料のほとんどは閲覧でき、また、写真撮影も許可された。以下において私が記しているのは、その調査結果である。

そして、最後に、調査結果を一覧表にしたものを提示し、この報告のまとめとしている。

〈凡例2〉

［1］作業開始に当たっては、なによりもまず、どのような事例が闕字であり、平出なのかという、測定基準を明確にしておかなくてはならない。

古文書学の概説書によれば、

「文中にある尊敬すべき語があるとき、これを並みに続け書きにすることは失礼というわけで、行を改めて書くかあるいは一、二字措いて書くのである。前者が平出で後者が闕字である。例えば、

…………………　（闕字）朝廷…………………

…………………………………

（平出）天皇…………………」（伊木壽一『日本古文書学』〈第三版〉［雄山閣、一九九五年］、二五八～二五九頁）

と、説明されている。

つまり、闕字とは、文中で尊敬すべき語の前に置かれた空白のことであり、平出とは、行の途中まで書き進めたときに、次ぎに尊敬すべき語を表記する場合、そのまま書いたのでは失礼と考え、その行の下方には、文を書き続けられる空間が残っていても、

尊敬すべき語を次行の行頭に持っていくことである。行頭に置けば、その語の上方には、広々とした空白があり、圧迫するものは何もない。圧迫の回避という点で、闕字は一文字か二文字の空白であり、平出は無限の空白であるから、一般的に言えば、闕字よりも平出の方が、儀礼形式としては丁重である。

だが、このような簡単な予備知識で、実際に、新島の自筆資料に当たり、闕字・平出の事例を確認しようとすると、概説書で例示されたものと同じ形の闕字・平出を容易に確認できる場合もあるのだが、判断に迷う場合もある。

迷う理由は様々であるが、その中の主要ないくつかについては、あらかじめ明示し、私が如何なる処置を行ったかについて述べておくことが必要である。

第一は、私の作業は、そもそも新島がどのような語を「尊敬すべき語」と見なしているのかについて、先入観を排除して進めなければならないことに起因している。

従って、文中である語の前に空白が設けられていれば、それは、ひとまず闕字ではないかと注目し、その空間が、同一資料中の他の表現や筆致などと比較してみて、なお並みの空間ではないと判断できる事例だけを、闕字と認定した。平出に関しても、同様の処置を行っている。また、ときには、判定が同一資料内だけでは行えない場合がある。その際には、新島の他の自筆資料における記述も参照しながら判定を行った。

第二は、闕字と平出の区別である。行頭に儀礼的措置を施した表記がある場合、それが平出なのか、闕字なのか、判断しかねる場合がある。そのような場合を例示すると、次のようである。

「…………………………………
　　……………………………
A ………………………」

このような場合には、行頭の儀礼対象となっている表記Aの前行末下方に、Aを闕字を用いて記入できるだけのスペースが残っている場合だけを、闕字とは区別して平出と分類して摘出した。行頭に儀礼対象の語があっても、前行末尾下方に、それだけのスペースが残っていない場合には、仮に闕字事例として分類した。

また、前行末尾下方に空白が残されていない場合でも、新島にとって儀礼対象として扱われていると判断できる語が次行行頭に置かれている場合には、そのような表記も闕字に類する儀礼的表現と見なして、闕字として分類して摘出した。

ただし、行頭に置かれた語が、闕字に類するものではないかと思われる場合でも、同一資料内において、同じ語に対して闕字措置がされていない場合もあれば、行頭の語が意図的な闕字措置なのかどうか判断できないので、これらは闕字として摘出していない。また、行頭に置かれた語が、闕字に類するものではないかと思われる場合でも、同一資料内において、同じ語が使用されておらず、また、別の資料には、闕字措置がされていない場合もあれば、この場合にも、単なる行頭表記との混同をできるだけ避けるために、闕字としては摘出していない。

[2]　記述の曖昧さを回避するために、文中に現れる特別な敬意表現としての空間や行替えは、全て「闕字」あるいは「平出」という表記を用いた。闕字ではない空間は「空字」、「平出」あるいは「闕字」とは認められない行替えは「改行」と表記した。

[3]　以下の報告では、次のような略記を用いている。

〈自筆〉とは、現在、同志社の新島遺品庫に収蔵されている自筆資料、あるいは、やはり遺品庫に収蔵されている自筆資料の写真やコピーを意味している。しかし、中には、それら収蔵資料よりも、既刊の新島関係資料に掲載されている自筆資料の写真の方が、より鮮明であったり、あるいは、既刊の資料においてしか、自筆資料を完全な形で見ることができない場合もある。これらも〈自筆〉として表示している。

〈目録上〉とは、『新島遺品庫資料収蔵目録　上』（同志社社史史料編集所、一九七七年）の略記である。この目録では、資料名の頭に整理番号が付されている。資料を引用した際には、この整理番号を記して資料の所在を示している。

〈目録下〉とは、『新島遺品庫資料収蔵目録　下』（同志社社史史料編集所、一九八〇年）の略記である。この目録でも、資料名の頭に整理番号が付されている。資料を引用した際には、この整理番号を記して資料の所在を示している。

〈深井〉とは、校友深井英五が、大正一四年に同志社へ寄贈し、遺品庫に所蔵されている「新島襄先生ノ書簡」を指す。〈深井〉に掲載されている資料は、目録編集上の分類に従って、〈目録上〉と〈目録下〉に、分散して整理されている。〈目録上〉と〈目録下〉で、「和文・タイプ印刷・洋紙・和綴八三p」と表記されているものが、〈深井〉を示している。

〈書簡集〉とは、『新島先生書簡集』（森中章光編、同志社校友会、一九四一年）を指す。

〈岩波〉とは、『新島襄書簡集』（編者代表　松山義則、岩波書店、一九五四年　第一刷発行、一九八八年、第一三刷改版発行）を指す。

〈書簡集続〉とは、『新島先生書簡集　続編』（森中章光編、学校法人同志社・同志社校友会、一九六〇年）を指す。

〈百年史〉とは、『同志社百年史　資料編一』（上野直蔵編纂発行、学校法人同志社、一九七九年）を指している。

〈全集〉とは、『新島襄全集』を示している。

〈写真集〉と〈根岸本〉については、「はじめに」において既述している通りである。

［4］　引用文の中では、しばしば………を用いて、不必要な引用を省いている。そして、また…………は、各資料における文章の書式形態の概略を、視覚的に表示する役割を持たせている場合もある。

［5］　〈自筆〉の文章を活字化して引用する場合には、空字、改行、闕字・平出の表記、句読点の他は、〈全集〉など、すでに活字化された判読と表記を尊重している。しかし、明らかな誤記については、表記を改めている場合もある。

2　自筆資料に基づく闕字調査と資料批判

［嘉永五（一八五二）年一〇月六日付、尾崎直紀宛書簡］

これは、嘉永五年、新島が九歳のとき安中藩家老尾崎に宛てた書簡である。この原本は遺品庫に収蔵されている。その表記を見ると、

・「冷気御座候得共
　御物容様益御機嫌能」（〈目録下〉一番／［写真1］）
・「蒙　御懇命頂戴物等仕」（同）
・「猶以
　御隠居様
　御新造様江も恐宜
　被仰上可被下………」（同）

とある。

この書簡は、私たちの〈凡例2〉に基づいて、行頭の「御惣容様」は「御懇命」と同じく、闕字措置として分類する。しかし、行頭にある「御隠居様」「御新造

［写真1］

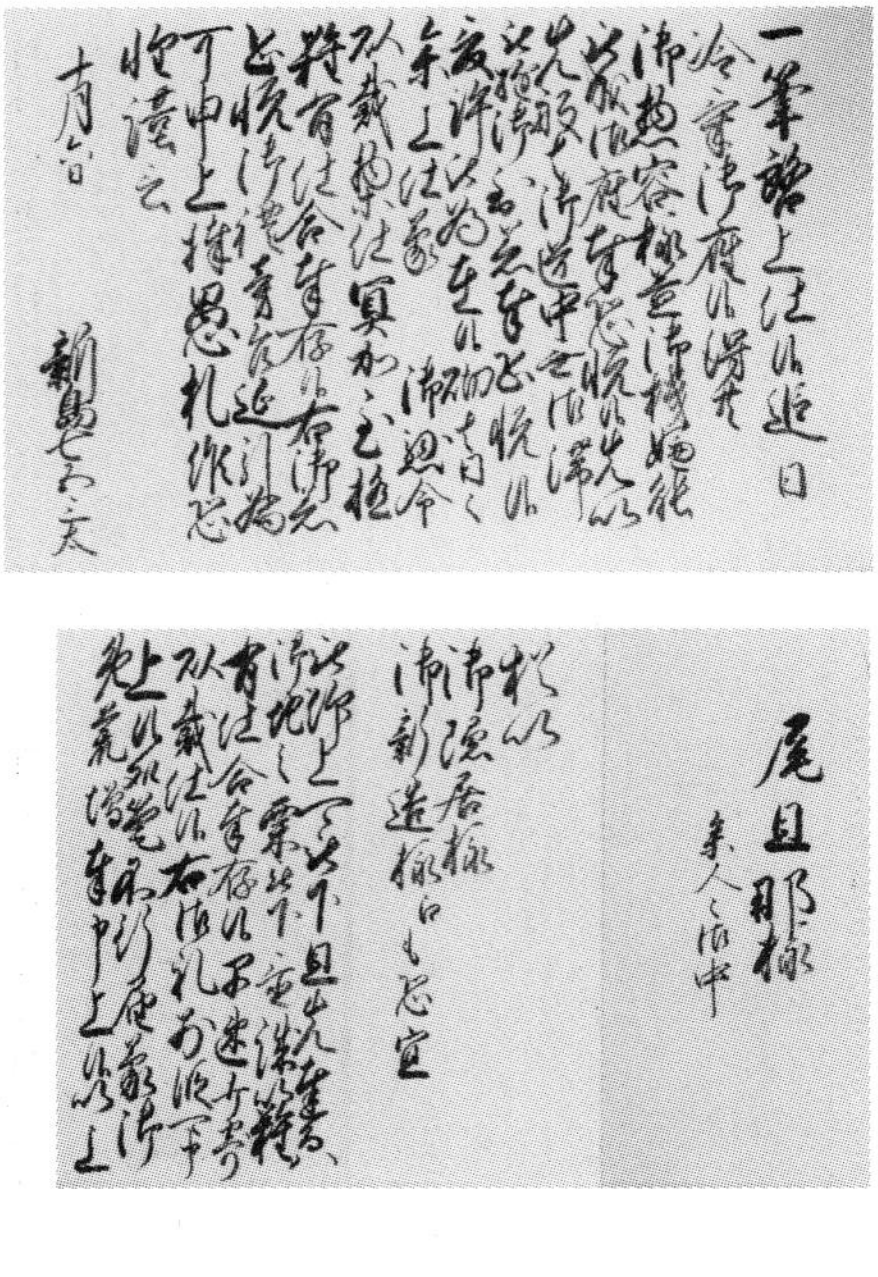

（嘉永五年一〇月六日付、尾崎直紀宛書簡／〈目録下〉一番）

様」「被仰上可被下」は、共に平出となっている。

〈全集〉では、

・「冷気御座候得共、御惣容様益御機嫌能」（三・三）
・「蒙　御懇命頂戴物等仕」（同）
・「猶以、御隠居様御新造様江も恐宜　被仰上可被下……」（同）

とあり、「御懇命」と「被仰上可被下」の前にだけ、一文字分の闕字が表記されている。

この書簡は、全集第三巻「書簡編Ⅰ」の最初に掲載されているのであるが、「④墨　⑤新島民治代筆」（三・三）との注記があるように、原本は父親民治による代筆である。従って、私たちは、この〈自筆〉書簡に見える闕字や平出が、新島自身のものなのかどうか、はっきりしたことは判らない。

［文久二（一八六二）年一二月五日付、新島民治宛書簡］

この書簡は、一九歳の新島が、玉島航海に参加したときに、旅先から父親に送ったものである。

〈自筆〉では、

・「一筆奉呈候厳寒之節御座候処
　御老大人様初……」（〈目録下〉三番／［写真2］）

と、「御老大人様初」の前で行を改めており、前行の末尾には一文字分程度の空白がある。

「御老大人様初」（「御老大人」とは祖父新島弁治のこと）の筆致から見ても、この行替えには儀礼的意味が示されていると見なすことができる。この事例は、私が〈凡例2〉で示した測定基準に従って、闕字事例として摘出することにする。

この箇所は、〈書簡集〉では、

・「御座候処御老大人様初め」（一頁）

〈岩波〉では、

・「御座候処、御老大人様（祖父弁治）初め」（一八頁）

〈全集〉では、

・「御座候処、御老大人様初」（三・七）

と表記され、いずれも闕字は表記されていない。

［写真2］

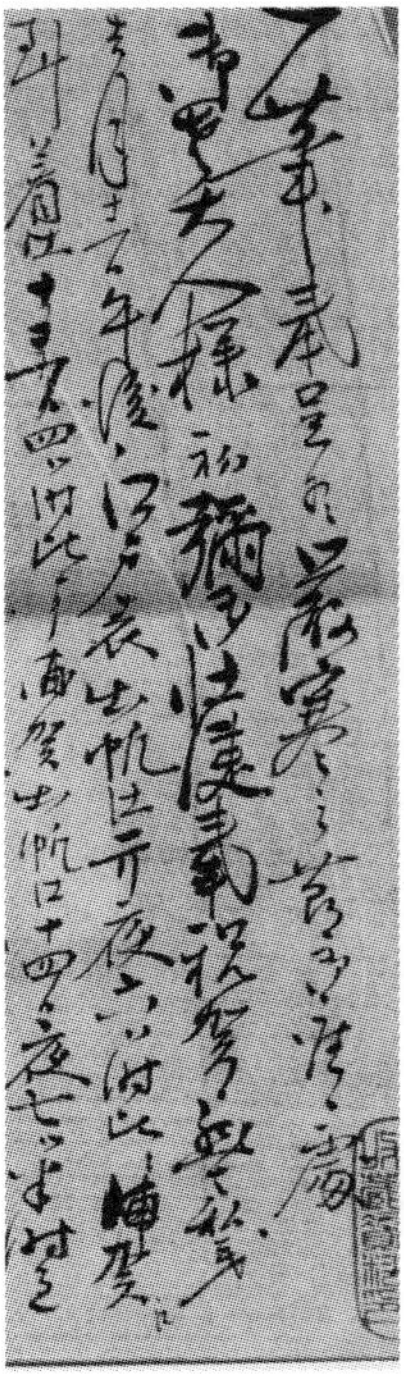

（文久二年一二月五日付、新島民治宛書簡／〈目録下〉三番）

［「函楯紀行」、元治元（一八六四）年三月七日～五月二二日］

この紀行文は、新島が、函館航海に出発する少し以前から書き始め、航海途中の寄港地や函館の様子を記したものである。その中には、新島が、近日函館方面へ航海があるとの情報を得て以降、彼もそれに参加できるよう周旋に走り回り、遂に藩主から許可が下りるまでの経緯を記録した箇所、寄港地での見聞を記した箇所、函館で自らも受診したロシアの病院と比較しながら、日本の医療政策を記述している箇所などがある。

〈自筆〉では、

・「…………早速我　藩へ行き」（〈目録上〉六五八番、「函楯紀行」一頁／［写真3］）

・「…………早々支度し　幹家に」（同、二頁／［写真4］）

・「……君何そ　君公に請ひ…………」（同、二頁）

・「…………君公殊之外」（同、三頁／［写真5］）

・「…故に疾走［す］るこ事飛か如く　藩に至り…」（同、三頁）
・「………………又　幹家に………」（同、三頁）
・「……………………彼申には　主公…」（同、三頁）
・「……………漸く　君公より…」（同・四頁／［写真6］）
・「………　君公の不在……」（同・五頁／［写真7］）
・「……領する者　政府之外……」（同・九頁／［写真8］）
・「我か　政府を背にし却て…」（同・二六頁／［写真9］）
・「の策を我　政府察せさるは……」（同・二六頁）
・「嗚呼我　政府早く…………」（同・二六頁）

と、記している。

新島は、「藩」「幹家」「君公」「主公」「政府」の前で闕字を用いている。行頭に「幹家」が記された事例もあるが、文中には「幹家」に対して闕字を用いていない場合もあるので、これらは〈凡例2〉に示したように闕字としては摘出しない。また、行頭に置かれた「御賞歎」と「許宥」も、新島の藩主に対する敬意を表明している可能性があるが、資料中に同類の語で闕字措置の事例がないので、これらも闕字としては摘出しない。

［写真3］

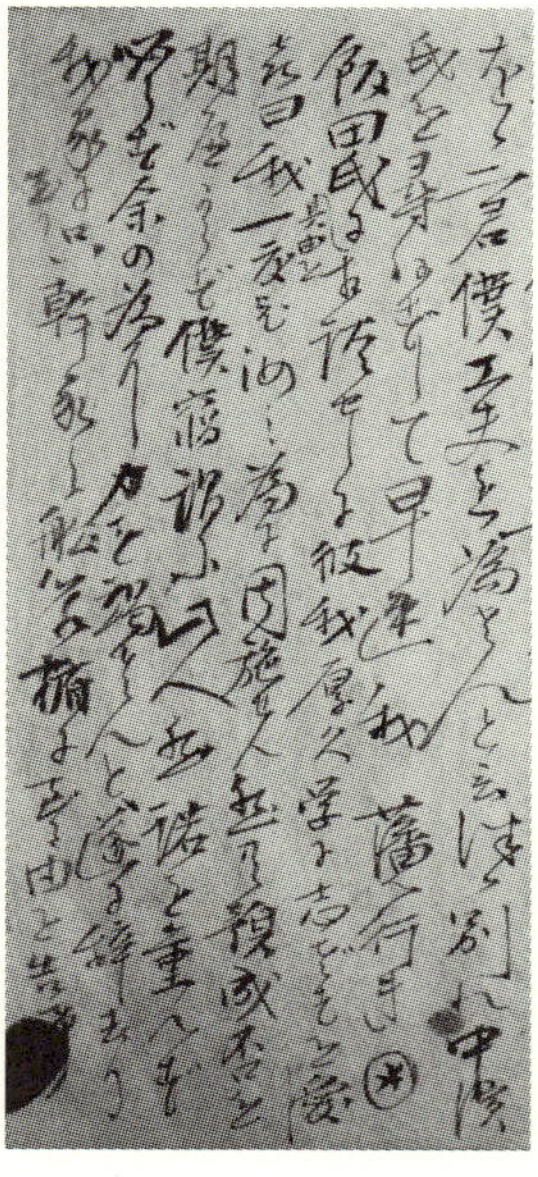

（「函楯紀行」、元治元年三月七日〜五月二二日／〈目録上〉六五八番）

［写真4］

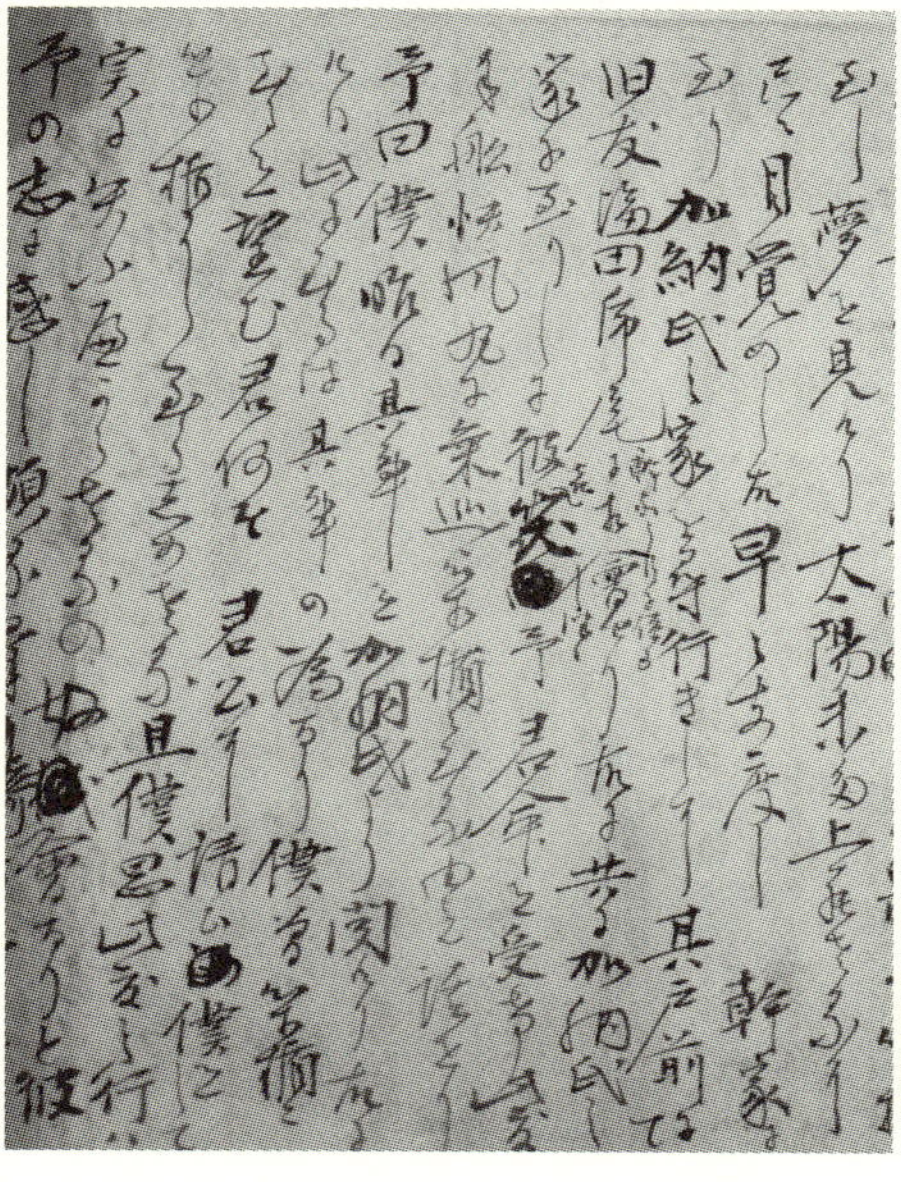

（同「函楯紀行」）

しかし、
〈書簡集続〉で、これらの箇所を見ると、
・「…………早速我藩へ行き」（一八九頁）
・「…………早々支度し幹家に至り……」（一九〇頁）
・「…………君何そ君公に請ひ………」（同）
・「……請ひしかば君公殊之外御賞歎………」（同）
・「…故に疾走〔す〕るこ事飛か如く藩に至り………」（同）
・「…………又幹家に………」（同）
・「…………彼申には主公」（同）
・「…………漸く君公より……」（一九一頁）
・「…………　君公の不在……」（同）
・「…………領する者政府之外……」（一九四頁）
・「……我か政府を背にし……」（二〇四頁）
・「…長久の策を我か政府……」（二〇五頁）
・「…………嗚呼我政府早く……」（二〇六頁）
と表記されている。

編者である森中は、ただ一箇所、「君公」の前で一文字分の闕字を表記しているだけである。

さらに、〈全集〉で、これらの箇所は、

［写真5］
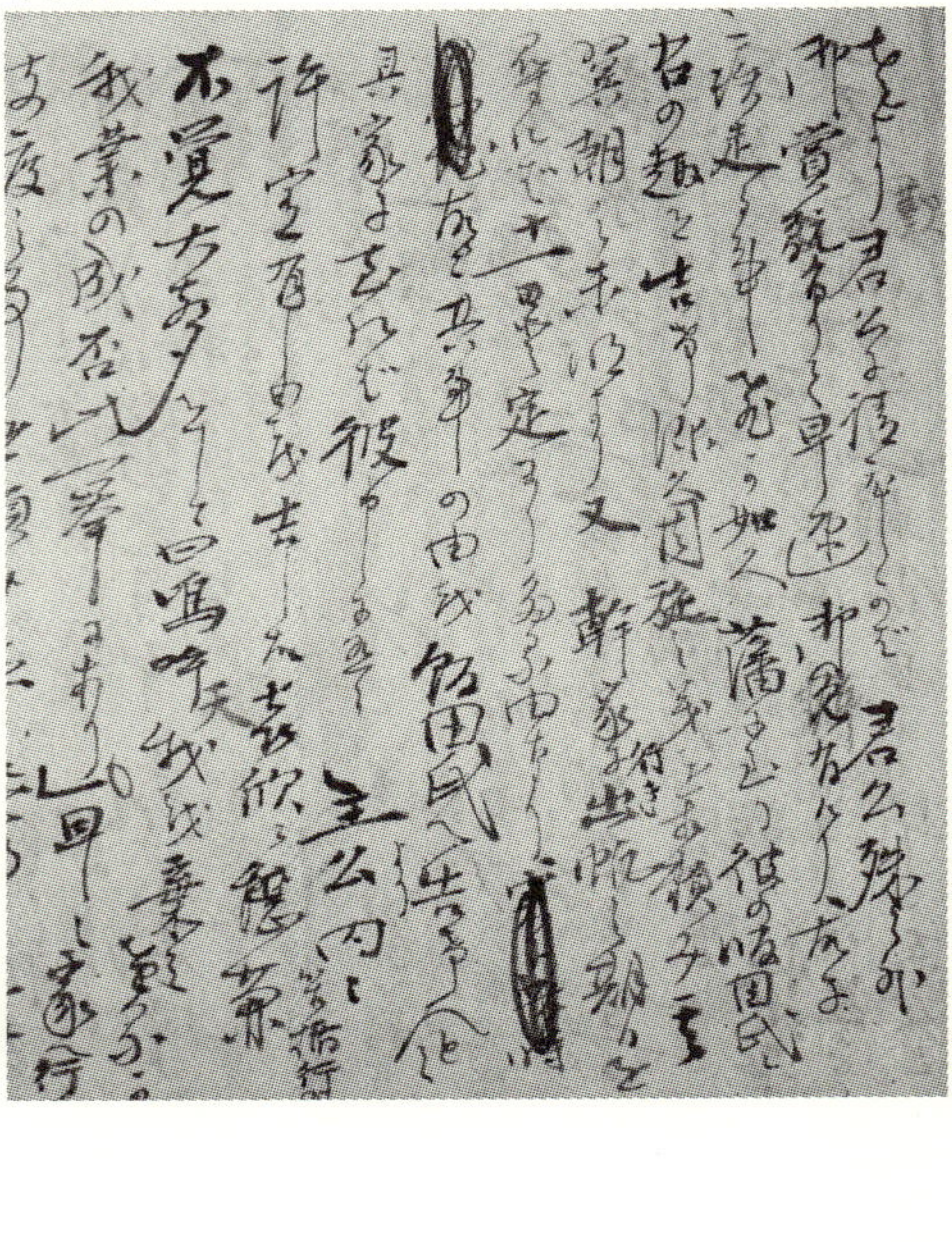
（同「函楯紀行」）

［写真6］
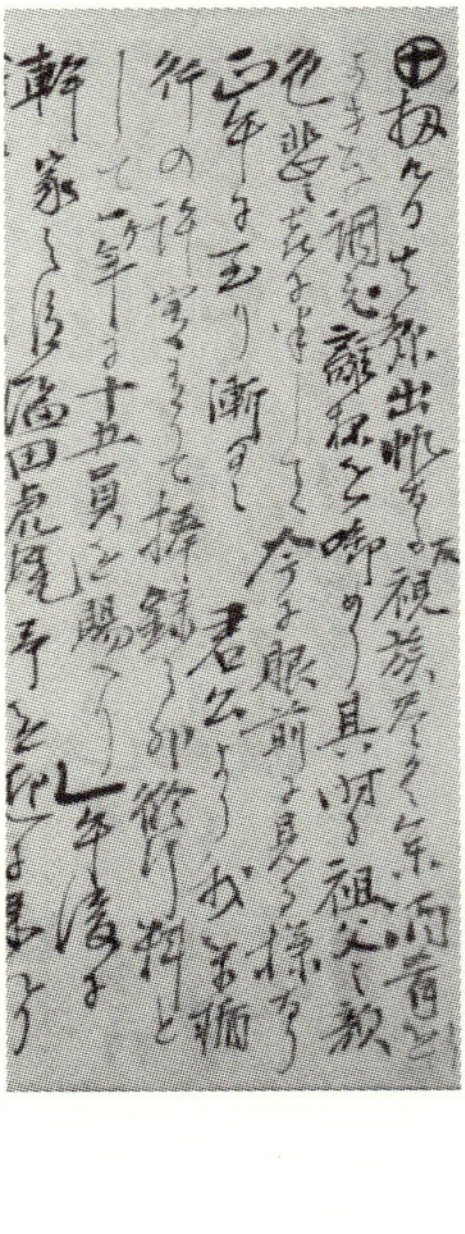
（同「函楯紀行」）

・「……早速我藩へ行き、飯田氏……」（五・八）
・「……早々支度し幹家に至り………」（同）
・「………君何そ君公に請ひ……」（五・九）
・「………君公殊之外御賞歎……」（同）
・「…故に疾走〔す〕るこ事飛か如く、藩に至り……」（同）
・「………………又幹家に……」（同）
・「…………彼申には主公……」（同）
・「………漸く君公より……」（同）
・「………求めしめしが、君公の不在……」（五・一〇）
・「………領する者政府之外……」（五・一二）
・「………我か政府を背に………」（五・一二）
・「………長久の策を我政府察セさるは………」（同）
・「……嗚呼我政府早く…………」（同）
と表記され、闕字は全く表記されていない。

［元治元年四月二五日付、新島民治宛書簡］

この書簡は、すでに函館にやってきた新島が、見聞した函館の様子などを、民治に伝えたものである。

〈自筆〉では、

［写真7］

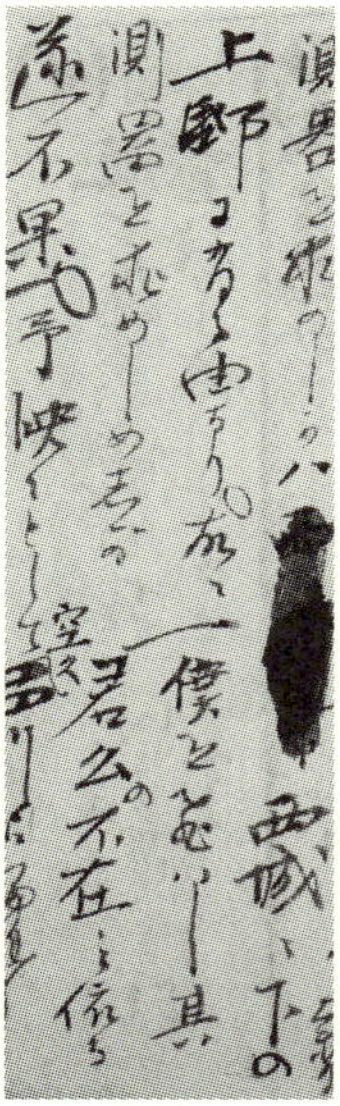

（同「函楯紀行」）

［写真8］

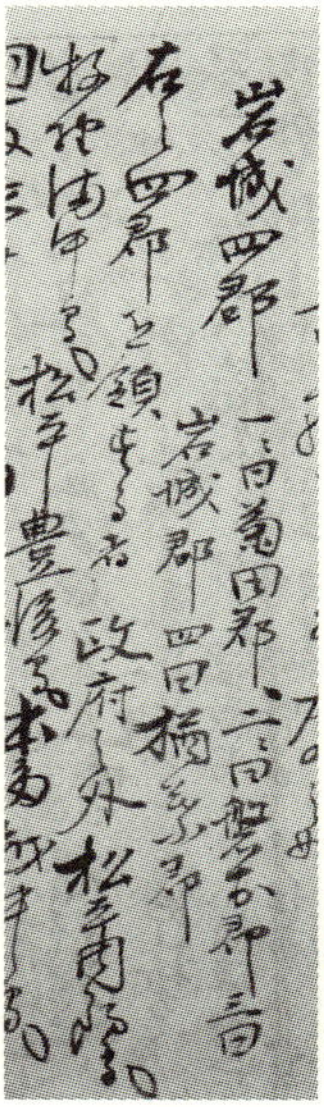

（同「函楯紀行」）

［写真9］

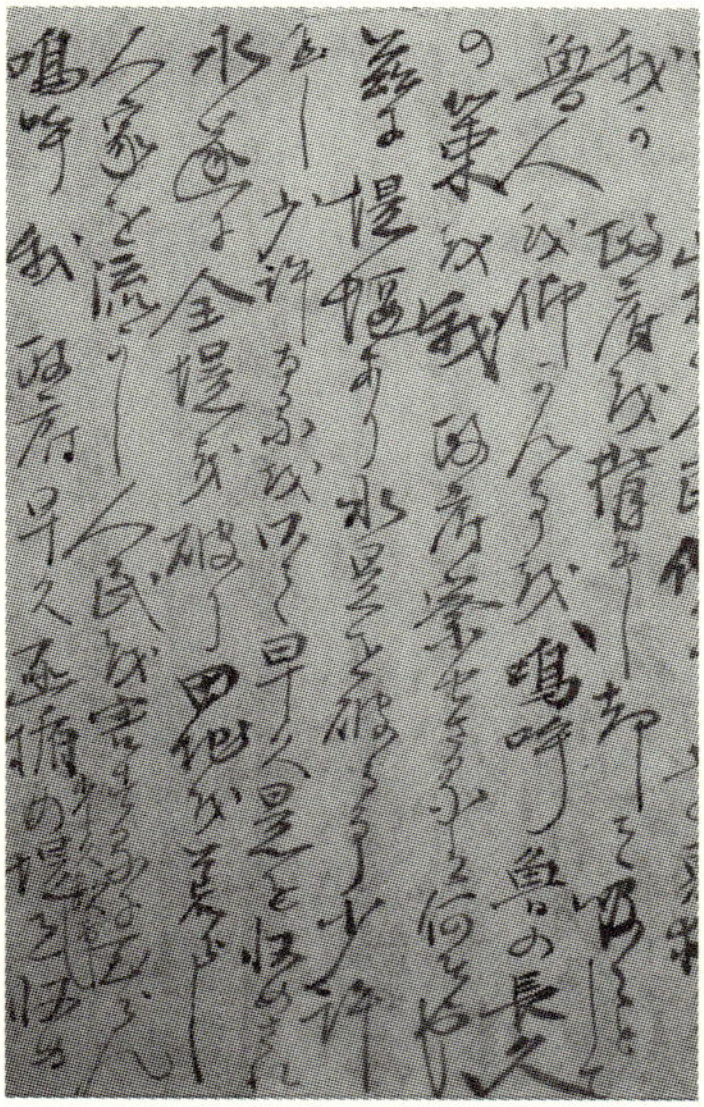

（同「函楯紀行」）

・「一筆啓上仕候向暑之砌
　御座候処
　御老大人様初……………」（〈目録下〉四番／［写真10］）

・「尚々
　御老大人様初…………」（同／［写真11］）

と、表記されている箇所がある。

　前者の「御老大人様」は平出である。しかし、後者の「御老大人様」は、この部分の表記だけ見たのでは、平出なのか、それとも単なる改行なのか判定できない。

　この時期の新島の書簡には、しばしば「尚々」「猶以」「再曰」などで書き出している文章がある。それらを見ると、

・「尚々寒気甚強ク御座候間」（文久二年一二月五日付、新島民治宛書簡／［写真12］）

・「尚々おみよさまニも」（元治元年四月二五日付、民治宛書簡／［写真10］）

・「尚々時候折角御厭可被下候」（元治元年六月一四日付、民治宛書簡、〈目録下〉六番／［写真13］）

・「　再曰
　老大人之御不快如何…………」（慶応元年、新島双六

［写真10］

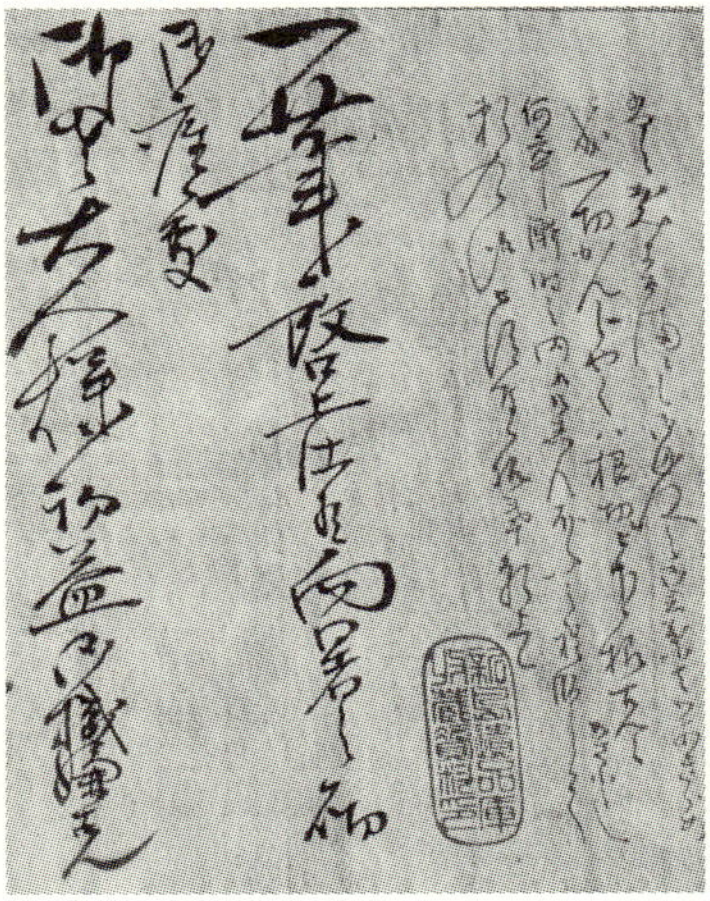

（元治元年四月二五日付、新島民治宛書簡／〈目録下〉四番）

［写真11］

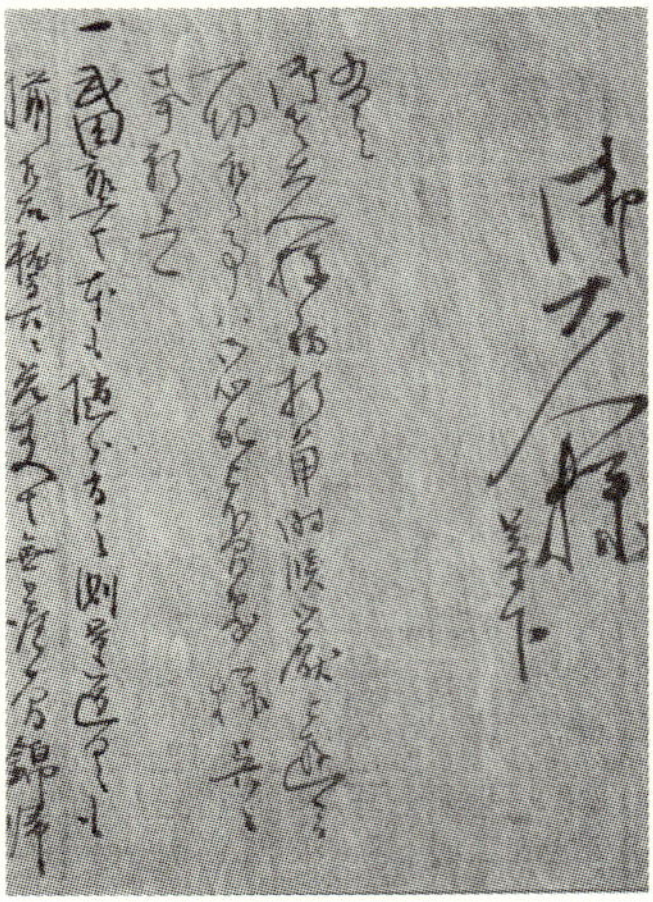

（新島民治宛、同書簡）

宛書簡、〈目録下〉一〇番／［写真14］）

・「猶以時候折角御厭可被遊候様」（慶応二年二月二一日付、民治宛書簡、〈目録下〉八番／［写真15］）

・「尚々御酒をあまりめしあがらぬ様奉願候」「尚以時候折角御厭被成」（慶応三年三月二九日付、民治宛書簡、〈目録下〉三〇九三番／［写真16］［写真17］）

・「尚々　時候折角…………」（慶応四年九月一日付、民治宛書簡、〈目録下〉三〇九五番／［写真18］）

と表記されている。

これらの事例は、新島が「尚々」と「再曰」の後で行替えを行っているのは、その後に祖父弁治を表記する場合だけであることを示している。すでに私たちは、新島による祖父弁治表記に対する闕字事例と平出事例を、一箇所ずつ確認できていることも併せて考慮すれば、これらも平出と見なしてよいであろう。

〈岩波〉では、

・「一筆啓上仕り候。向暑の砌りに御座候処、御老大人様（祖父弁治）初め…………」（一二三頁）

・「尚々御老大人様初め…………」（一二四頁）

〈書簡集続〉では、

［写真12］

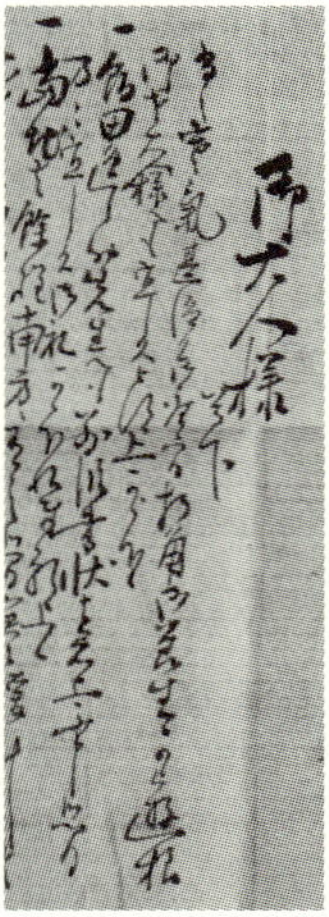

（文久二年一二月五日付、新島民治宛書簡／〈目録下〉三番）

［写真13］

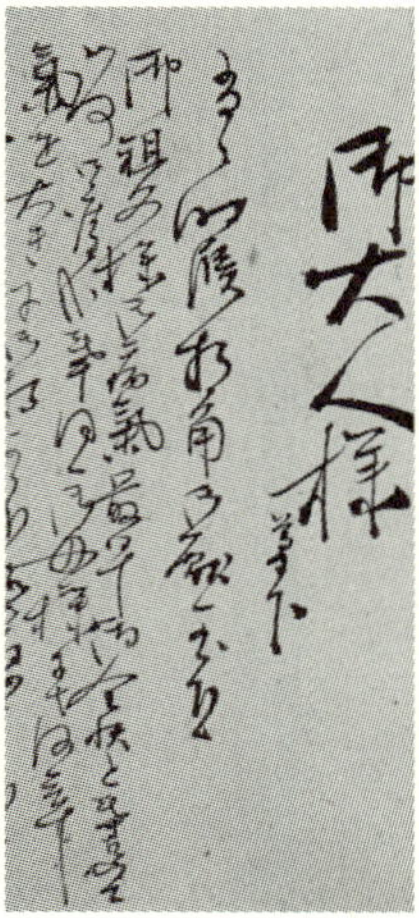

（元治元年六月一四日付、民治宛書簡／〈目録下〉六番）

［写真14］

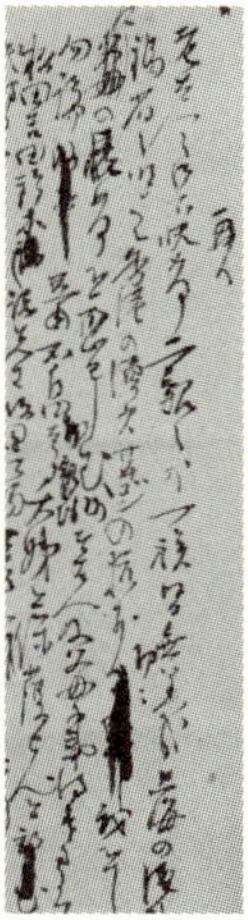

（慶応元年、新島双六宛書簡／〈目録下〉一〇番）

［写真15］

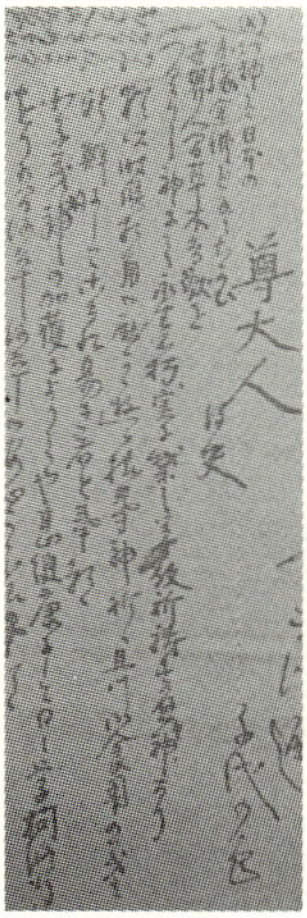

（慶応二年二月二一日付、民治宛書簡／〈目録下〉八番）

・「一筆啓上仕候向暑之砌御座候処御老大人様初…………」（二頁）

・「尚々

　御老大人様初…………」（三頁）

〈全集〉では、

・「一筆啓上仕候、向暑之砌御座候処、御老大人様初…………」（三・一二）

・「尚々、御老大人様初…………」（三・一二）

と、表記されている。

〈自筆〉では、新島は二箇所で平出を用いているのであるが、他の資料では、〈書簡集続〉が一箇所の平出を表記しているのみである。

[元治元年六月一四日付、新島民治宛書簡]

これは、新島がアメリカ商船に乗り込み、密航を決行することになった日に、民治に宛てた書簡である。

〈自筆〉では、

・「一簡奉捧候向厚之砌

　御座候処

[写真16]

（慶応三年三月二九日付、民治宛書簡／〈目録下〉三〇九三番）

[写真17]

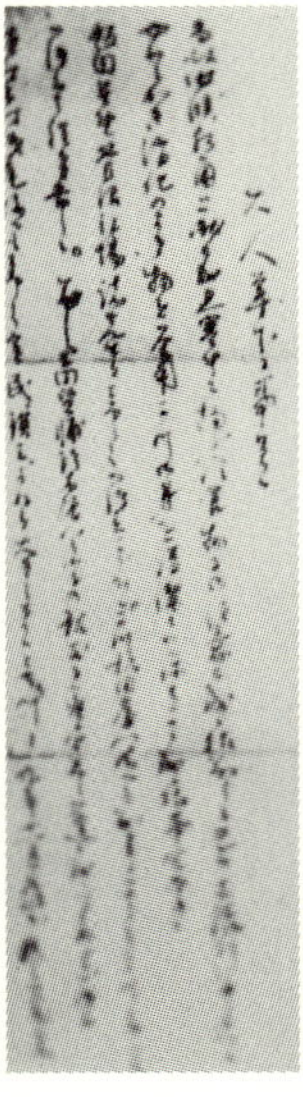

（同、民治宛書簡）

[写真18]

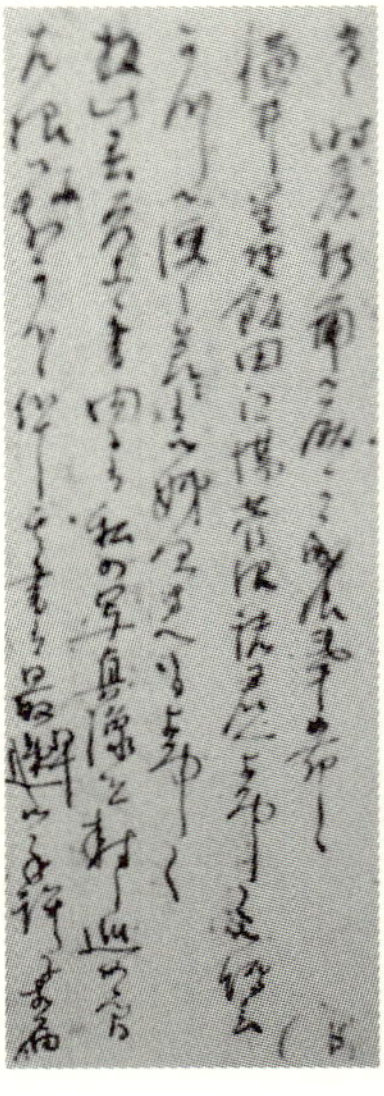

（慶応四年九月一日付、民治宛書簡／〈目録下〉三〇九五番）

御祖父様初………」（〈目録下〉六番／［写真19］）

とあり、新島は、「御祖父様」に対して平出を用いている。

〈深井〉では、

・「一簡奉捧候向暑の砌御座候処
御祖父様初………………」（一頁）

とあり、〈自筆〉の平出が表記されていると見なしてよい。

しかし、〈書簡集〉では、

・「一簡奉捧候向暑の砌御座候処御祖父様初………」（六頁）

〈岩波〉では、

・「一簡捧げ奉り候。向暑のみぎりに御座候処、御祖父様初め、………」（二七頁）

〈全集〉では、

・「一簡奉捧候向厚之砌御座候処、御祖父様初………」（三・一九）

とある。

〈深井〉以外は、いずれも平出が表記されていない。

［写真19］

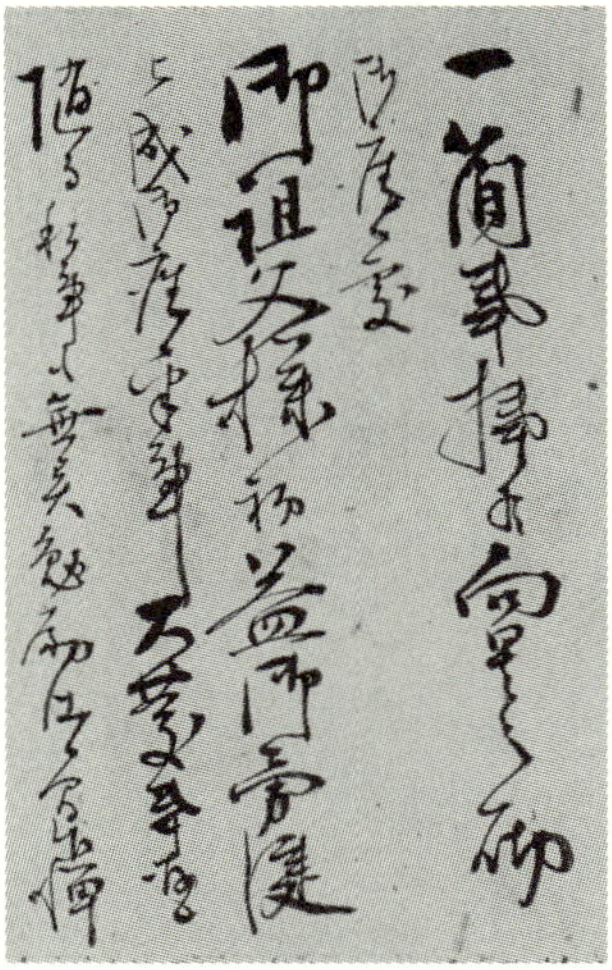

（元治元年六月一四日付、新島民治宛書簡／〈目録下〉六番）

［慶応元（一八六五）年、新島双六宛書簡］

これは、慶応元年に航海途上の新島が、弟双六に宛てた書簡である（〈目録下〉一〇番。〈目録下〉では慶応三年の書簡と推定されているが、〈全集〉では慶応元年のものとされている（三・二一、参照））。この〈自筆〉には、

・「　　再曰
　老大人之御不快如何………」（〈目録下〉一〇番／［写真14］）
と、表記されている箇所がある。
　この「再曰」の後の行替えは、すでに行った「尚々」「猶以」を用いた別の表現との比較から、「老大人」に対する敬意を表記するための平出と、見なすことができる。
　この平出は、〈全集〉では、
・「　　再曰
　老大人之御不快如何………」（三・一二二）
と、〈自筆〉と等しい表記がなされている。
　しかし、〈全集〉では、それ以前の〈自筆〉にある闕字や平出は、表記されていないのだから、全集の読み手には、この行替え事例が平出であると判断することは不可能であろうし、おそらく、全集の編集においても、平出とは見なしていなかったのであろう。

［慶応二（一八六六）年二月二一日付、新島民治宛書簡］
　新島は、すでにボストン到着から約一年半が経過している。〈自筆〉を見ると、
・「敬而奉呈鄙辞候　御老大人様初御一統」（〈目録下〉八番／［写真20］）
と、「御老大人初御一統」の前で闕字を用いている。この闕字は一文字分程度のサイズだが、よく目立つものである。
　この闕字は、〈深井〉では、
・「敬て奉呈鄙辞候　御老大人様初御一統」（三頁）

〈書簡集〉でも、

・「敬て奉呈鄙辞候　御老大人様初御一統」（七頁）

と、いずれも一文字分の闕字が表記されている。

しかし、〈岩波〉では、

・「敬で鄙辞を呈し奉り候。御老大人様初め御一統」（二九頁）

〈全集〉では、

・「敬而奉呈鄙辞候御老大人様初御一統」（三・二七）

とあり、闕字は表記されていない。

〔慶応三（一八六七）年三月二九日付、新島民治宛書簡〕

この書簡で、新島は、父親民治に対して、アンドーヴァーの様子や、父親にも日本の神仏崇を拒絶し、独一真神への祈祷を行うべきことを記している。

〈自筆〉では、

・「扨　御老大人様初御一統…………」（〈目録下〉三〇九三番／〔写真16〕）

とある。

新島は、「扨」と「御老大人」の間に、一文字分には満たないけれども、他の字間と比較して、かなり広い空白を作っている。これは、これまで祖父を表記する際に平出や闕字を使用してきた新島の、習慣化された敬意表現の残滓と解することができる。

この表記箇所は、

［写真20］

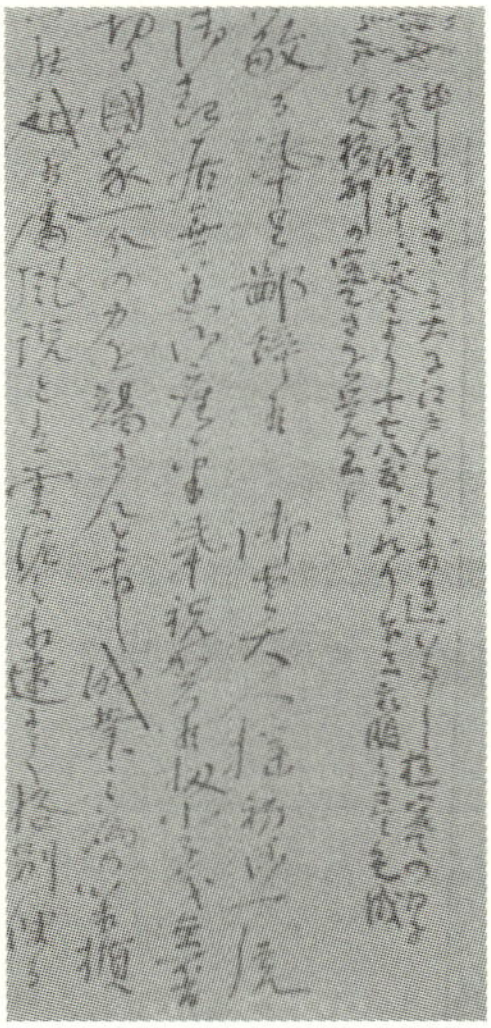

（慶応二年二月二一日付、新島民治宛書簡／〈目録下〉八番）

〈岩波〉では、

・「扨て、御老大人様（祖父弁治）初め御一統…………」（三三頁）

〈書簡集続〉では、

・「扨御老大人様初御一統…………」（六頁）

〈全集〉でも、

・「扨御老大人様初御一統…………」（三・三一）

と記され、いずれの場合も闕字は表記されていない。

［慶応三年一二月二四日付、新島双六宛書簡］

この書簡で新島は、弟双六に対して、日本の「忠」とキリスト教の「忠」は異なることや、「孔孟の道」では日本の繁栄はもたらされないことを伝えている。新島は、この書簡では祖父表記は用いていないが、「皇国」と「政府」という表記を用いて、〈自筆〉では次のように記述している。

・「是又欣喜」皇国の形勢…………

…………開化の兆なるへし。」政府数万の兵…………」（〈目録下〉三〇八八番／**［写真21］**）

「皇国」と「政府」、さらに写真資料では、次行の「兵制」、さらに次行の「予か」の前には、改行マークが記してある。これらのマークが、誰の手によって、いつどのような理由で書き入れられたのかは不明である。また、「兆しなるへし」の後には句点があるが、周囲の文中では他に句点が用いられた事例はないから、これも、改行マークを書き込む際に付け加えられたものであろう。これら改行マークと句点を除いてみても、「皇国」と「政府」の前には、他の箇所に較べて広い空白があるわけではない。この時点の新島は「皇国」や「政府」に対して、闕字処理をしているようには見えない。

だが、〈岩波〉では、

・「…………是又欣喜。
皇国の形勢……………開化の兆なるべし。政府数万の兵
……兵制の…………
予が箱楯より………」（五四頁）

とある。〈岩波〉では、「欣喜」の後に句点を付し、「皇国」表記の前だけで行替えが行われている。〈岩波〉は、〈自筆〉の「皇国」の前の改行マークは活かしている。しかし、他の三箇所の改行マークは活かしていない。その結果、読み手には、新島が元々「皇国」の前だけで、改行しているのだとの印象を与えることになる。

［写真21］

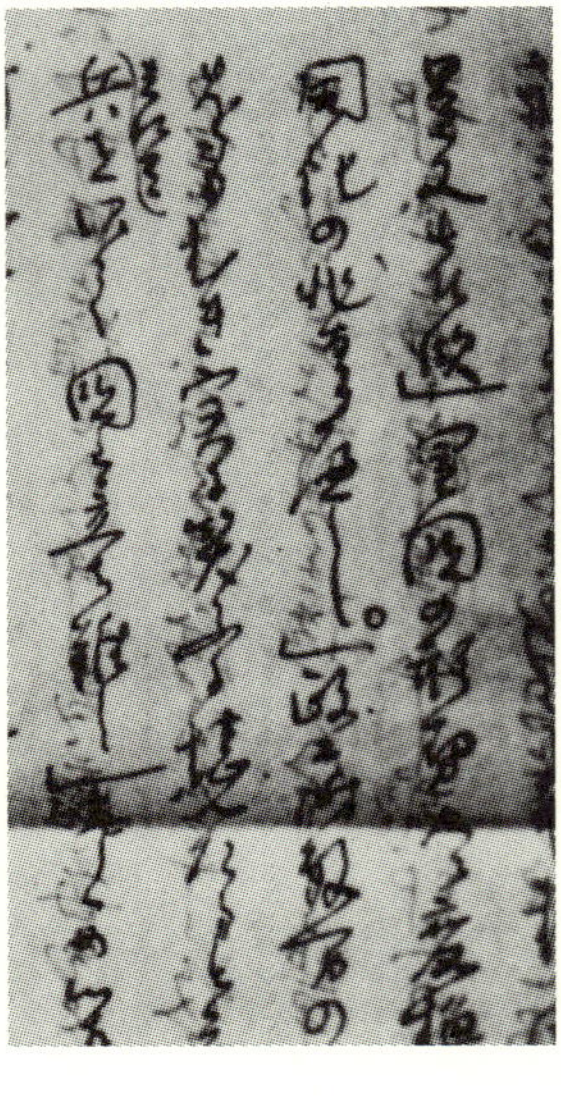

（慶応三年一二月二四日付、新島双六宛書簡／〈目録下〉三〇八八番）

〈全集〉では、

・「……………………是又欣喜
皇国の形勢…………開化の兆なるへし
政府数万の兵…………
兵制の…………
予か箱楯より…………」（三・四〇）

と、新島が挿入した四箇所の改行マークを尊重した表記を行っている。

〈岩波〉も〈全集〉も、闕字は表記していない。

［慶応三年一二月二五日付、新島民治宛書簡］
この〈自筆〉は遺品庫には存在しない。しかし、〈全集〉の表記では、

・「……………………………御座候
熊若様御逝去なされ候よし、実に残念長太息之至りニ御座候
…………………………………………………………………」（三・四八）

と記されている。この「熊若様」は、〈全集〉の表記を見る限り、平出処理されていると見なすことができる。

［慶応三年一二月二五日付、飯田逸之助宛書簡］
この書簡については、「はじめに」のところで言及したように、〈全集〉では、追って書きの最初の所に、

・「再曰　賢兄僕の双親愚弟への厚遇、」（三・五四）

という表記がある。

私たちは、すでに新島の自筆資料の中で用いられている「尚々」「猶以」「再曰」表記に注目した。その結果、「尚々」と「再曰」の後の行替えは、平出と判断した。このことは、「再曰」の後に空白があれば、それは闕字と解し得る可能性もあることを示している。だが、新島は、「尚々　時候折角………」と、「尚々」の後で空字を設けている場合もあるから、逆に単なる空字である可能性も否定はできない。

〈全集〉へ収録されているこの飯田宛書簡は、〈根岸本〉からの転載であり、〈根岸本〉のその箇所は、「再曰。賢兄僕の双親愚弟への厚遇。」（〈根岸本〉三一一頁）とあるのだから、〈全集〉での「再曰」の下の一文字分の空白は、転載の際の表記ミスによって発生した空字であると、ひとまずは見なし得る。

根岸が原本から筆写する際、「。」を誤記した可能性を排除することはできないが、闕字不使用宣言を行った当の書

簡の中で、闕字を行うのは不可解であると考え、ここでは根岸に従って、闕字処理なしと、ひとまず判断する。なお、最終結論は、原本そのものの発見される日に委ねたい。

［明治四（一八七一）年六月、「請願帰朝之書」草稿］

この資料は、「はじめに」でも言及したが、その存在は戦前から知られており、今までに何回か活字化もされてきた。しかし、この資料は、全集には収録されていない。

まず、〈自筆〉の表記を示すと、次のようである。

・「…………………近頃聞く国家一新し
天皇頗賢明傑才を挙用し草蘆の士ニ至る迄も
…………………（中略）…………………
……………………………去なから若し
明朝旧例ニ依り…国禁を犯し皇州を脱奔……
至愚の身を加刑し賜らば　明朝至愚の………
………若し又　明朝の恵憐………
朝命を以て…………………
………願は　明朝一個の書札を投下し
……………（中略）………唯願

［写真22］

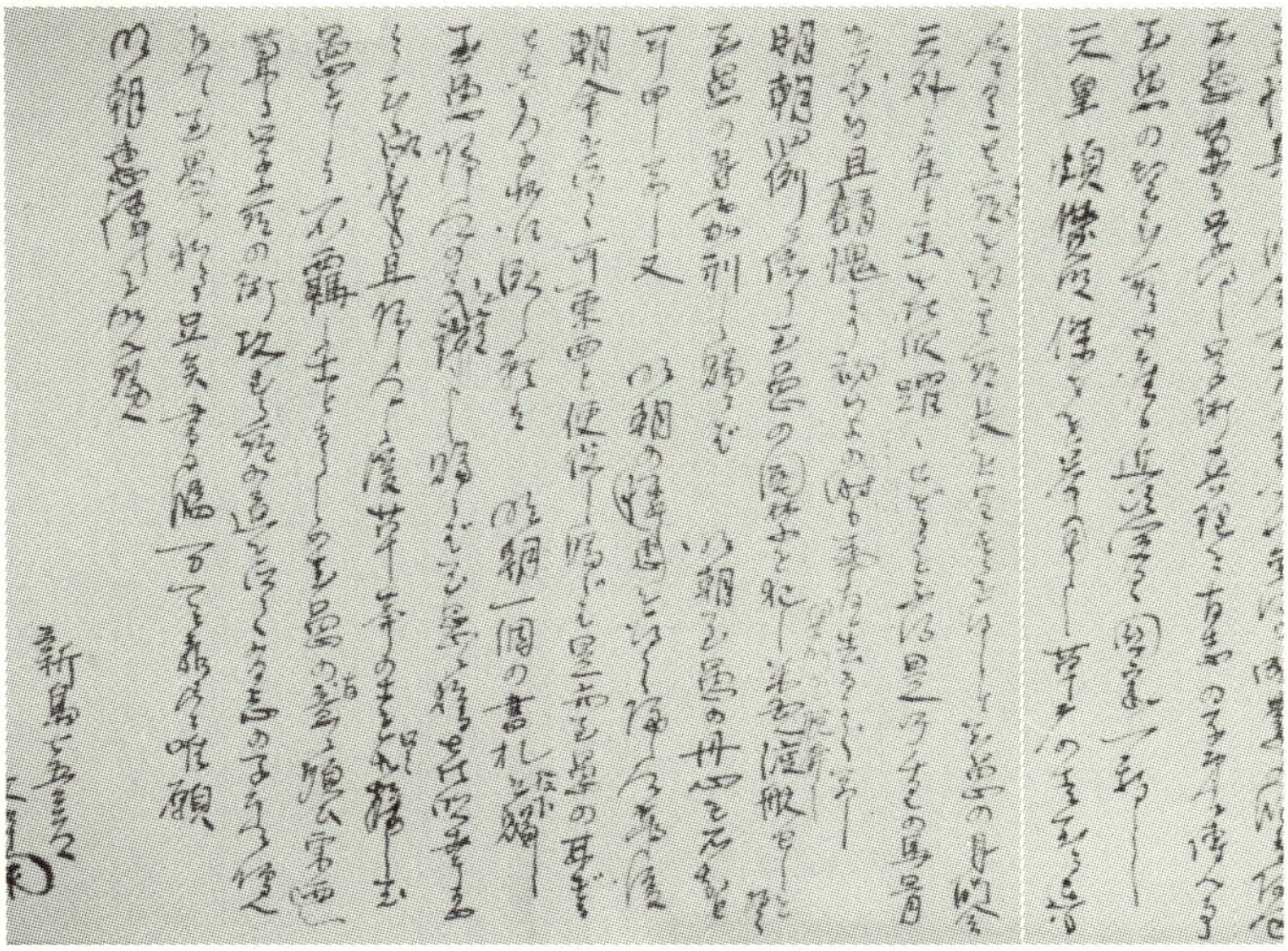

（明治四年六月、「請願帰朝之書」草稿〈目録上〉一二二〇番、写真（五七九））

明朝恵憐を加へ賜へ　　　　　　　　　　」（〈目録上〉、一一二〇番、写真（五七九）／［写真22］）

写真資料が示すように、新島は、二番目、三番目、四番目の「明朝」の前では、一文字半ほどの空白を作り、闕字を用いている。一番目と五番目の「明朝」は行頭にあるが、それらの前行末尾の「若し」と「唯願」の下側には、他の闕字箇所と同等なサイズの空白を設けている。これらも私たちの〈凡例2〉に従って、闕字として分類し摘出しておこう。

行頭に「天皇」と記した前行の末尾には、「一新し」と表記されているが、最後の「し」は、四行後の末尾の「若し」の「し」や、九行後の「投下し」の「し」よりも、二倍くらい長く、「し」の下の空白は一文字分弱のサイズである。「し」を短く書けば、その下には、三文字分程度の広い空白が残ることになる。従って、新島が、「し」の字を細長く書いているのは、「一新し」の下に大きな空白を残さないための工夫だと見なすことができる。つまり、新島は、「天皇」表記を行頭に置き儀礼的表現を用いているのであるが、平出にはならないように配慮していると見なすことができるから、「天皇」にも「明朝」の場合と同様に、闕字が用いられているものと、判断するのが妥当であろう。

また、「朝命」も行頭に置かれているから、これも闕字措置に分類して摘出しよう。

この「請願帰朝之書」という資料は、〈自筆〉の他に、五つの資料が存在する。その内の二つは、新島公義が筆写したものである。遺品庫には、〈写真集〉に掲載されている写真の請願書の他に、もう一つ別の写本があり、〈目録上〉では、一一二九番の整理番号が付されている（以下では〈公義写本①〉と略記）。この〈公義写本①〉では、

・「…………。

近頃聞く国家一新し
天皇頗賢明。…………
……（中略）…………
………去なから若し
明朝旧例ニ依り……国
禁を犯し皇州を…………
……（中略）…………
…………賜らば　明朝
至愚の…………………
若し又幸に　明朝…
……（中略）…………
朝命を以て…………
…………（中略）……
願は　明朝一個の書
札を………（中略）…
願　明朝恵憐を
加へ賜へ」（〈目録上〉一二一九番／
［写真23］）

と、表記されている。

［写真23］

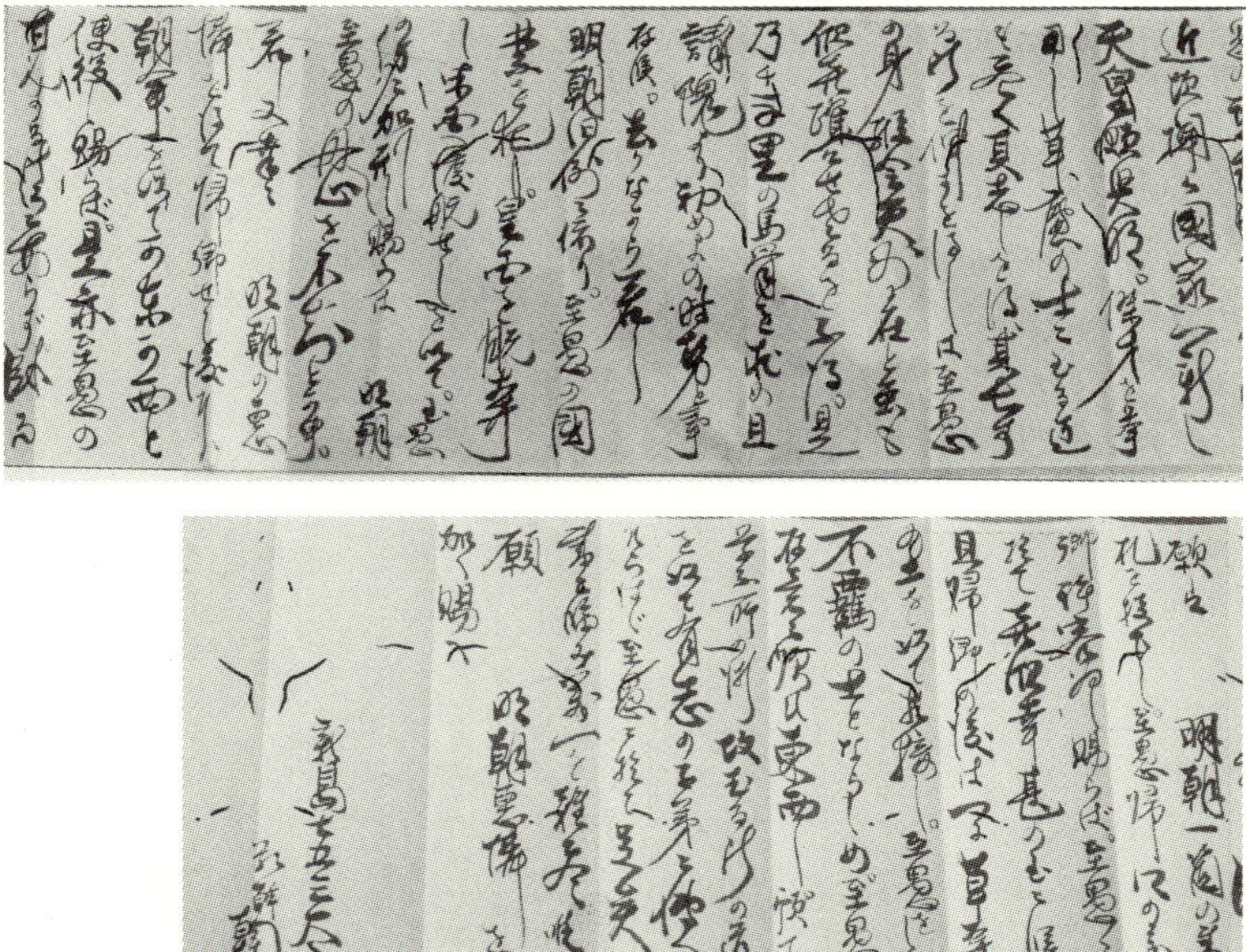

（〈公義写本①〉／〈目録上〉一二一九番）

写真資料が示すように、この写本では、「天皇」「朝命」と五箇所の「明朝」に対して闕字が用いられている。しかし、二番目以降の「明朝」の前の闕字サイズは一様ではない。二番目と三番目は一文字半程度、四番目は二文字程度、五番目は三文字程度である。闕字サイズは、〈自筆〉はどれも約一文字半で比較的均一であるのに対し、〈公義写本①〉の方は、後になるほどサイズは拡大している。

また、「天皇」表記に関しては、〈自筆〉とは異なっている。〈自筆〉の場合は、前行末尾の「し」が細長く書かれ、しかもその下方には、一文字分弱の空白が残されていたから、「天皇」は闕字処理がなされているものと判断できた。ところが、〈公義写本①〉では、「し」の字は、しっかりした筆致で書かれ、行末に空白は残されていない。だが、写真資料が示すように、〈公義写本①〉では、前行半ばで〈自筆〉にはない改行が行われている。この改行がなければ、「一新し」の下方には三文字分程度のたっぷりとした空白ができてしまう。改行によって「し」の下方に大きな空白を作らず、しかも「天皇」を行頭にもってくるというのが、筆写する際の公義の目算であろう。このような目算によって「天皇」は行頭に書かれているのであるから、公義の場合も儀礼的処理がなされていると見なすことができる。公義は、〈自筆〉にはない改行を用いることで、新島とは別の方法で、「天皇」を平出にしない工夫を行っていると解することができる。

「朝命」は〈自筆〉と同様に行頭に置かれ闕字措置がなされている。

公義によるもう一つの写本（以下では、〈公義写本②〉と略記）は、その一部が〈写真集〉に写真で掲載されている。この写本では、

・「…………。

　近頃聞く国家一新し

天皇頗賢明。………

……………（中略）……
……………若し
明朝旧例ニ依り……
国禁を犯し皇州を……
…………（中略）……
賜らば　明朝………
……………………………
……又幸に　明朝……
………（中略）……
朝命を以て…………
…………（中略）……
…願は　明朝………
…………（中略）……
唯願　明朝………
………　」（〈目録上〉一二二〇番／［写真24］）と、表記されている。

〈公義写本①〉とは「明朝」表記の位置がずれている箇所があり、一番目の「明朝」が記されている行の、前行末尾の「若し」の後には、三文字分ほどの空白がある。しかし、二番目以降の「明朝」に対する闕字サイズは、約二文字から三文字分であり、〈公義写本①〉の同じ箇所の闕字サイズよりも、一層広々としている。従って、一番目の

［写真24］

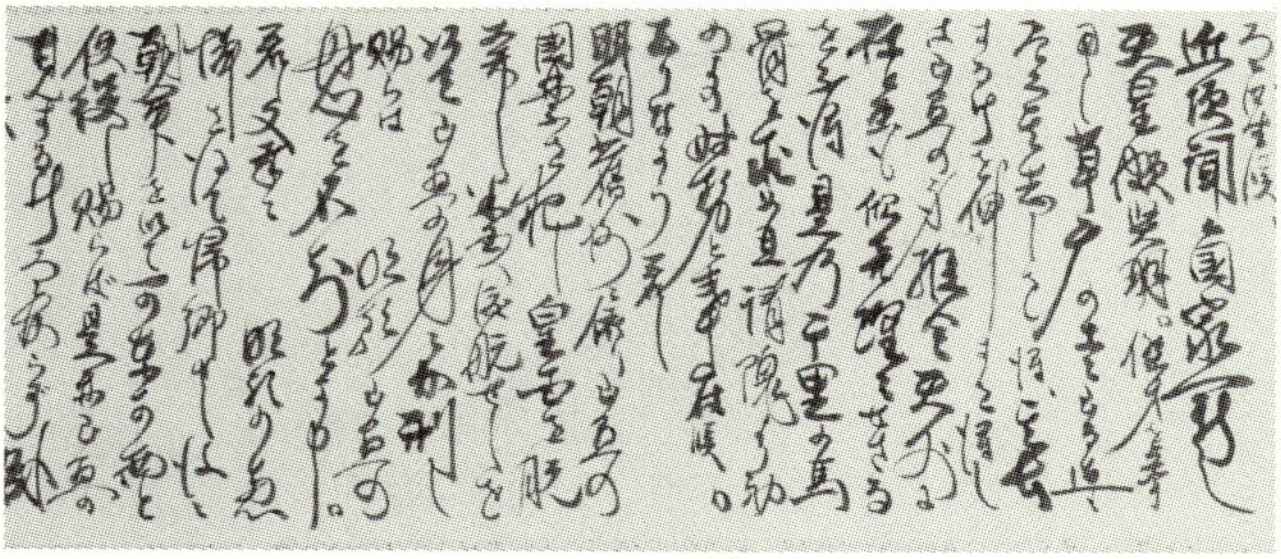

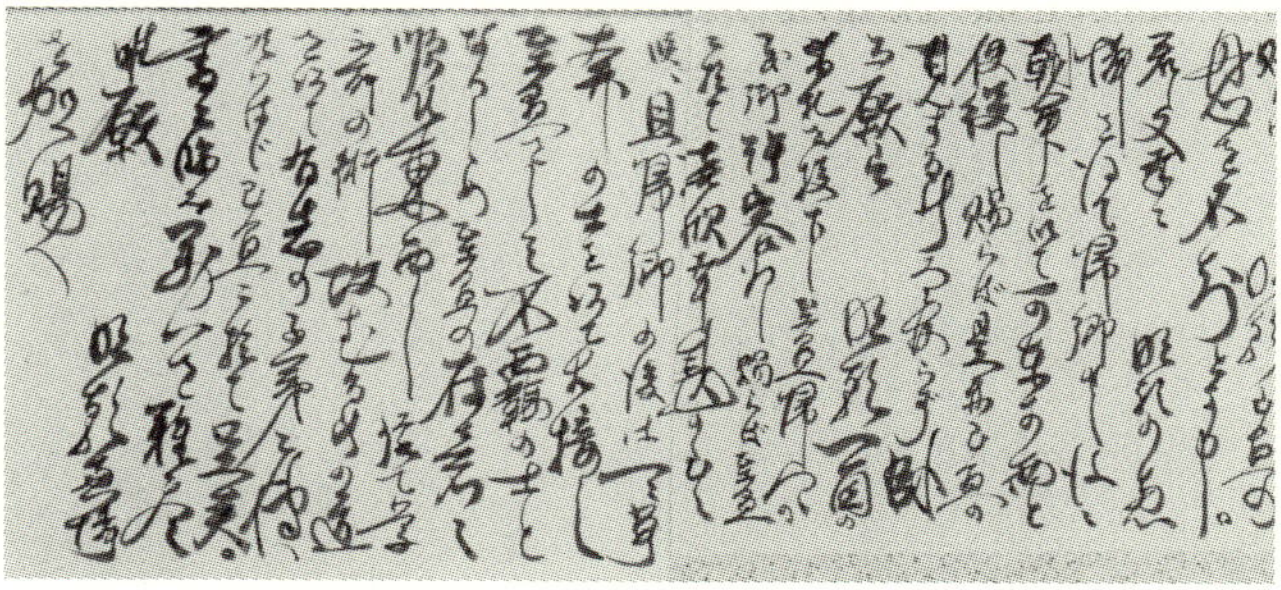

（〈公義写本②〉／〈目録上〉一二二〇番）

「明朝」の前行末尾下方には、闕字して、さらに「明朝」と書くだけのスペースが残っていなかったために生じたものと、解することができる。「天皇」と「朝命」は行頭にあり闕字措置がなされている。

「はじめに」で言及したように、新島遺品庫には、深井英五が大正一四年に寄贈した「新島襄先生ノ書簡」があり、その中には、付録として「請願帰朝之書」も掲載されている。

深井は、「請願帰朝之書」に前文を付け、彼が原本としている請願書について、「先生ノ自筆ト見ユレドモ半切日本紙ニ毛筆ヲ以テ認メアレバ当時ノ草稿ナルヤ後日ノ書写ナルヤ明カナラズ」（〈深井〉七三頁）と記している。また、〈公義写本②〉が納められている巻子にも、深井による前文が添付されており、「筆跡には聊か疑なきを得ずとの評あるも趣旨と楷辞とに於て他人の擬作し能はざるべき文章なり」（遺品庫所蔵の巻子、「新嶋先生文書（脱奔と帰朝）」）と記されている。すなわち、大正一四年の深井は、おそらく〈公義写本②〉を原本と見なして、それを活字化しているのであろう。

その〈深井〉では、

・「近頃聞く国家一新シ
天皇頗賢明。傑才を挙用……………………………
……………………（中略）……………………
去りなから若シ
明朝旧例ニ依り………国禁を犯シ皇州を脱奔……
…賜らば　明朝至愚の……………………若シ又幸
に　明朝の恵憐……後に朝命を以て…………………

…………………願は　明朝一個の書札を……
…………………………（中略）…………………………
………………………………………唯願　明朝
…………　」（〈深井〉七六〜七八頁）

と、表記されている。

深井は、「天皇」と、一番目の「明朝」は平出とし、残り四箇所の「明朝」の前には、二文字分サイズの大きな闕字を用いている。しかし、「朝命」には闕字措置を用いていない。

〈書簡集続〉は、昭和三五（一九六〇）年に出版されている。しかし、〈書簡集〉は昭和一六（一九四一）年に出版され、その中には、新島自筆の請願書が写真で紹介されているから、両書簡集の実際の編集に当たった森中は、〈自筆〉を原本として、〈書簡集続〉の中で、請願書を活字化して紹介しているものと思われる。

その〈書簡集続〉では、

・「近頃聞く国家一新し　天皇頗賢明傑才を…（中略）…………
……………去なから若し明朝……犯し皇州を脱奔……
……………賜らば　明朝至愚の…………若し又　明朝の……
…………後朝命を以て………………………………願
［く］は　明朝一個の書札を…………（中略）…………
……………………………………………………
………………………唯願　明朝…………　」（二六八〜二六九頁）

と、記されている。

〈書簡集続〉は、〈深井〉とは異なり、「天皇」を平出にはせず「天皇」の前に一文字分の闕字を使用している。

また、一番目の「明朝」の箇所の扱いは、〈深井〉とは対照的である。〈深井〉は平出を用いているが、〈書簡集続〉は、二番目以降の「明朝」には一文字分の闕字を用いているが、一番目に限っては闕字を使用していない。「朝命」には闕字措置がなされていない。

〈書簡集続〉の五箇所の闕字は、全て一文字サイズであり、〈公義写本①〉〈公義写本②〉〈深井〉のような目立つ闕字や、平出による儀礼表現は抑制されている。

〈写真集〉は、平成五（一九九三）年に出版されている。遺品庫には、〈自筆〉も含めて五本の請願書が、すでに揃っている。しかし、〈写真集〉での闕字使用は、五本のいずれの請願書とも異なっている。

・「近頃聞く国家一新し　天皇頗賢明傑才を挙用し…………
……………（中略）……………
……去なから若し明朝旧例ニ依り………国禁を犯し皇
州を脱奔し………………至愚の身を加刑し賜
らば明朝至愚の丹心…………若し又　明朝の恵
憐を得て帰郷せし後朝命を以て………（中略）………
………………………………願［く］は
明朝一個の書札を投下し…………（中略）…………
……………

……………唯願　明朝恵憐を加へ賜へ　　」（一六〇頁）

巨大な闕字や平出が用いられていない点で、この〈写真集〉の表記は、〈書簡集続〉に似ている。けれども、〈写真集〉は、〈書簡集続〉とは異なり、一番目の「明朝」の前だけではなく、二番目の「明朝」にも闕字を表記していない。「朝命」には闕字措置が用いられていない。

以上のように、「請願帰朝之書」は、〈自筆〉の他に、五本の資料が存在するのであるが、五本の資料は、闕字・平出を用いる場所や闕字サイズにおいて、それぞれに差違がある。新島公義による二本の筆写は、闕字表記の場所は〈自筆〉と一致しているということができる。しかし、公義による二本の筆写においても、用いられている闕字サイズには相違がある。

［明治四年九月五日付、新島民治宛書簡］

新島は、この書簡では、森有礼の周旋によって政府から新島に、旅券と留学許可証が交付されたことなどを、父親に伝えている。

〈自筆〉では、

・「敬而拝見仕候然は　大人様御事益御機嫌
　克…………」（〈目録下〉一三番／**［写真25］**）

・「且是迄は私事も日本の出奔ニ而　朝廷
へは内々に相成候処…………去春亜国の少弁務使森有礼殿の御周旋ニ而　朝廷へ亜国留学の趣委細申上候処」（同／**［写真26］**）

と、表記されている。

　新島は、冒頭の挨拶を記した箇所の「大人様」（父親民治）表記の前で、一文字分には満たないけれども、闕字を用いている。

　また、二箇所の「朝廷」の前でも、闕字を用いている。最初の「朝廷」の前の空白は、一文字分には満たないが、二番目の「朝廷」に用いた闕字は、一文字分程度のサイズである。

　しかし、〈深井〉では、
・「敬て拝見仕候然は大人様御事益御機嫌克…………」（二五頁）
・「出奔生にて朝廷へは…………御周旋にて　朝廷へ」（二九頁）
とあり、二番目の「朝廷」の前だけに二文字分の闕字を用いている。

　〈書簡集〉では、
・「敬て拝見仕候然は大人様御事益御機嫌克…………」（四六頁）
・「出奔生にて朝廷へは…………御周旋にて　朝廷へ」（四八～四九頁）
とあり、二番目の「朝廷」の前だけに一文字分の闕字がある。

［写真25］
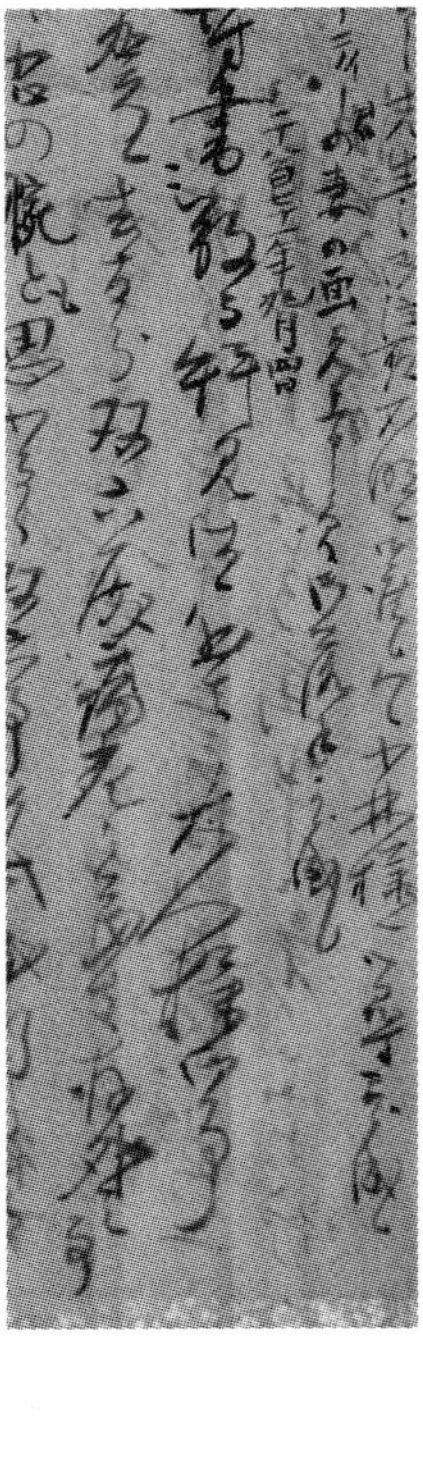
（明治四年九月五日付、新島民治宛書簡／〈目録下〉一三番）

［写真26］
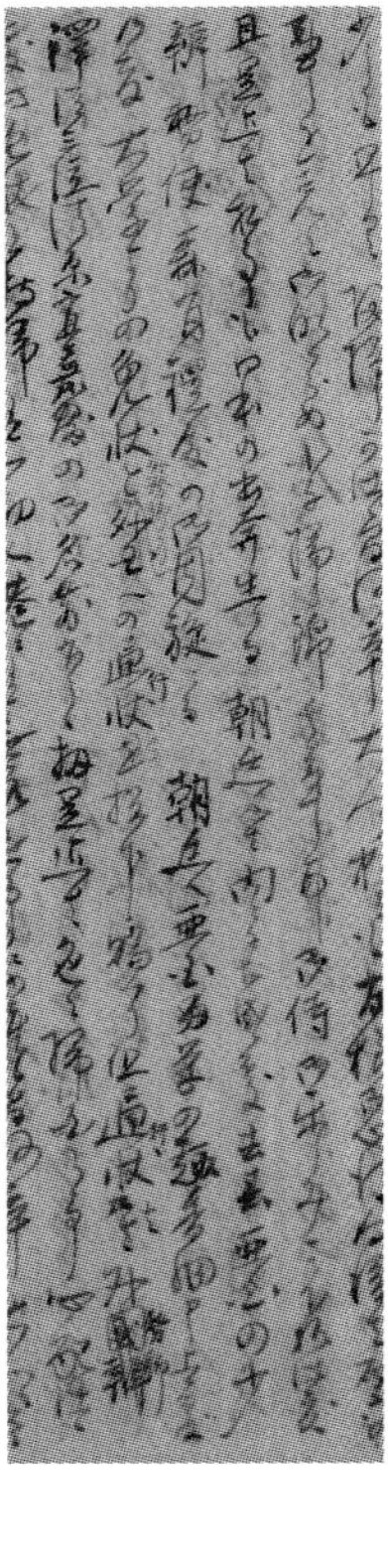
（同、書簡）

また、〈岩波〉では、

・「敬んで拝見仕候。然らば大人様御事、…………」（七九頁）

・「出奔生にて　朝廷へは………御周旋にて　朝廷へ」（八一頁）

と表記されている。

〈岩波〉でも、〈深井〉〈書簡集〉と同様に「大人様」には闕字を用いていないが、二箇所の「朝廷」の前には、共に一文字分の闕字がある。

〈全集〉では、

・「敬而拝見仕候、然は大人様御事益御機嫌克………」（三・九一）

・「出奔ニ而、朝廷へは………御周旋ニ而　朝廷へ」（三・九二）

と、二番目の「朝廷」の前だけに一文字分の闕字が表記されており、闕字使用は、〈書簡集〉の場合と一致している。

[明治五（一八七二）年四月一日付、新島民治宛書簡]

この書簡で新島は、田中不二麿と会い、彼に同行してヨーロッパの教育視察に出かけることになったことなどを、父親に伝えている。

〈自筆〉を見ると、

・「罷出候而　田中文部大丞と」（〈目録下〉一四番／[写真27]）

とある。

新島は、当初は闕字を用いないで表記した。しかし、後から「田中」の前の記述を修正し、一文字分程度の闕字を用いている。

しかし、〈深井〉では、

・「罷出候て田中文部大丞と」（三八頁）

〈書簡集〉では、

・「罷出候て田中文部大丞と」（五五頁）

〈岩波〉では、

・「罷出で候て、田中文部大丞と」（八五頁）

〈全集〉では、

・「罷出候而、田中文部大丞と」（三・九八）

とあり、いずれの資料においても、闕字は表記されていない。

［明治五年四月四日付、新島民治宛書簡］

この書簡で新島は、ホテルで田中と同室となり語り合ったことなどを、記述している。

〈自筆〉を見ると、

・「都城華盛頓を去り　田中文部大丞へ随行」（〈目録下〉一五番／［写真28］）

と、ここでも「田中文部大丞」の前で一文字分には満たないけれども、闕字を用いている。

しかし、〈深井〉では、

・「都城華盛頓を去り田中文部大丞に随行」（四〇頁）

〈書簡集〉では、

［写真27］

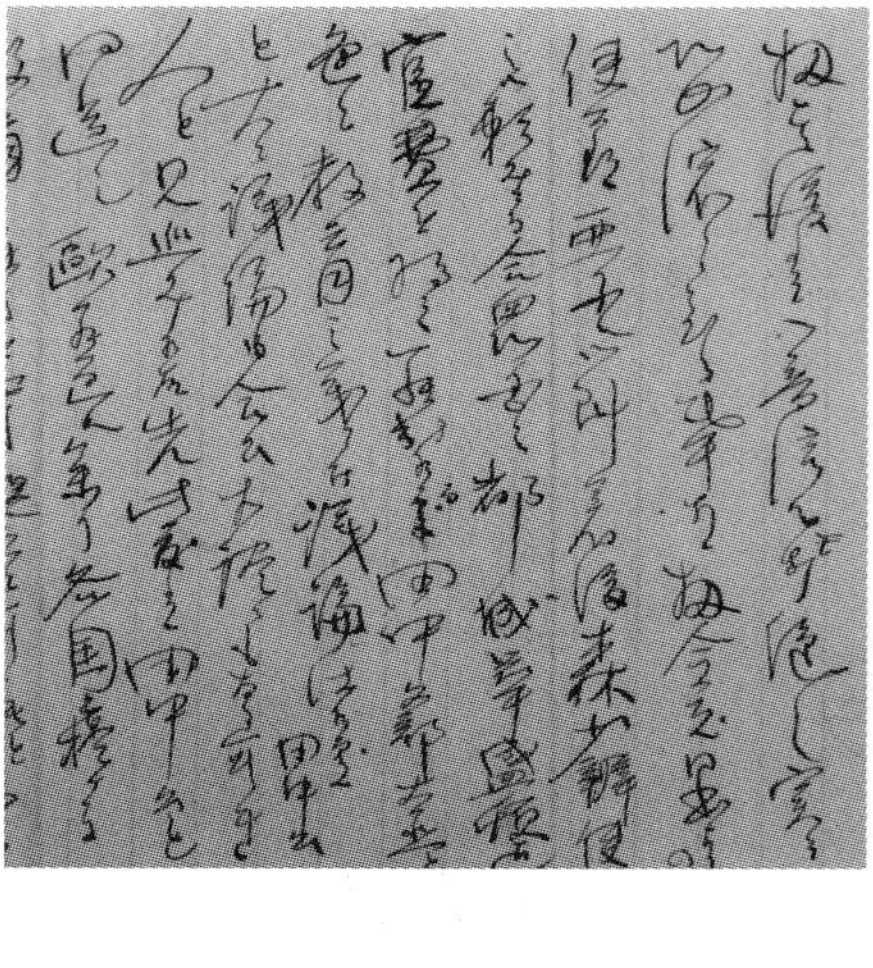

（明治五年四月一日付、新島民治宛書簡／〈目録下〉一四番）

・「都城華盛頓を去り田中文部大丞に随行」（五六頁）

〈全集〉では、

・「都城華盛頓を去り、田中文部大丞へ随行」（三・一〇〇）

とあり、やはり、闕字は表記されていない。

［明治五年四月七日付、新島民治宛書簡］

　この書簡も、アメリカ国内で田中に同行している新島が、父親に宛てたものである。

〈自筆〉でみると、

・「…………敬而奉呈候
　扨　大人様御母様御姉様方御一統……」（〈目録下〉三六五二番。／［写真29］写真は、〈書簡集〉に掲載されているものを用いている。）

と、新島は「大人様」の前で、一文字分よりやや狭い闕字を用いている。

　しかし、〈書簡集〉では、

・「…………敬而奉呈候　扨大人様御母様御姉様方御一統…………」（五八頁）

と、「大人様」ではなく、「扨」の前に空字がある。

［写真28］

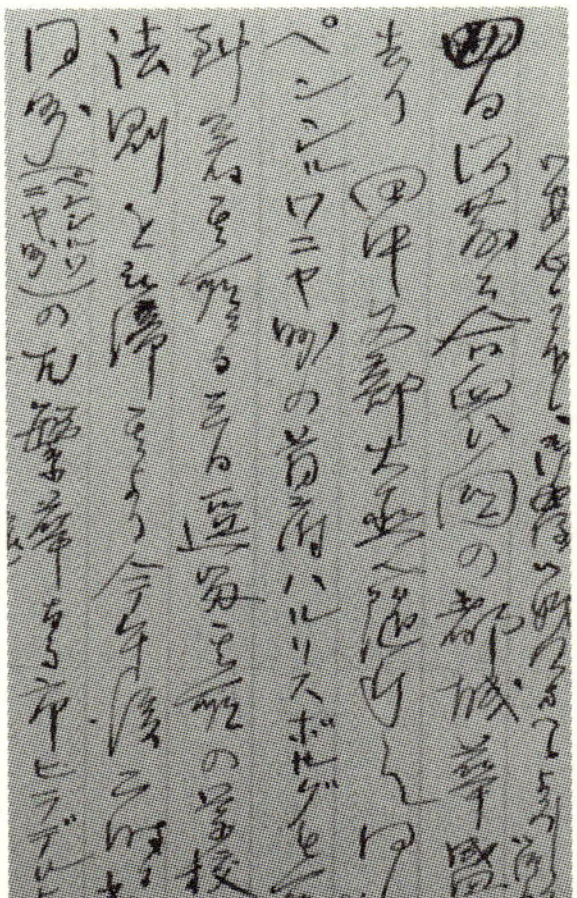

（明治五年四月四日付、新島民治宛書簡／〈目録下〉一五番）

［写真29］

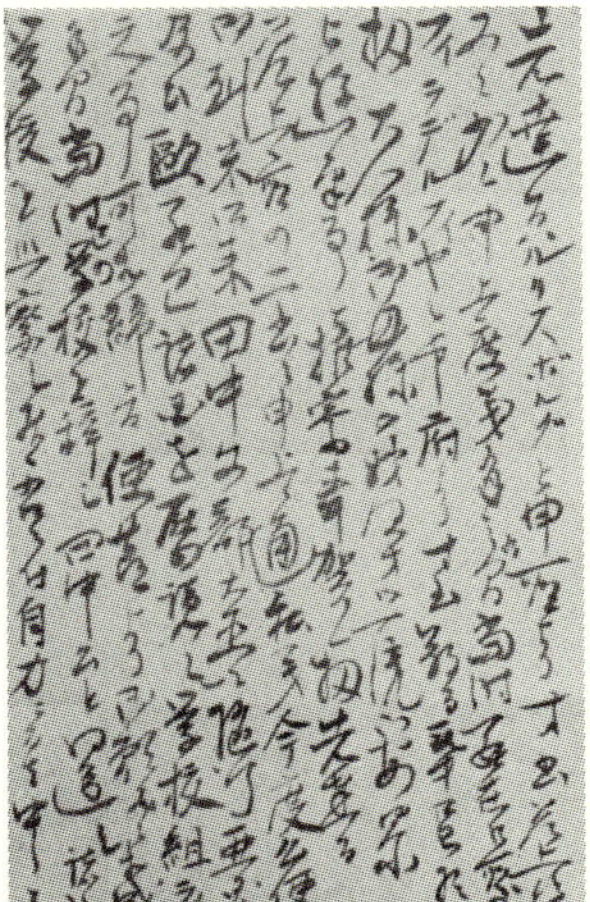

（明治五年四月七日付、新島民治宛書簡／〈目録下〉三六五二番
写真は〈書簡集〉からの転載）

〈岩波〉では、

・「…………敬で呈し奉り候。扨て、大人
様・御母様・御姉様方御一統…………」（八七頁）

〈全集〉では、

・「…………敬而奉呈候
扨大人様御母様御姉様方御一統…………」（三・一〇一）

とあり、闕字は表記されていない。

[明治六（一八七三）年一月二六日付、新島民治宛書簡]

ベルリン滞在の新島は、この書簡で新年挨拶を記している。

〈自筆〉では、

・「…………欧羅巴より申上度然は
御大人様御一統…………」（〈目録下〉一八番／[写真30]）

とあり、新島は「御大人様御一統」を行頭におき、儀礼的措置を行っている。これも〈凡例2〉に従って、闕字事例として抽出しよう。

しかし、

〈深井〉では、

・「…………欧羅巴より申上然は御大人様御一統…………」（四

[写真30]

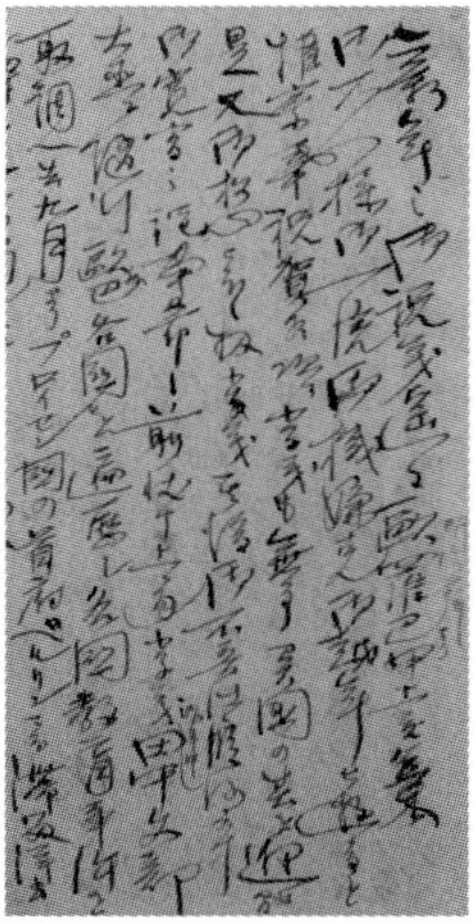

（明治六年一月二六日付、新島民治宛書簡／〈目録下〉一八番）

八頁）

〈書簡集〉では、

・「……欧羅巴より申上然は御大人様御一統……」（六四頁）

〈岩波〉では、

・「……欧羅巴より申上げ候。
然らば御大人様御一統……」（九六頁）

〈全集〉では、

・「……欧羅巴より申上度、然は御大人様御一統……」（三・一〇九）

とあり、いずれの資料も闕字を表記していない。

[明治七（一八七四）年一月一一日付、新島民治宛書簡]

〈自筆〉では、

・「……幸ニ昨年
天朝より戴き候処之金子を以て……」

（〈目録下〉二三番／[写真31]）

と、「天朝」は行頭に置かれている。これも闕字儀礼である。

この箇所を〈深井〉で見ると、

・「幸に昨年天朝より戴き候処の金子を以て」（七一頁）

〈書簡集〉でも、

[写真31]

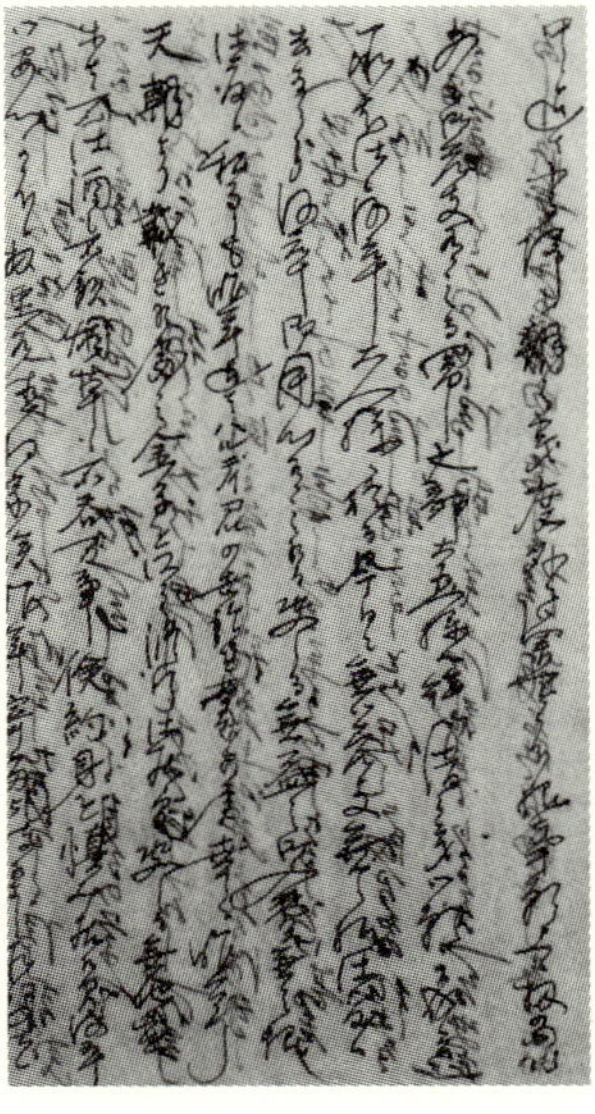

（明治七年一月一一日付、新島民治宛書簡／〈目録下〉二三番）

・「幸に昨年天朝より戴き候処の金子を以て」（八一頁）

とあり、また、〈岩波〉でも、

・「幸ひに昨年天朝（政府）より戴き候処の金子を以て、」（一〇四頁）

とあり、さらに〈全集〉でも、

・「幸ニ昨年天朝より戴き候処之金子を以て」（三・一二〇）

とあり、いずれの場合も、闕字表記は行っていない。

［明治一一（一八七八）年二月二八日付、寺島宗則宛書簡］

この書簡は、新島が外務卿寺島に対して、外国人女教師に対する寄留許可の交付を督促するために起草したものである。

この書簡の原資料は遺品庫に保管してある。しかし、全集には「⑥代筆」（三・一五二）との注記があるように、新島の自筆ではなく代筆である。だが、代筆とはいえ、同志社女学校での教師雇い入れに関する、外務卿宛の書簡草稿であるから、書簡での表現や表記は、新島の指示に基づくものと思われる。この「代筆」資料を見ると、

・「西京同志社員新島襄謹テ　外務卿寺島公ノ閣下ニ白ス」（〈目録下〉三四番／［写真32］）

・「方今　明天子上ニ在」（同）

［写真32］

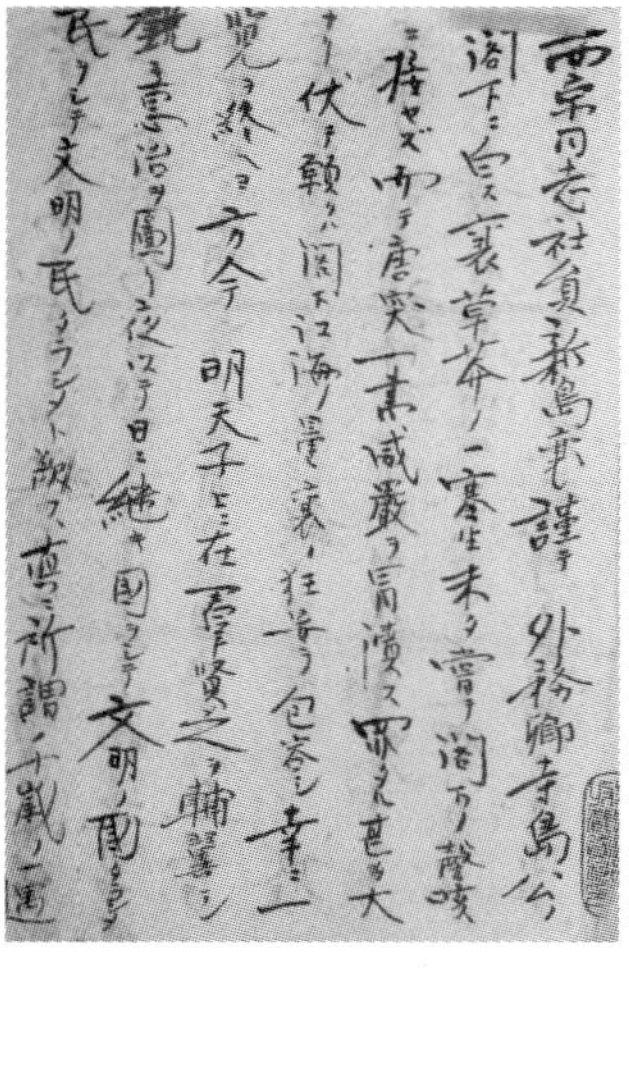

（明治一一年二月二八日付、寺島宗則宛書簡／〈目録下〉三四番）

・「森有礼君ノ周旋ヲ辱シ　朝廷襄ノ犯律罪科ヲ免シ」（同／［写真33］）

とあり、「外務卿寺島公」「明天子」「朝廷」の各表記の前で、一文字分程度の闕字を用いている。

　しかし、〈書簡集続〉では、

・「西京同志社員新島襄謹テ　外務卿寺島公ノ閣下ニ白ス」（一〇〇頁）
・「方今明天子上ニ在」（同）
・「森有礼君ノ周旋ニ因リ朝廷襄ノ犯律罪科ヲ免シ」（一〇一頁）

とあり、「外務卿寺島公」の前にだけ一文字分の闕字があり、「明天子」と「明朝」の前には闕字がない。

〈全集〉では、

・「西京同志社員新島襄謹テ　外務卿寺島公ノ閣下ニ白ス」（三・一五二）
・「方今　明天子上ニ在」（同）
・「森有礼君ノ周旋ヲ辱シ　朝廷襄ノ犯律罪科ヲ免シ」（〈目録下〉三四番）

とあり、〈全集〉の闕字表記は、原資料の場合と一致している。

［写真33］

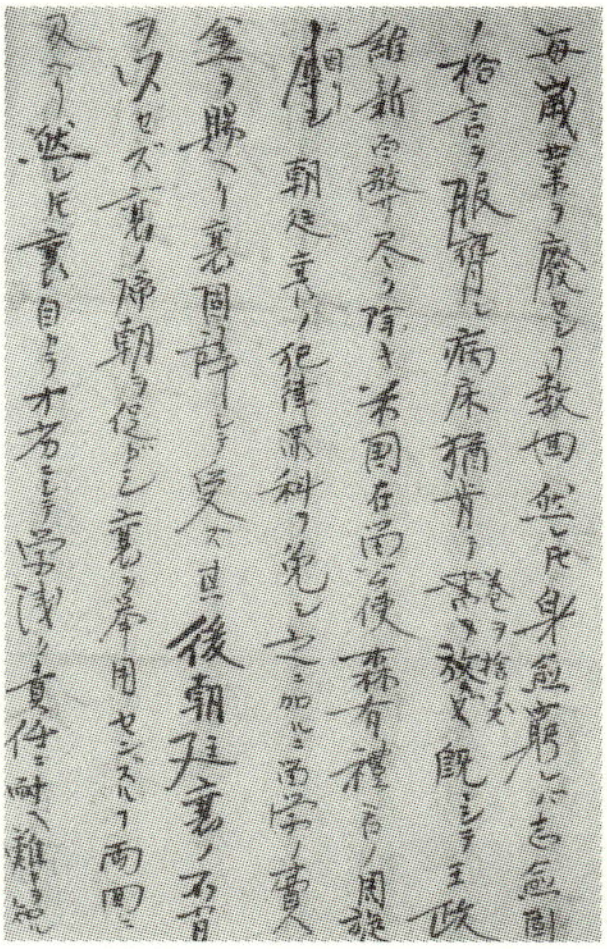

（同、書簡）

［明治一五（一八八二）年一一月七日付、「同志社大学設立之主意骨案」］

　この「同志社大学設立之主意骨案」［以下では、「骨案」と略記］は、新島が、日本国民に対して同志社大学設立への協力を要請するために起草した趣意書草稿であり、草稿の最後の部分には、起草を終えた日付が付してある。

〈自筆〉では、

・「……………………抑国会ノ如キハ
我　天皇陛下モ早晩之ヲ開設スルノ御旨…………
……………（中略）……………………
……………………実ニ天皇陛下ノ
罪人………………………………
…………（中略）…………随テ上ハ　天皇陛下ノ叡慮
ニ叛キ奉リ………………………………
……………」（〈目録上〉七番／［写真34］）

・［欄外］
「……我カ日本ヲ
泰山ノ安ニオキ
上ハ　天皇陛下ノ
叡慮ヲ慰メ奉リ
下ハ同胞ノ幸福ヲ来タシメ」（同／［写真35］）

と、表記されている。

写真を見ると、「抑国会ノ如キハ」の後には、四文字を筆で削除している。新島は、その三行前や二行後でも削除したときに、修正された記述を右側に書き込んでいる。しかし、「抑国会ノ如キハ」の後の四文字については、削除しただけで、修正された記述は記していない。しかし、新島か「我」を儀礼的対象にしているとは考えられないから、

［写真34］

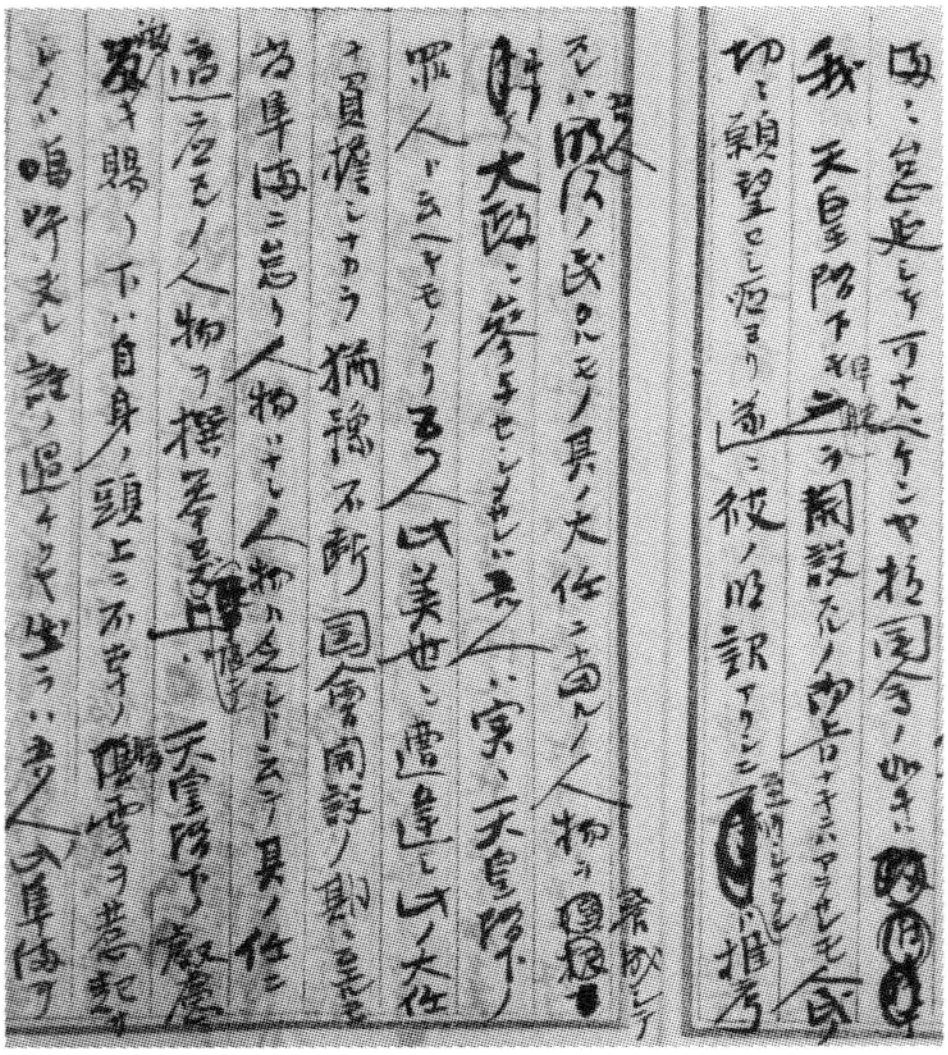

（明治一五年一一月七日付、「同志社大学設立之主意骨案」／〈目録上〉七番）

この箇所は、抹消した文字の右側には文字を書かないで、改行をして続きを書いているものと判断される。そして、新島は、「天皇陛下」の前で、一文字分程度の闕字を用い、さらに、四箇所の「天皇陛下」の内、三番目と四番目の表記の前でも、一文字分程度の闕字を用いている。

さて、この〈自筆〉を〈百年史〉で見ると、

・「……抑国会ノ如キハ我　天皇陛下モ早晩之ヲ開設スルノ御旨……（中略）……
……実ニ天皇陛下ノ罪人……
……（中略）……随テ上ハ　天皇陛下ノ叡慮ニ叛キ奉リ……」（一五九頁）

・「……我カ日本ヲ泰山ノ安ニオキ上ハ　天皇陛下ノ叡慮ヲ慰メ奉リ……」（一六〇頁）

とある。四箇所の「天皇陛下」の内、二番目を除いて、三箇所で一文字分の闕字を用いている。これらの闕字表記は〈自筆〉と一致している。

また、〈全集〉では、

・「……抑国会ノ如キハ我　天皇陛下モ早晩之ヲ開設スルノ御旨……（中略）……
……実ニ　天皇陛下ノ罪人……

［写真35］

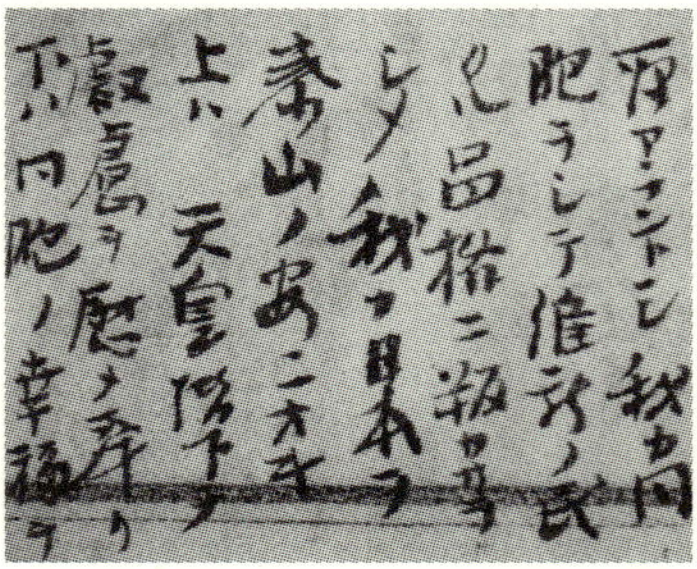

（同、趣意書）

…（中略）…随テ上ハ　天皇陛下ノ叡慮ニ叛キ奉リ、…」（一・二九）

・「……………………我カ日本ヲ泰山ノ安ニ
オキ、上ハ　天皇陛下ノ叡慮ヲ慰メ奉リ……………」（一・三二）

とある。

〈全集〉では、四箇所の「天皇陛下」全てに一文字分の闕字がある。

[明治一五年、「同志社大学設立ヲ要スル主意」]

新島は、「骨案」の他にも趣意書草稿を残しており、この「同志社大学設立ヲ要スル主意」[以下では、「主意①」と略記]も、その一つである。起草の日付は明記されていないのであるが、全集には、「明治一五年」（一・五一）と記されている。

〈自筆〉では、

・「………………辱ナクモ　我カ
叡聖ナル天皇陛下ニハ…………」（〈目録上〉九番／[写真36]）

[写真36]

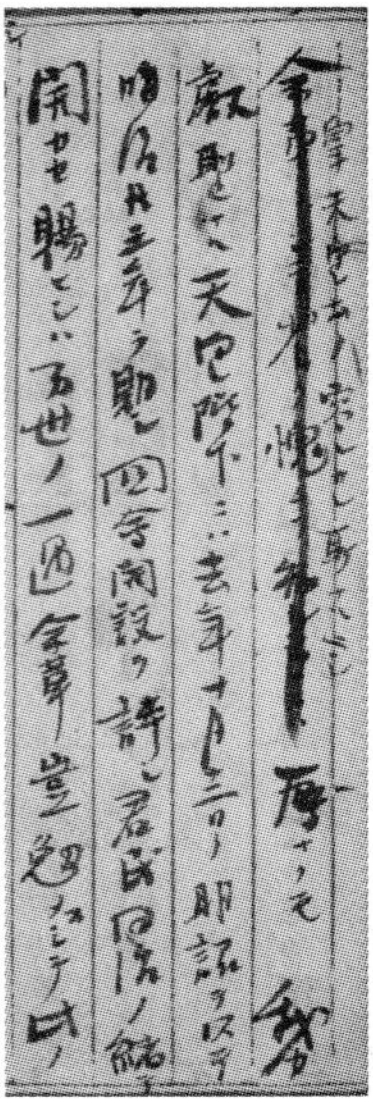

（明治一五年、「同志社大学設立ヲ要スル主意」／〈目録上〉九番）

とある。新島は、「我カ」の前一文字分程度の空白を用いている。新島には、「叡聖ナル天皇陛下」を次行の行頭にもっていくという予定があり、「辱ナクモ」と記した下にゆとりができたために、少々の空字を設けて、「我カ」と記したのであろう。したがって、次行行頭の「叡聖ナル天皇陛下」には闕字措置があるものと見なしてよいであろう。

〈百年史〉では、

・「辱ナクモ　我カ叡聖ナル天皇陛下ニハ」（一六五頁）

と記され、「我カ」の前の空白だけが表記され、「叡聖ナル天皇陛下」の前の闕字は表記されていない。

〈全集〉では、

・「辱ナクモ我カ叡聖ナル　天皇陛下ニハ」（一・四六）

とあり、闕字は「天皇陛下」の前に表記されている。

また、〈全集〉の表記によれば、

・「……………………
　我政府ニハ早ク高等教育ノ文化ニ欠ヘカラサルヲ知リ、……………………」（一・四四）

と、「我政府」が行頭に置かれているけれども、この部分を〈自筆〉で確認すると、

・「…………………………我政
　府ニハ早ク高等教育ノ文化ニ欠ヘカラサル……」（〈目録上〉九番）

とあり、「我政府」は闕字対象となっているわけではない。

［明治一五年、「同志社大学設立之主意」］

この趣意書草稿も、先に紹介した「主意①」と同様に、新島が、明治一五年に起草したと見なされているものである。

〈自筆〉を見ると、新島は、

・「………………………我日本ヲ
シテ泰山ノ堅キニ置キ我天皇陛下ヲシテ」（〈目録上〉八番／［写真37］）

と記している。

　写真資料が示すように、「我」と「天皇陛下」の前には、他の部分の字間よりも、若干広めの空白があるようにも見えるが、別の字間にも同様な空白がある場合もあり、また、「骨案」と「主意①」の場合の闕字措置は、一見して闕字と判る表記であることなどを考慮すると、この草稿における狭い空白は、意識的な闕字措置があるとは見なすことができない。

［写真37］

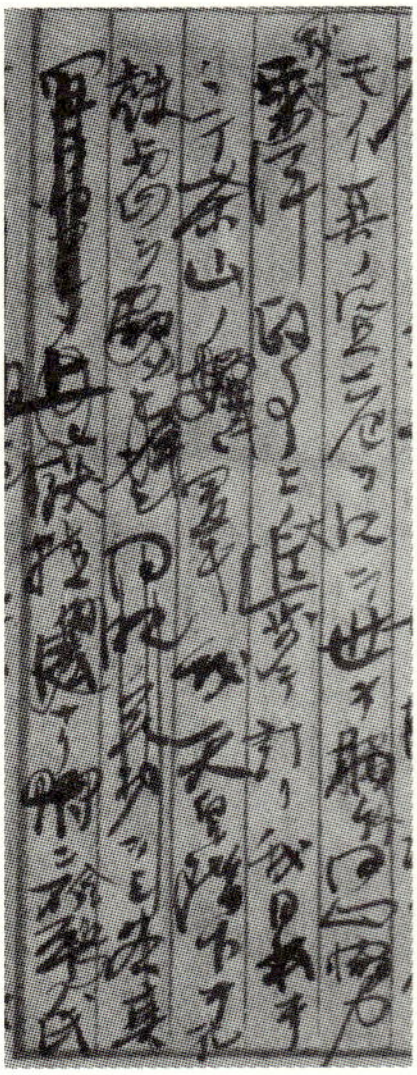

（明治一五年、「同志社大学設立之主意」／〈目録上〉八番）

　この箇所は、〈全集〉では、

・「………我日本ヲシテ泰山ノ堅キニ置キ、
　我天皇陛下ヲシテ…………………」（一・四二）

とあり、闕字は用いないで表記されている。

［明治一五年一〇月一八日付、北垣国道宛書簡］

　〈自筆〉を見ると、

・「……　閣下迄歎願」（〈目録下〉六七番／［写真38］）

とある。

　書簡の中で新島は、北垣京都府知事を、四箇所で「閣下」と表記し、最初のものには一文字分には満たないけれども闕字がある。後の二箇所の「閣下」は、行頭に置かれているが、残りの一つは行頭にはなく闕字も表記

［写真38］

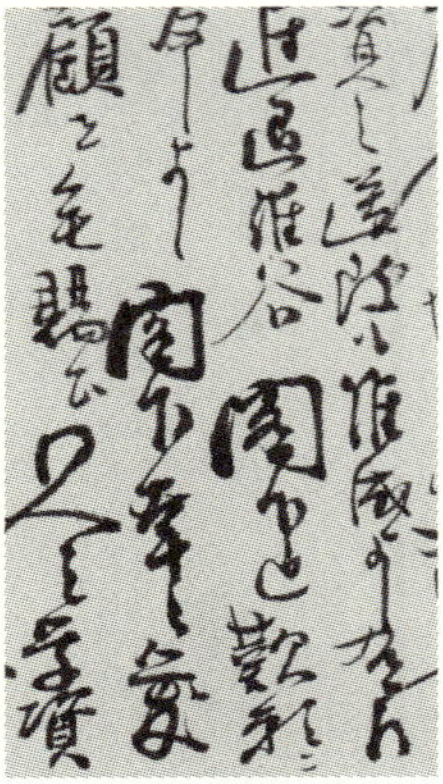

（明治一五年一〇月一八日付、北垣国道宛書簡／〈目録下〉六七番）

されていないから、これら行頭の「閣下」も、闕字としては摘出しないことにする。

しかし、〈全集〉では、

・「………閣下迄歎願」（三・二二七）

とあり、闕字は表記されていない。

［明治一六（一八八三）年八月一九日、「出遊記」］

〈全集〉を見ると、

・「…………………其処ニ一社アリ三柱ノ神ヲ安置シ奉ル、乃チ
　地神第四代彦火々出見尊
　豊玉姫命
　彦波斂武鸕鷀艸葺不合尊
　是乃チ人皇最神神武天皇ノ父
　三十一代敏達天皇の比ヨリ大内ニ祭リシニ、用明ノ比ヨリ此地ニ移ス、
　………………」（五・二三七）

と、表記されている。

この表記を見ると、「乃チ」の後に空白があり、神名の列記には、表記の上で特別な儀礼形式が用いられているようにも見える。

しかし、この箇所を〈自筆〉［写真39］（〈目録上〉六七一番）で見てみると、サイズの小さい記録帳に文字が埋められていて、視角的には特別な表記上の

［写真39］

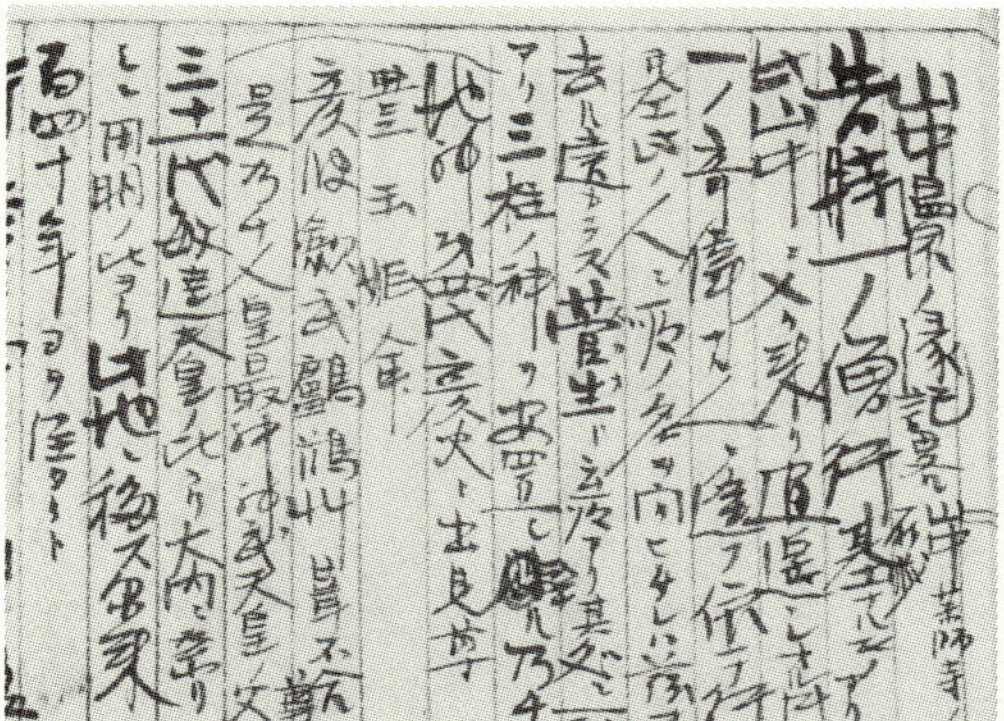

（明治一六年八月一九日、「出遊記」／〈目録下〉六七一番番）

儀礼が用いられている様子はない。

［明治一六年一二月三一日付、板垣退助宛書簡］

この板垣宛書簡では、「閣下」という表記が一三回用いられている。その中には、〈自筆〉で見ると、

・「………　閣下ニハ…」
・「…　閣下ニ呈せん…」
・「…　閣下ニハ先般…」（〈目録下〉八五番／［写真40］）

と、記されている場合がある。

三箇所の「閣下」の前には一文字分弱のほどの闕字がある。

これらの箇所は〈全集〉では、

・「…………、閣下ニハ…」（三・二五二）
・「………閣下ニ呈せん…」（同）
・「……、閣下ニハ先般…」（三・二五三）

とある。

〈自筆〉では闕字が用いてある箇所が、〈全集〉では闕字が表記されていない。また、〈自筆〉では、「閣下」が行頭に来ている場合が一〇例あるけれども、〈全集〉では、二例しかない。しかも、それらのうち、前者は全集の編者が前行で改行を行ったために「閣下」が行頭に来ているのであり、後者は偶然に行頭に来ているものであり、これら〈全

［写真40］

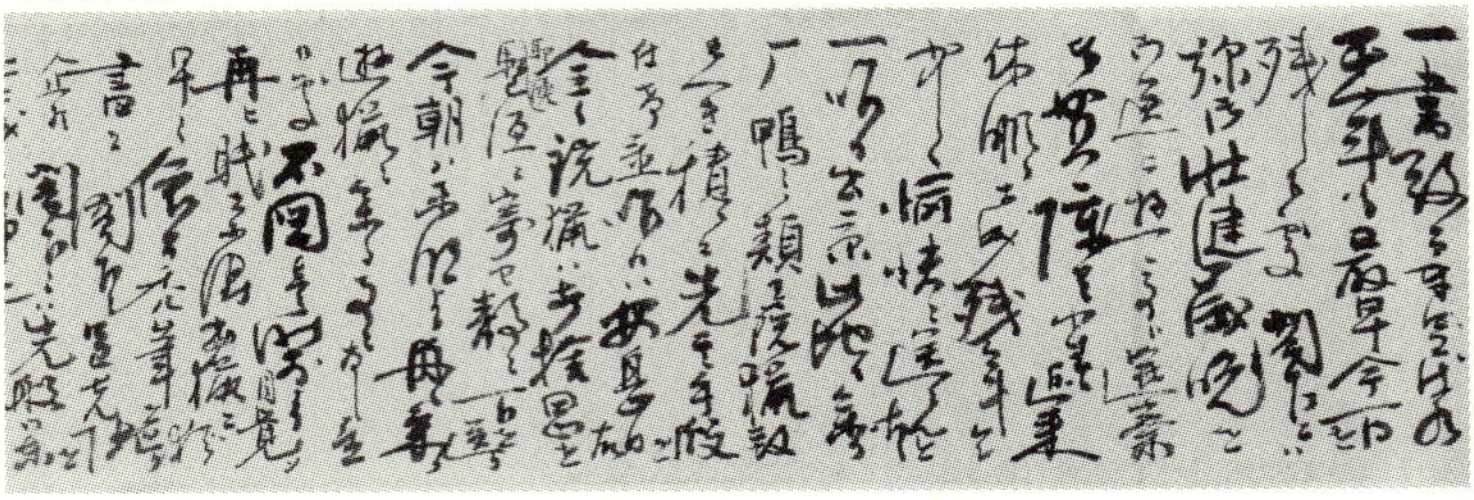

（明治一六年一二月三一日付、板垣退助宛書簡／〈目録下〉八五番）

集〉の二例の表記には、特別な儀礼的表現が表記されているとは見なすことができない。

［明治一七（一八八四）年二月、「改正徴兵令ニ対スル意見書（A）」］

〈自筆〉では、

・「………嗚呼賢明ナル　内閣」（〈目録上〉一一二番／［写真41］）

と、新島は「内閣」に対して闕字を用いている。

この箇所は〈全集〉では、

・「………嗚呼賢明ナル内閣諸公ニシテ」（一・八四）

とあり、闕字は表記されていない。

また、〈百年史〉でも、

・「………嗚呼賢明ナル内閣……」（一三八頁）

とあり、闕字は表記されていない。

［写真41］

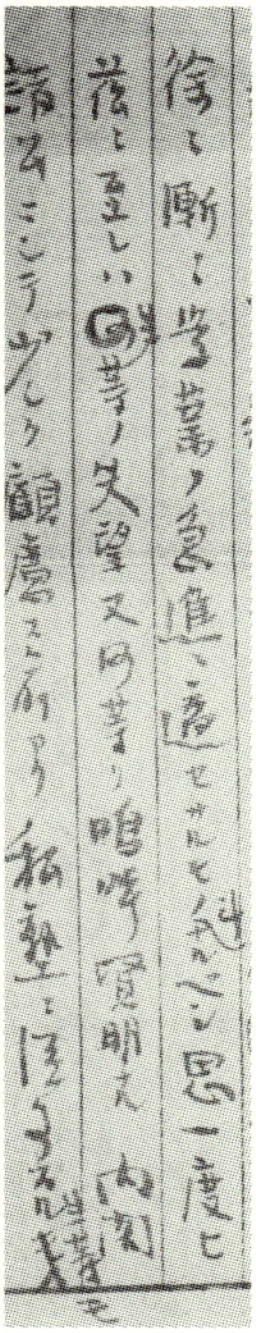

（明治一七年二月、「改正徴兵令ニ対スル意見書（A）」／〈目録上〉一一二番）

［明治一七年二月、「改正徴兵令ニ対スル意見書（B）」］

〈自筆〉では、

・「敬テ改正徴兵令ヲ拝読シ　此令ノ旨趣ノ…

………（中略）………………………………

聖朝ヲ万歳……………………………………

叡（明ナル天皇陛下）断良策［ノ］基礎………」（〈目録上〉一一三番／［写真42］）

とあり、「此令」には闕字があり、「聖朝」と「叡（明ナル天皇陛下）」が行頭に置かれている。これら行頭の「聖朝」と「叡（明ナル天皇陛下）断良策」も闕字として摘出してよいであろう。ただし、新島は、「聖朝」と「明ナル天皇陛下」の箇所は削除しているのだから、これらの闕字措置は括弧に入れて摘出しておこう。

しかし、〈全集〉では、

・「敬テ改正徴兵令ヲ拝読シ　《［空白］》此令ノ旨趣ノ在ル所ヲ察スルニ、

………（中略）………

………泰山ノ安キニ置キ、聖朝ヲ万歳ノ永ニ栄ヘシ［メ］テ、四海波濤ノ太平ニ維持スル良策ニアラ［ズ］シテ何ソ、」（［改正徴兵令ニ対スル意見書（B）］／一・八五／〈目録上〉一一三番）

とあり、「此令」の前のスペースには「［空白］」とルビが付され、闕字とは見なされていない。また、「聖朝」には闕字措置がなく、「叡（明ナル天皇陛下）断」の語句は表記されていない。

また、〈百年史〉では、

・「敬テ改正徴兵令ヲ拝読シ□我人カラ旨趣ノ在ル所ヲ察ス

………泰山ノ安キニ置キ四海波清ノ太平ニ維持スル叡断良策ニアラシステ何ソ………」（二三九頁）

［写真42］

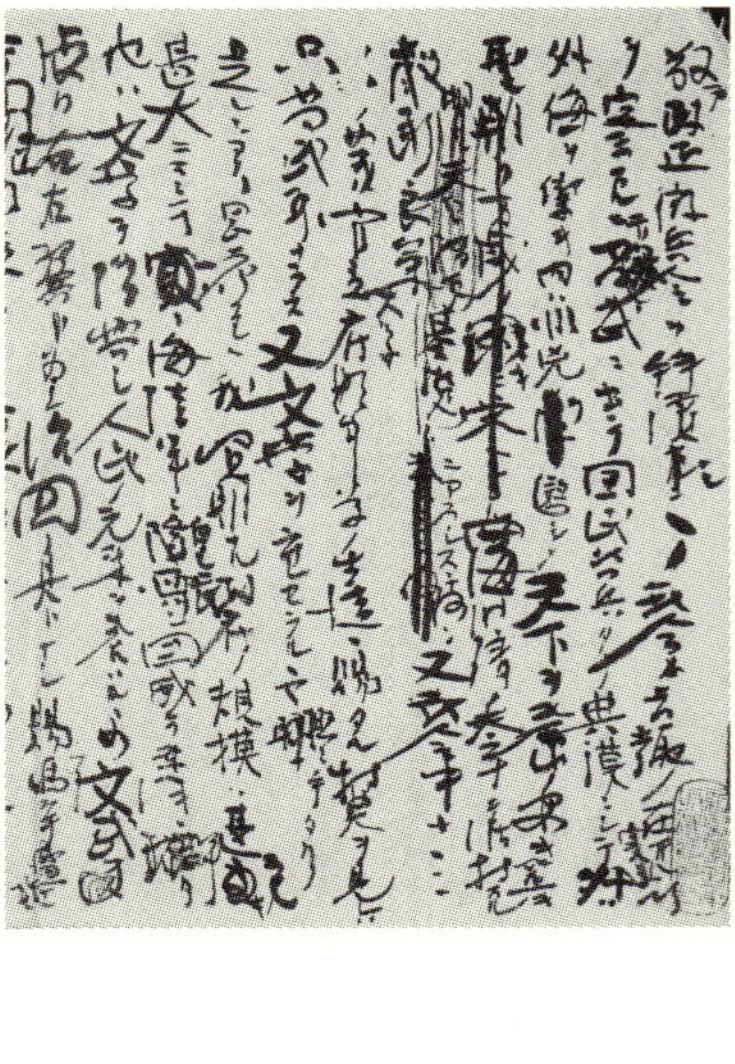

（明治一七年二月、「改正徴兵令ニ対スル意見書（B）」／〈目録上〉一一三番）

とあり、「此令」は「我人」と読まれ、「聖朝」と「明ナル天皇陛下」の語句は省略されている。

［明治一九（一八八六）年五月三〇日、仙台の教会での説教草稿、「愛トハ何ゾヤ」］

〈全集〉の表記では、

・「楠正成ハ　後醍醐帝ニ知ラレ天下ノ兵事ヲ任セラレ、遂ニ其ノ為ニ死ス」（二・一七九）

とあり、「後醍醐帝」の前で一文字分の闕字がある。

これを〈自筆〉で確認すると、

・「小山田高家ニハ　新田義貞ノ為ニ死
　楠正成ハ　後醍醐帝ニ知ラレ天下ノ兵事
　　ヲ任セラレ、遂ニ其ノ為ニ死ス
　五百ノ義士ハ斉ノ田横ニ殉死シ。赤穂ノ義士ハ 其ノ主人ノ
　……………」（〈目録上〉五六五番／［写真43］）

とある。

写真資料を見ると、新島は、まず、「小山田高家ニハ」「楠正成ハ」「五百ノ義士ハ」と、先に列記し、その後で、各表記の下に、短い文を付け加えているようである。しかし、「楠正成」の下側の文は二行になったために、「五百ノ義士」に付け加える文の行がずれた。そのために、「五百ノ義士」のすぐ左斜め下から、その文を書き始めた。「小山田高家ニハ」と「新田」との間にある空白も、「小山田高家」で始まる文が、文頭から文末へと、一気に縦方向に書かれたのでは

［写真43］

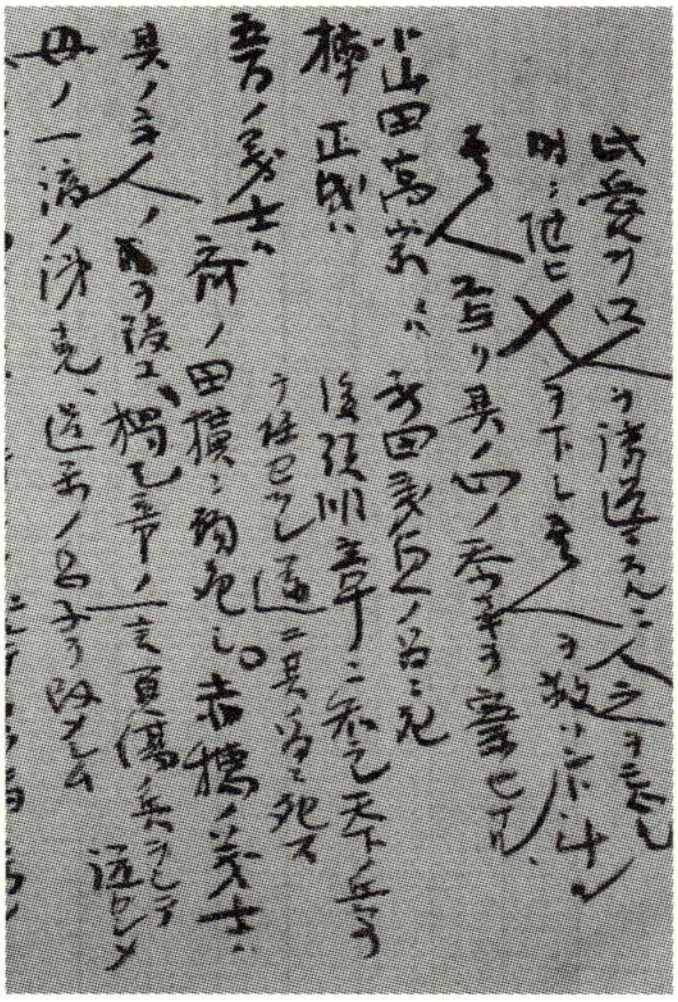

（明治一九年五月三〇日、仙台の教会での説教草稿、「愛トハ何ゾヤ」／〈目録上〉五六五番）

ないことを示している。

従って、「新田」の前の一文字分ほどの空白と、「後醍醐帝」の前の三文字分程度の空白は、あらかじめ上側に列記した表記に対応させて、文の続き部分の書き出し位置を揃えて、横方向へ順次付け加えようとしたときに生じたものであり、これらの空白は闕字と見なすことはできないのではないか。

ここでは、そうした判断に基づいて、非闕字として処置したが、なお後の精査に待ちたい。

［明治一九年一〇月二六日付、北垣国道宛書簡］

〈自筆〉では、

・「右訳書相呈　閣下之」（〈目録下〉一三一番／**［写真44］**）

とある。

写真資料で見ると、新島は、大きな「閣」の前で、小さな闕字を用いている。

しかし、〈全集〉では、

・「右訳書相呈閣下之御配慮ヲ仰キ」（三・四二五）

と、闕字は表記されていない。

［明治二〇（一八八七）年一月二五日付、新島公義宛書簡］

〈全集〉では、

・「明日ハ弥々　至上ニも御着京ニ付同志社之生徒ニハ奉迎ニ出懸ル事ニ相成」（三・四四〇）

と、「至上」の前に一文字分の闕字がある。

［写真44］

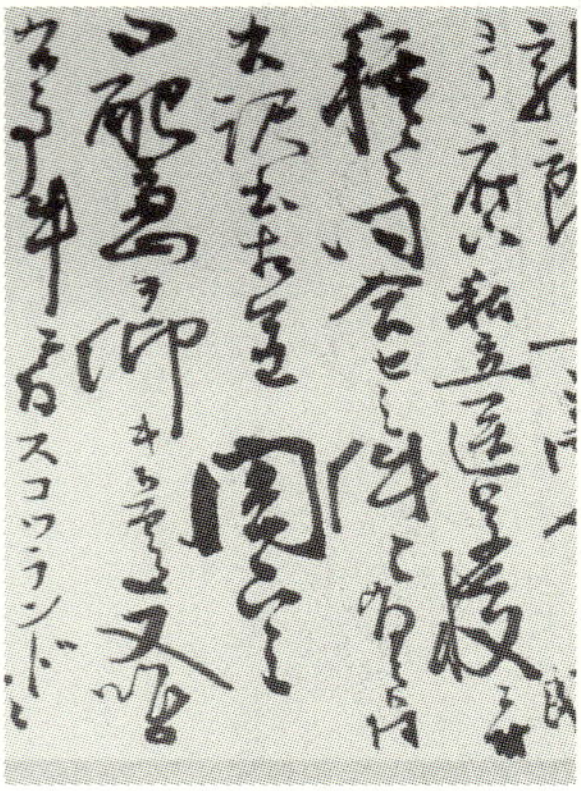

（明治一九年一〇月二六日付、北垣国道宛書簡／〈目録下〉一三一番）

しかし、この書簡の〈自筆〉は、遺品庫に収蔵されていない。

［明治二〇年一月二六日、「同志社記事（社務第十八号）」］

〈全集〉では、

・「一本日　聖上皇后入御ニ付、奉迎之為め休課」（一月／一・二七三）

と、「聖上皇后」の前に、一文字分の闕字がある。

この〈自筆〉は、遺品庫に収蔵されているのではないかと私は考えているが、〈目録上〉にも〈目録下〉にも、該当する資料名が記載されておらず、現在のところ閲覧できていない。

［明治二〇年二月九日付、増野悦興宛書簡］

〈全集〉では、

・「先日来　至上の御来輦ニ付、京都ハ随分ニギヤカナリ」（三・四四五）

とあり、「至上」の前に、一文字分の闕字がある。

しかし、この〈自筆〉は、遺品庫に収蔵されていない。

［明治二〇年二月二一日付、新島公義宛書簡］

〈全集〉では、

・「昨朝ハ　至上ニも御出発」（三・四四七）

と、「至上」の前に、一文字分の闕字がある。

この〈自筆〉は、遺品庫で閲覧でき、〈自筆〉では、

・「之至なり昨朝ハ
　至上ニも御出発生徒も
　……………………」（〈目録下〉一四三番／［写真45］）

とある。

写真資料で見ると、新島は、行頭に「至上」と記し、その前行の末尾下方には、二文字分程度の空白を残している。これは、「昨朝ハ」の下方には、闕字してから「至上」と書き切るだけのスペースが残っていないために、「至上」を次行の頭に持ってきたと解することもできるので、私たちは〈凡例2〉で示した基準に従い、闕字事例と分類して摘出する。

［写真45］

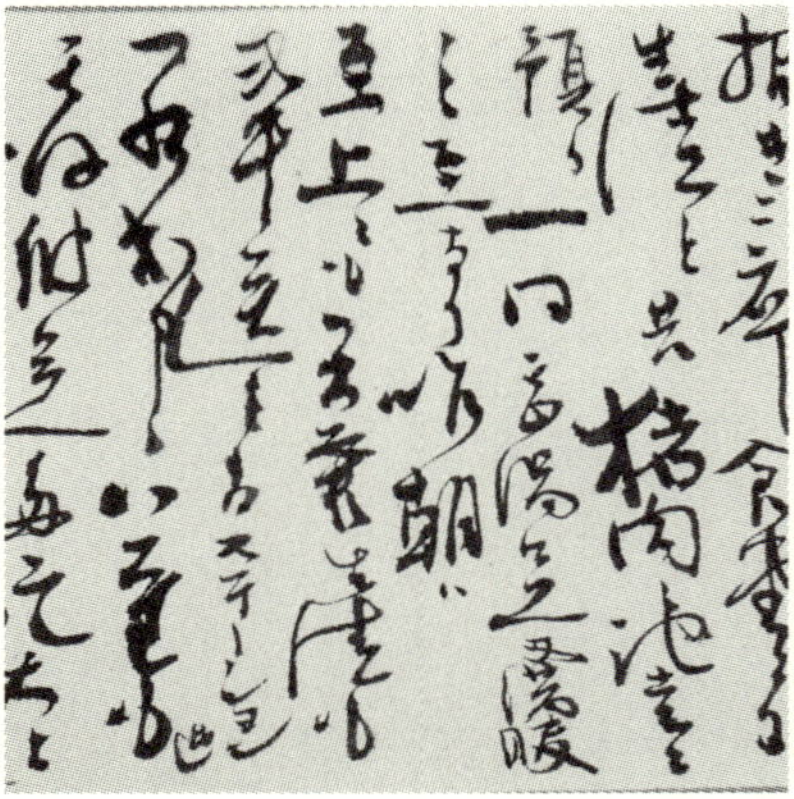

（明治二〇年二月二一日付、新島公義宛書簡／〈目録下〉一四三番）

［明治二二（一八八九）年二月一一日、「漫遊記」］

新島は、明治憲法発布の日、私的な記録帳である「漫遊記」に、朱筆で祝辞を記している。

〈自筆〉では、

・「紀元節ニ際シ我
　明聖ナル
　天皇陛下ニハ其ノ臣
　民ニ欽定憲法ヲ
　賜ハル　」（〈目録上〉六七五番／［写真46］）

とある。

写真を見ると、「我」の文字は行末にあり、「明聖」は行頭にある。新島は、「主意①」でも「叡聖ナル天皇陛下」を行頭に記している例があるから、この場合の「明聖」にも闕字措置が行われていると見なしてよいだろう。また、「天皇陛下」は、小さな記録帳では、「明聖」の下方に闕字を用いて「天皇陛下」と記すだけのスペースはないので次行冒頭に記したものと見なして、闕字措置の事例として摘出しよう。

これらの箇所は、〈全集〉では、

・「紀元節ニ際シ我
明聖ナル
天皇陛下ニハ、其ノ臣民ニ欽定憲法ヲ賜ハル」（五・三八四）

と、表記されている。

〈全集〉では、「明聖」と「天皇陛下」が平出になっている。

［明治二二年二月一五日付、広津友信宛書簡］

この書簡の〈自筆〉は、遺品庫に存在しないが、

〈全集〉では、

・「同志社全校より憲法発布之祝文ヲ
我カ

［写真46］

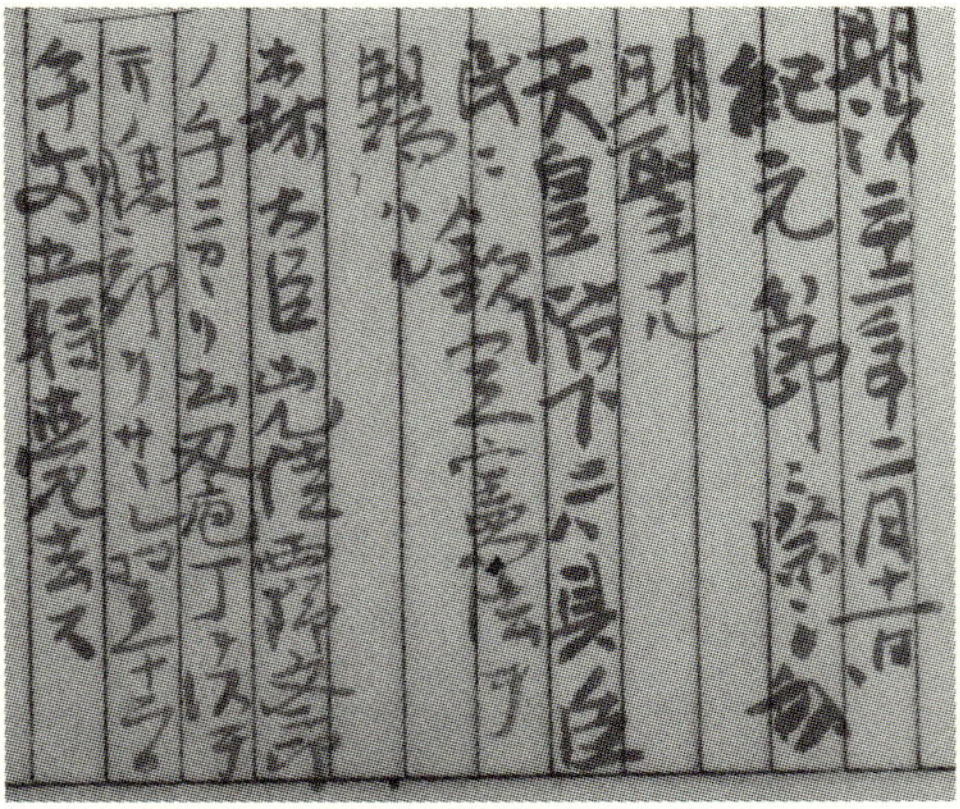

（明治二二年二月一一日、「漫遊記」／〈目録上〉六七五番）

天皇陛下ニ奉ルノ事ニ関シ一昨日之ヲ賛成申」（四・五二）

と記述され、「天皇陛下」が平出になっている。

〈自筆〉では、新島は憲法発布後の井上宛書簡で、次のような記述を行っている。

［明治二二年二月一六日、井上馨宛書簡］

・「　慎テ
　憲法発布ヲ祝賀ス
　……（中略）……
　其日ハ　閣下ニモ多分
　御留守…………」（〈目録下〉三〇六九番／［写真47］）

新島は、「慎テ」の下方に広々とした空白を残し、次行の行頭に「憲法発布」と記しており、この行替えは、〈凡例2〉の基準に照らして、平出として摘出しよう。

また、「閣下」（井上）の前では、一文字分よりはやや狭いけれども、闕字が用いられている。

〈全集〉では、

・「慎テ
　憲法発布ヲ祝賀ス

［写真47］

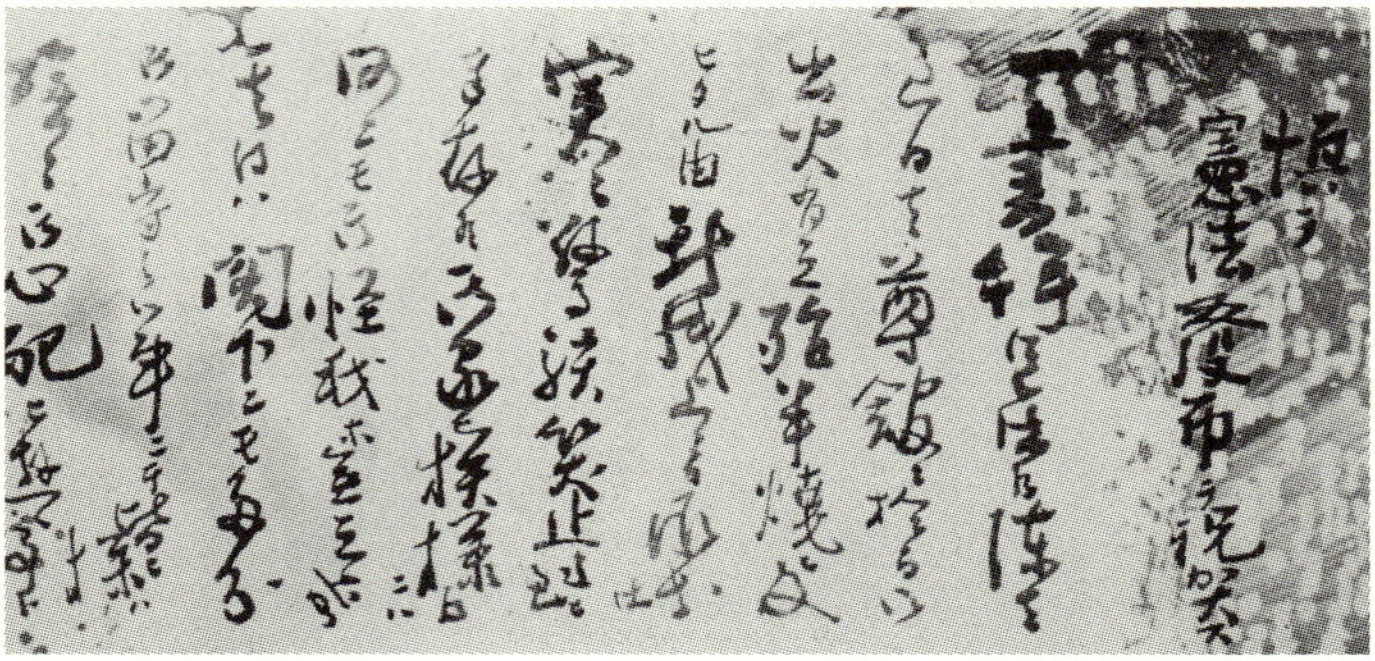

（明治二二年二月一六日、井上馨宛書簡／〈目録下〉三〇六九番）

…………（中略）…………………………

…………其日ハ閣下ニモ多分御留守…………」（四・五四～五五）

と、表記している。

〈全集〉でも、「憲法発布」は平出として表記されている。しかし、「閣下」の前の闕字は表記されていない。

［明治二二年二月、新島公義宛書簡］

この書簡の自筆資料は遺品庫には収蔵されていない。

しかし、〈全集〉では、

・「御互ニ

憲法発布ヲ祝賀ス」（四・六二）

とあり、井上宛書簡の場合と同様に、「憲法発布」が平出になっている。

［明治二二年四月一五日付、井上馨宛書簡］

〈自筆〉では、

・「閣下御来港ノ上…………」

・「……　閣下御来坂ノ節ニハ」

・「……　閣下ノ御力ニ御依頼スルノ外」

・「閣下ヲ奉煩候は………」

・「………　閣下之御助力ヲ」

・「閣下御来坂之際………」
・「………　閣下ニハ」
・「閣下御来坂モ………」
・「閣下ニモ已ニ………」
・「閣下之御助力………」〈目録下〉三七一二番／［写真48］）

とある。

新島は、この書簡では、一〇箇所で「閣下」と表記している。これらは、行頭に置かれているか、闕字が用いてあるかの、どちらかであり、一〇箇所全てを闕字措置の事例として摘出しよう。

〈全集〉では、

・「……、閣下御来港ノ上……」（四・九七）
・「……、　閣下御来坂ノ節ニハ」（同）
・「……　閣下ノ御力ニ御依頼スルノ外」（同）
・「……閣下ヲ奉煩候は……」（同）
・「……　閣下之御助力ヲ……」（同）
・「……、閣下御来坂之際……」（四・九八）
・「……　閣下ニハ」（四・九九）

［写真48］

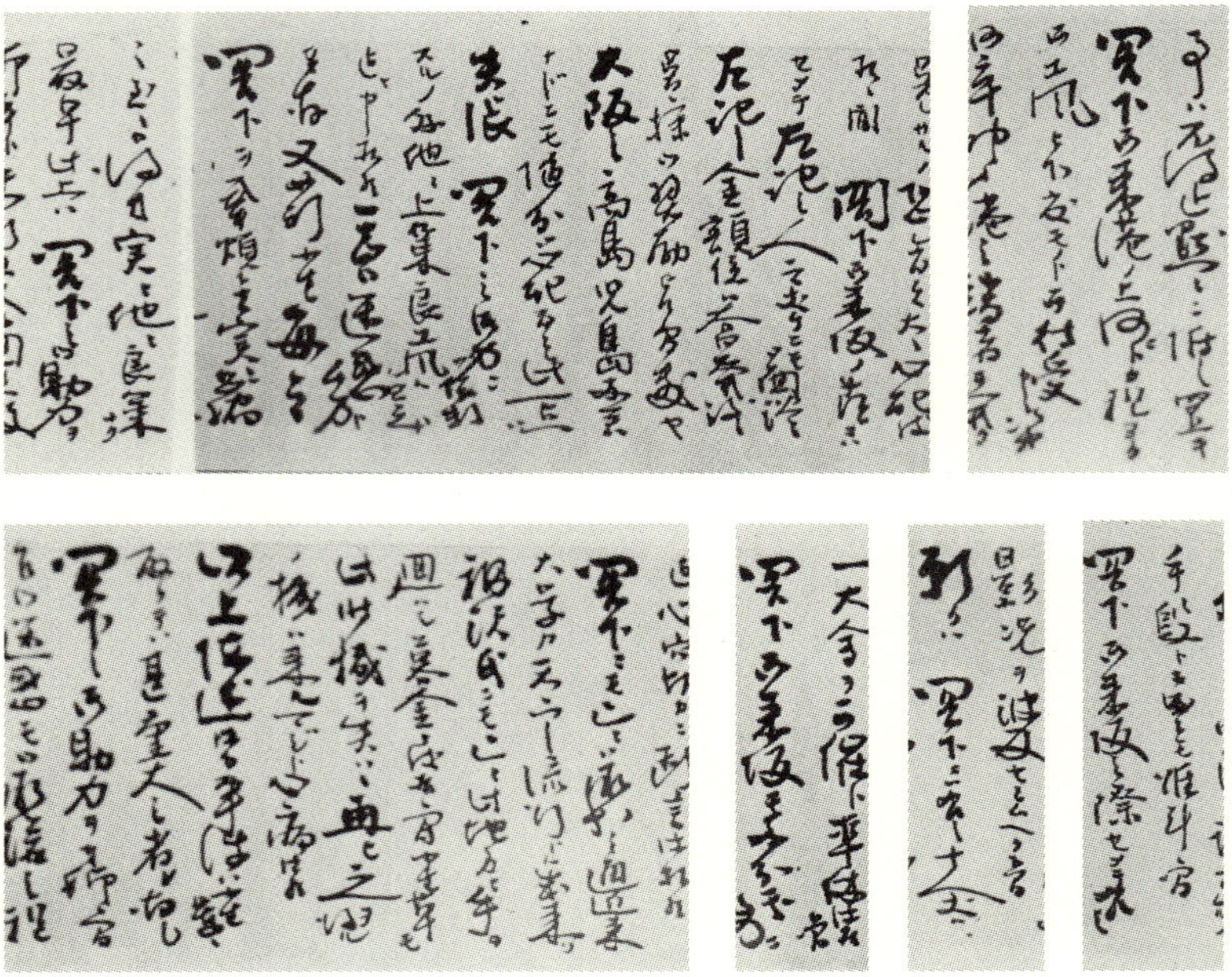

（明治二二年四月一五日付、井上馨宛書簡／〈目録下〉三七一二番）

・「……閣下御来坂モ……」
・「……、　閣下ニモ已ニ……」（同）
・「……閣下之御助力……」（〈目録下〉三七一二番）

とある。〈全集〉では、第二、三、五、七、九番目の「閣下」の前にだけ、一文字分の闕字が表記されている。

［明治二二年四月二二日付、井上馨宛書簡］

〈自筆〉では、

・「……　閣下ニアラサレハ……」
・「……　閣下之御助力」
・「……　閣下ノ御好情……」（〈目録下〉三七一三番／［写真49］）

とある。

新島はこの書簡では、三箇所の「閣下」に闕字を用いている。他に三箇所で「閣下」を行頭に置いている場合もあるが、「閣下」に闕字を用いていない場合もあるので、これらは闕字事例としては摘出しないことにする。

〈全集〉で、これらの箇所を見ると、

・「……、　閣下ニアラサレハ……」

［写真49］

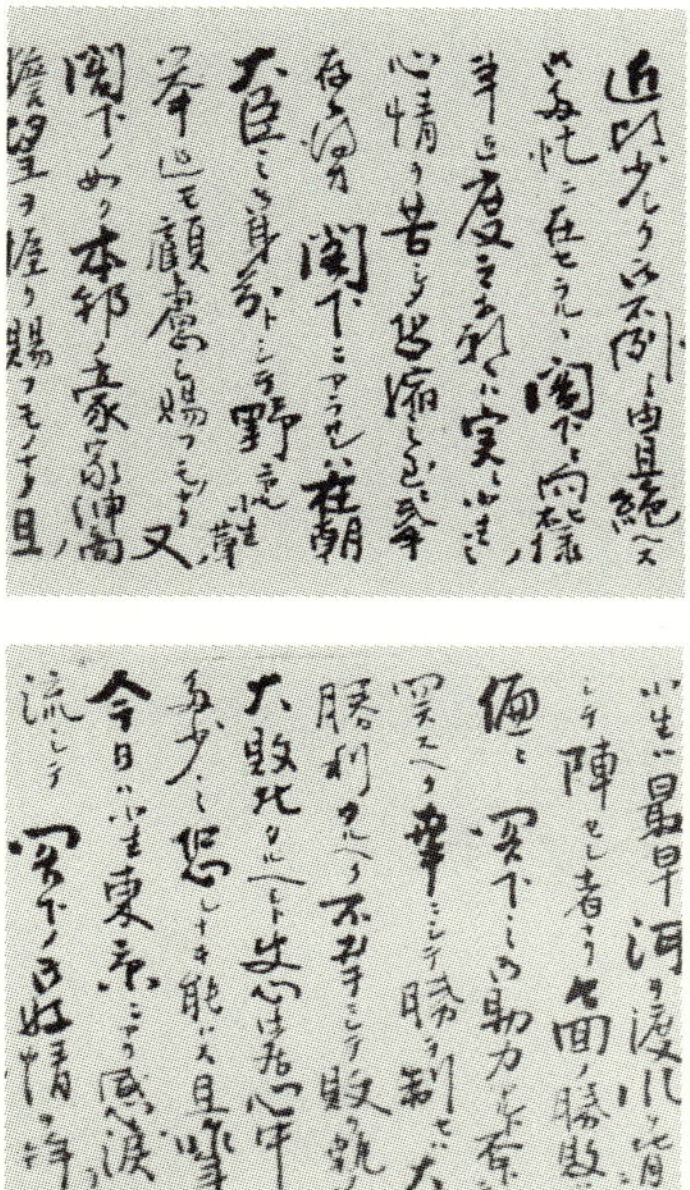

（明治二二年四月二二日付、井上馨宛書簡／〈目録下〉三七一三番）

・「……　閣下之御助力……」
・「……　閣下ノ御好情……」（四・一〇三）

とある。

〈全集〉でも、三箇所の闕字は表記されている。

［明治二二年四月三〇日付、北垣国道宛書簡］

〈自筆〉では、

・「……　閣下之御添書を」
・「……　閣下之御添書を」
・「……　閣下ニも」（〈目録下〉二一四番?。日付に関しては全集四巻の「注解」一〇九（四・四四五）を参照。／［写真50］）

と、三箇所の「閣下」の前で一文字分ほどの闕字を用いている。

〈全集〉では、

・「……、閣下之御添書を」（四・一〇九）
・「……　閣下之御添書を」（同）
・「……　閣下ニも……」（同）

とあり、二箇所の「閣下」の前で一文字分の闕字が表記されている。

［写真50］

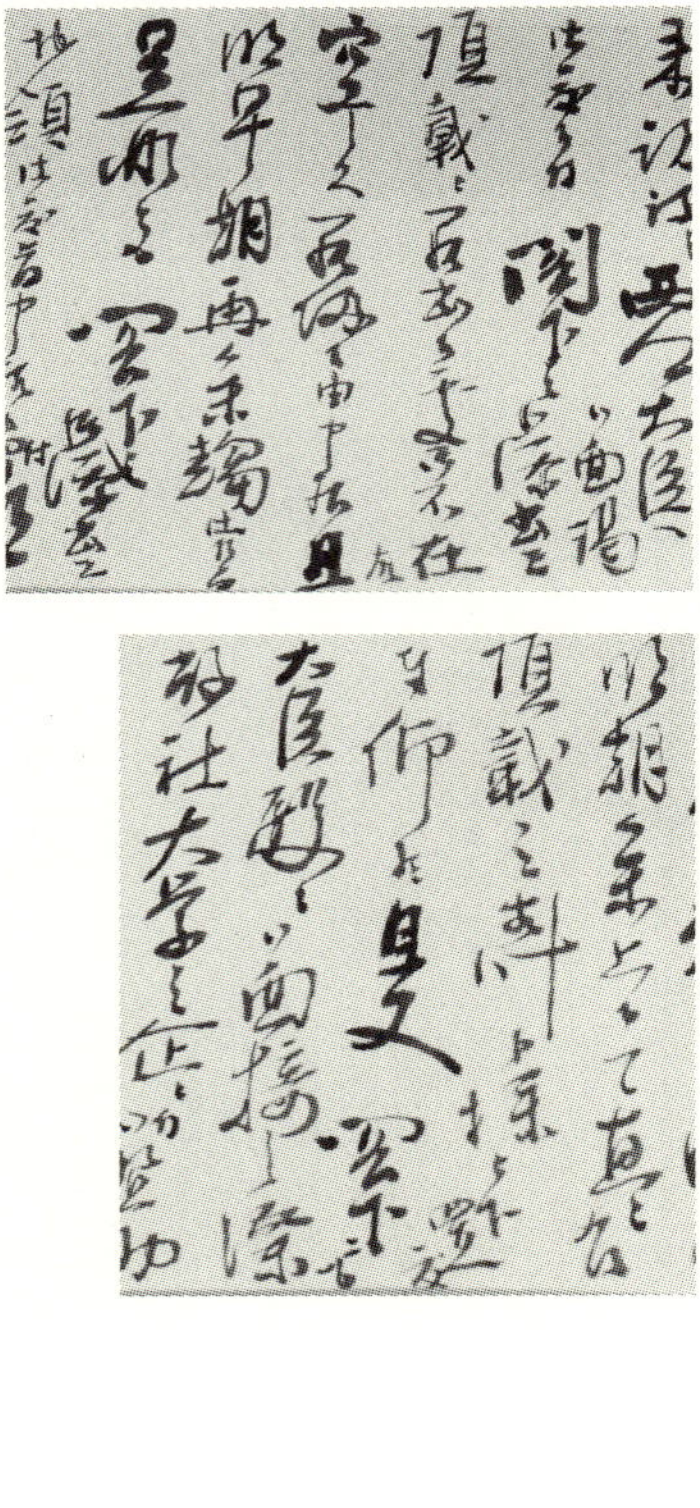

（明治二二年四月三〇日付、北垣国道宛書簡／〈目録下〉二一四番?）

［明治二二年六月四日付、井上馨宛書簡］

〈自筆〉では、

・「……　閣下之御起居如何」
・「……　閣下之御高配……」
・「……　閣下よりも……」
・「閣下之一臂を……」（〈目録下〉三〇七三番／［写真51］）

とある。この書簡では、行頭の「閣下」も闕字として含めて、四箇所全ての「閣下」を闕字事例として摘出してよいだろう。

〈全集〉では、これらの箇所は、

・「……　閣下之御起居如何」
・「……　閣下之御高配を奉仰度候」
・「……　閣下よりも御談置被下度」
・「……　閣下之一臂を……」（四・一四八～一四九）（〈目録下〉三〇七三番）

とあり、この資料では、〈自筆〉と〈全集〉での、闕字事例の個数が一致している。

［写真51］

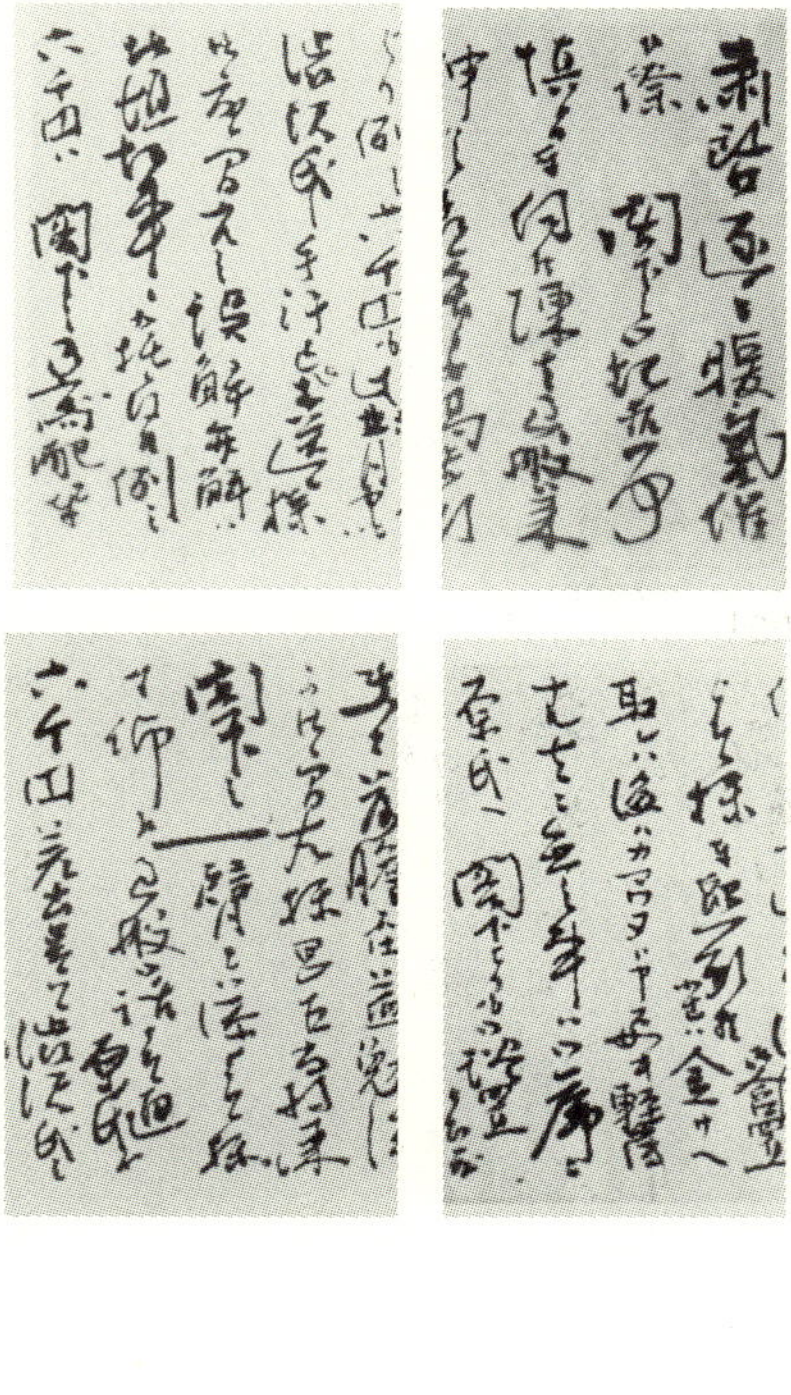

（明治二二年六月四日付、井上馨宛書簡／〈目録下〉三〇七三番）

［明治二二年七月二〇日付、井上馨宛書簡］

〈自筆〉では、

・「……………………………

　閣下之御恵恩を………」（〈目録下〉三〇七四番／［写真52］）

とあり、前行末に少し空白を残し、「閣下」は行頭に置かれている。ここにも、新島の闕字儀礼を読みとることは可能であろう。しかし、私は、単なる行頭表記が闕字としての行頭表記と混同されることを避けるために、同一書簡の中に「閣下」表記が一事例しかなく、しかも、それが行頭に置かれている場合でも、別の書簡で闕字を用いない事例がある場合には、闕字事例としては摘出しないことにしているので、このケースも闕字事例とは見なさないことにする。

　この表記は、〈全集〉では、

・「……　閣下之御恵恩を」（四・一七六）

とあり、一文字分の闕字が用いられている。

［明治二二年一一月二〇日付、井上馨宛書簡］

　〈自筆〉では、

・「陳者　閣下ニハ」（〈目録下〉三〇七五番／［写真53］）

と、「閣下」の前に、一文字分弱ほどの闕字ある。

　しかし、〈全集〉では、

・「陳者閣下ニハ」（四・二四二）

［写真52］

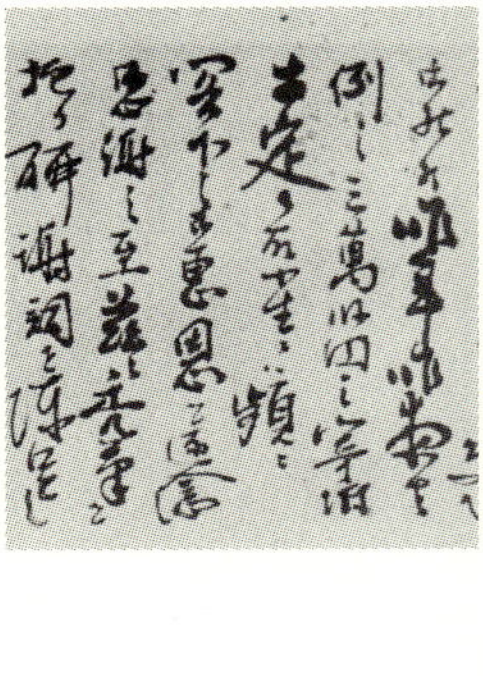

（明治二二年七月二〇日付、井上馨宛書簡／〈目録下〉三〇七四番）

［写真53］

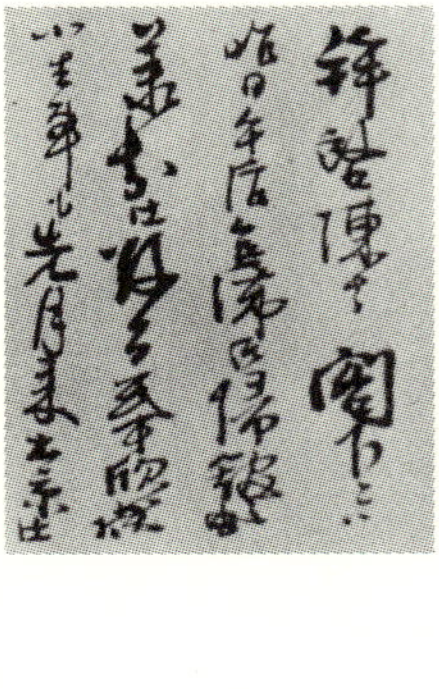

（明治二二年一一月二〇日付、井上馨宛書簡／〈目録下〉三〇七五番）

と、闕字は表記されていない。

［明治二二年一二月一六日付、井上馨宛書簡］

〈自筆〉では、

・「相募候際　閣下ニ」（〈目録下〉三〇七六番／［写真54］）

と、約一文字分の闕字が用いられている。

この闕字は〈全集〉では、

・「相募候際、閣下ニ」（四・二七二）

と、読点を付した後に、半角分の闕字が表記されている。

［明治二三（一八九〇）年一月一〇日付、北垣国道宛書簡］

〈自筆〉では、

・「………　閣下ニ於而」

・「………扨　閣下迄ニ」

・「閣下之御意見も……」

・「閣下之御健康……」（〈目録下〉四五三番／［写真55］）

と、二箇所の「閣下」の前で一文字程度の闕字が使用され、二箇所で「閣下」が行頭に書かれている。これら四事例は全て闕字措置として摘出しよう。

しかし、〈全集〉では、

［写真54］

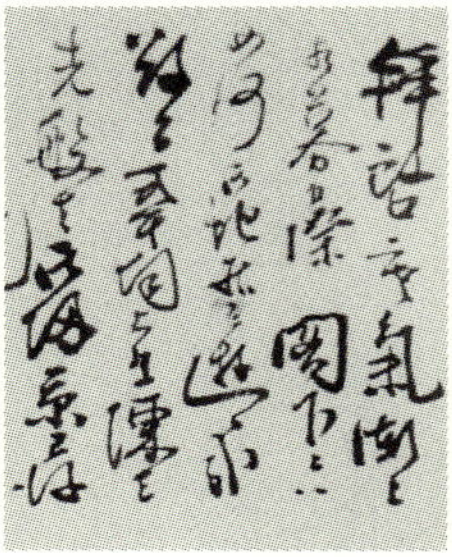

（明治二二年一二月一六日付、井上馨宛書簡／〈目録下〉三〇七六番）

・「……閣下ニ於而」（四・三三〇）
・「……、扨閣下迄ニ」（同）
・「……閣下之御意見も……」（四・三三一）
・「……閣下之御健康……」（同）

とあり、闕字はいずれの場合も表記されていない。

［写真55］

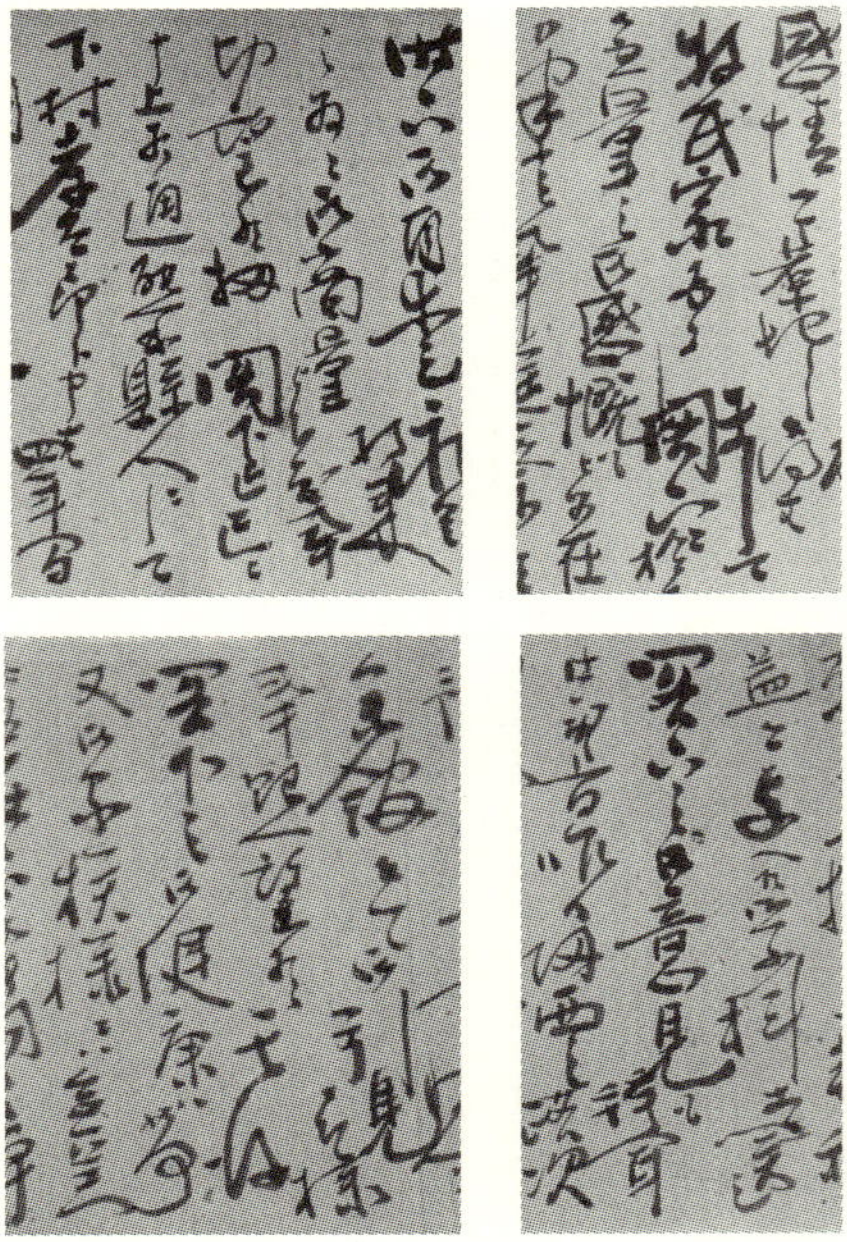

（明治二三年一月一〇日付、北垣国道宛書簡／〈目録下〉四五三番）

3 ［表１］新島の自筆資料に現れる闕字と資料批判のまとめ

以上が、新島の〈自筆〉における闕字・平出事例の摘出と、従来の新島資料における闕字・平出表記との比較検討である。この報告のまとめとして、一覧表を作成したのが［表１］である。

〈［表１］に関する注記〉

［１］調査した数種類の新島資料集の内、いずれかの資料集に闕字あるいは平出の事例が表記されている資料名だけを、「資料名」の欄に記載している。各資料集の対応する表記は、同一の行に配置し、資料集ごとの表記の異同を較べやすくしている。ただし、〈公義写本②〉については、〈自筆〉との比較の都合から言えば〈公義写本①〉の右側に並記すべきだが、〈深井〉資料との比較を考慮して、〈公義写本①〉の下側に表示している。

［２］闕印は闕字措置、平印は平出措置を示している。

［３］調査対象の「資料名」の欄に記載があり、「闕字・平出事例」の箇所が空欄になっているのは、当該資料集には、調査対象となるべき文献が収録されていないことを示している。

［表1］新島の自筆資料に現れる闕字と資料批判のまとめ

		各資料集別の闕字・平出措置の有無						
年	日付と資料名	〈自筆〉	〈全集〉	〈書簡集続〉	〈岩波〉	〈書簡集〉	〈深井〉	その他
嘉永5 1852	10月6日付 尾崎直紀宛書簡 （民治の代筆）	[闕]御惣容様 [闕]御懇命 [平]御隠居様 [平]御新造様 [闕]被仰上可被下	御惣容様 [闕]御懇命 御隠居様 御新造様 [闕]被仰上可被下					
嘉永6 1853								
安政元 1854								
安政2 1855								
安政3 1856								
安政4 1857								
安政5 1858								
安政6 1859								
万延元 1860								
文久元 1861								

文久2 1862	12月5日付 新島民治宛書簡	[闕]御老大人様初	御老大人様初		御老大人様初	御老大人様初		
文久3 1863								
元治元 1864	「函楯紀行」	[闕]藩 [闕]幹家 [闕]君公 [闕]君公 [闕]藩 [闕]幹家 [闕]主公 [闕]君公 [闕]君公 [闕]政府 [闕]政府 [闕]政府 [闕]政府	藩 幹家 君公 君公 藩 幹家 主公 君公 君公 政府 政府 政府 政府	藩 幹家 君公 君公 藩 幹家 主公 君公 [闕]君公 政府 政府 政府 政府				
同	4月25日付 新島民治宛書簡	[平]御老大人様初 [平]御老大人様初	御老大人様初 御老大人様初	御老大人様初 [平]御老大人様初	御老大人様初 御老大人様初			
同	6月14日付 新島民治宛書簡	[平]御祖父様初	御祖父様初		御祖父様初	御祖父様初	[平]御祖父様初	
慶応元 1865	新島双六宛書簡	[平]老大人	[平]老大人					
慶応2 1866	2月21日付 新島民治宛書簡	[闕]御老大人様初 御一統	御老大人様初 御一統		御老大人様初 め御一統	[闕]御老大人様初 御一統	[闕]御老大人様初 御一統	
慶応3 1867	3月29日付 新島民治宛書簡	[闕]御老大人様初 御一統	御老大人様初 御一統	御老大人様初 御一統	御老大人様初 御一統			

慶応3 1867	12月25日付 新島民治宛書簡	（自筆なし）	[平]熊若様						
慶応4 1868									
明治2 1869									
明治3 1870									
明治4 1871	6月 「請願帰朝之書」	[闕]天皇 [闕]明朝 [闕]明朝 [闕]明朝 [闕]朝命 [闕]明朝 [闕]明朝		[闕]天皇 明朝 [闕]明朝 [闕]明朝 朝命 [闕]明朝 [闕]明朝			（〈公義写本2〉を写本としている） [平]天皇 [平]明朝 [闕]明朝 [闕]明朝 朝命 [平]明朝 [平]明朝	〈公義写本1〉 [闕]天皇 [闕]明朝 [闕]明朝 [闕]明朝 [闕]朝命 [闕]明朝 [闕]明朝 - - - - - - 〈公義写本2〉 [闕]天皇 [闕]明朝 [闕]明朝 [闕]明朝 [闕]朝命 [闕]明朝 [闕]明朝	〈写真集〉 [闕]天皇 明朝 明朝 [闕]明朝 朝命 [闕]明朝 [闕]明朝
同	9月5日付 新島民治宛書簡	[闕]大人様 [闕]朝廷 [闕]朝廷	大人様 朝廷 [闕]朝廷		大人様 [闕]朝廷 [闕]朝廷	大人様 朝廷 [闕]朝廷	大人様 朝廷 [闕]朝廷		

明治5 1872	4月1日付 新島民治宛書簡	[闕]田中文部大丞	田中文部大丞		田中文部大丞	田中文部大丞	田中文部大丞	
同	4月4日付 新島民治宛書簡	[闕]田中文部大丞	田中文部大丞			田中文部大丞	田中文部大丞	
同	4月7日付 新島民治宛書簡	[闕]大人様御母様 御姉様方御一統	大人様御母様 御姉様方御一統		大人様御母様 御姉様方御一統	大人様御母様 御姉様方御一統		
明治6 1873	1月26日付 新島民治宛書簡	[闕]御大人様御一 統	御大人様御一統		御大人様御一統	御大人様御一統	御大人様御一統	
明治7 1874	1月11日付 新島民治宛書簡	[闕]天朝	天朝		天朝	天朝	天朝	
明治8 1875								
明治9 1876								
明治10 1877								
明治11 1878	2月28日付 寺島宗則宛書簡 （代筆又は筆写）	[闕]外務卿寺島公 [闕]明天子 [闕]朝廷 （自筆なし）	[闕]外務卿寺島公 [闕]明天子 [闕]朝廷	[闕]外務卿寺島公 明天子 朝廷				
明治12 1879								
明治13 1880								
明治14 1881								
明治15 1882	10月18日付 北垣国道宛書簡	[闕]閣下	[闕]閣下					

明治15 1882	11月7日付 「同志社大学設立之主意骨案」	[闕]天皇陛下 天皇陛下 [闕]天皇陛下 [闕]天皇陛下	[闕]天皇陛下 [闕]天皇陛下 [闕]天皇陛下 [闕]天皇陛下					〈百年史〉 [闕]天皇陛下 天皇陛下 [闕]天皇陛下 [闕]天皇陛下
同	「同志社大学設立ヲ要スル主意」	[闕]叡聖ナル天皇陛下	叡聖ナル[闕]天皇陛下					〈百年史〉 [闕]叡聖ナル天皇陛下
同	「同志社大学設立之主意」	天皇陛下	天皇陛下					
明治16 1883	10月31日付 板垣退助宛書簡	[闕]閣下 [闕]閣下 [闕]閣下	閣下 閣下 閣下					
明治17 1884	2月「改正徴兵令ニ対スル意見書(A)」	[闕]内閣	内閣					〈百年史〉 内閣
同	「改正徴兵令ニ対スル意見書(B)」	[闕]此令、 〔[闕]聖朝〕 〔[闕]叡(天皇陛下)断良策〕 (これら2例は削除されている)	此令 聖朝					〈百年史〉 (該当の表記なし)
明治18 1885								

明治19 1886	5月30日付 「愛トハ何ゾヤ」	後醍醐帝	[闕]後醍醐帝					
同	10月26日付 北垣国道宛書簡	[闕]閣下	閣下					
明治20 1887	1月25日付 新島公義宛書簡	（自筆なし）	[闕]至上					
同	1月26日付 「同志社記事 (社務第十八号)」	（未確認）	[闕]聖上皇后					
同	2月9日付 増野悦興宛書簡	（自筆なし）	[闕]至上					
同	2月21日付 新島公義宛書簡	[闕]至上	[闕]至上					
明治21 1888	5月28日付 北垣国道宛書簡	[闕]閣下	閣下					
明治22 1889	2月11日付 「漫遊記」	[闕]明聖ナル [闕]天皇陛下	[平]明聖ナル [平]天皇陛下					
同	2月15日付 広津友信宛書簡	（自筆なし）	[平]天皇陛下					
同	2月16日付 井上馨宛書簡	[平]憲法発布 [闕]閣下	[平]憲法発布 閣下					
同	2月 新島公義宛書簡	（自筆なし）	[平]憲法発布					
同	4月15日付 井上馨宛書簡	[闕]閣下 [闕]閣下 [闕]閣下 [闕]閣下	閣下 [闕]閣下 [闕]閣下 閣下					

明治22 1889	4月15日付 井上馨宛書簡	闕閣下 闕閣下 闕閣下 闕閣下 闕閣下 闕閣下	闕閣下 閣下 闕閣下 閣下 闕閣下 閣下					
同	4月22日付 井上馨宛書簡	闕閣下 闕閣下	闕閣下 闕閣下					
同	4月30日付 北垣国道宛書簡	闕閣下 闕閣下 闕閣下	閣下 闕閣下 闕閣下					
同	6月4日付 井上馨宛書簡	闕閣下 闕閣下 闕閣下 闕閣下	闕閣下 闕閣下 闕閣下 闕閣下					
同	7月20日付 井上馨宛書簡	闕閣下	闕閣下					
同	11月20日付 井上馨宛書簡	闕閣下	閣下					
同	12月16日付 井上馨宛書簡	闕閣下	闕閣下					
明治23 1890	1月10日付 北垣国道宛書簡	闕閣下 闕閣下 闕閣下 闕閣下	閣下 閣下 閣下 閣下					

第二章　闕字儀礼の意味分析

1　はじめに

私たちは、すでに「第一章　闕字に関する資料批判」において、新島の用いている闕字事例に関する資料批判の作業を終えている。そのまとめとして得られた［表1］を観察することから、「第二章　闕字儀礼の意味分析」の考察を開始することにしよう。

まず、指摘すべきことは、次の四点である。

①新島の用いている闕字儀礼の意味を分析しようとすると、従来から活字化されてきた新島資料には依拠できないということである。そのことは、［表1］が如実に示している。

②〈自筆〉調査の結果に基づくと、新島の闕字儀礼は、大きくは三期に区分できる。第一期は、藩士時代からの闕字の習慣を維持してきた期間（慶応三年三月二九日付の民治宛書簡まで）、第二期は、闕字不使用の期間（慶応三年三月二九日付の民治宛書簡から明治四年六月「請願帰朝之書」までの間には、闕字を用いた儀礼が確認できない）、

第三期は、キリスト者として闕字儀礼を使用する期間（明治四年六月「請願帰朝之書」以後、明治二三年一月一〇日付の北垣国道宛書簡まで）である。

③第一期、すなわち藩士新島の闕字の対象は、祖父ら新島家、藩と藩の上司、幕府であり、天皇や日本表記への闕字事例は見られない。この点で、佐久間象山や勝安芳の場合とは、闕字の用い方が異なっている。第三期、すなわちキリスト者新島の闕字の対象は、天皇、政府とその法令、父親ら家族、天皇の官吏（田中、寺島、北垣、井上）、民権家（板垣）である。すなわち、キリスト者新島が用いる闕字の対象は、晩年に至るまで天皇には収斂していない。従って、キリスト者新島が闕字を使用しているからといって、私たちは、直ちに、闕字は勤王主義を意味すると、判断することは許されないのである。

④従って③の事実から、この度私が試みた〈自筆〉に基づく新島の闕字調査の結果として、キリスト者新島が使用する闕字の意味は、現在のところ不明であることが、判明したのである。

よって、この第二章は、新島にとって闕字とは何であったのかを、改めて再検討しようとするものである。第一節では、藩士新島の闕字儀礼の意味を分析している。第二節は、慶応三年一二月二五日の飯田宛書簡における闕字不使用宣言の意味を分析している。第三節では明治四年六月の政府宛の「請願帰朝之書」草稿における、また第四節では同年九月五日付の父親民治宛書簡における、それぞれの闕字復活の意味を分析している。そして、第五節では、帰国後において使用される闕字の意味を分析している。

ところで、［表1］の示す結果に基づいて、「問題提起」と関わって、若干のコメントを付しておきたい。すでに紹介したように和田が『新島襄』を出版したのは昭和四八（一九七三）年であるが、その段階で、和田が読むことのできた資料は、〈書簡集〉（昭和一六（一九四一）年）、〈岩波〉（昭和二八（一九五三）年）、〈書簡集続〉（昭和三五（一九六〇）年）であろう。〈深井〉（大正一四（一九二五）年）は、現在は遺品庫に一部だけ収蔵されているから、見ていないのかもしれない。巻子になった〈公義写本②〉についても、見ているのかどうか判らない。

もしも、和田が、〈書簡集〉〈岩波〉〈書簡集続〉を手がかりにして、新島の闕字を見ていたのだとすると、和田は新島の闕字の内で、維新以前は、〈書簡集〉に一箇所表記されている「御老大人様」への闕字と、〈書簡集続〉に現れる「君公」と「御老大人様」の二箇所の闕字、すなわち、藩主と父親に対する合計三個の闕字しか知らなかったのであろう。

そして、維新後になると、〈書簡集続〉には、天皇に対して闕字を用いた「請願帰朝之書」が掲載されており、〈書簡集〉と〈岩波〉では、民治宛書簡での天皇への闕字が表記されている。〈書簡集続〉では「外務卿寺島公」への闕字も一箇所表記されてはいるが、これらの闕字表記には、明治維新を挟んで、新島の闕字対象が、藩主と祖父から天皇へと転換している様子が、色濃く示されている。それは、徳富のいう「日本精神」に呼応したものと言える。

従って、新島は闕字など使用しないはずだという和田の見解は、〈書簡集〉〈岩波〉〈書簡集続〉を編集し活字化してきた森中の、闕字に関する資料処理への不信の表明でもあったのであろう。私の行った調査を待つまでなく、和田の予測は完全に覆された。しかし、自筆資料は、森中の闕字処理には、森中自身の主観的な判断が働いていたことを示している。キリスト者新島は、天皇に対してだけではなく、父親や政府関係者たちにも闕字をたくさん使用している。それらに対する闕字は、事例数から言えば、天皇に対するものよりも遙かに多いのである。にも拘わらず、森中は、天皇以外の闕字は一例しか表記していないのである。

だが、森中が、新島が天皇に対して用いている闕字は全部表記したのかといえば、そうではない。明治四年六月の「請願帰朝之書」で見ると、新島自身は、七個の天皇表記全てに闕字を用いているが、森中は五箇所でしか闕字を用いていないし、また、同年九月五日付の民治宛書簡では、〈自筆〉では、二箇所の天皇表記が闕字措置されているが、〈書簡集〉では一箇所しか闕字が表記されていない。また、明治七年一月一一日付の民治宛と明治一一年二月二八日付の寺島宛書簡（原本は新島の自筆ではない）では、原本には二箇所の天皇表記に闕字が用いられているが、森中の編集した資料では、闕字が表記されていない。新島の自筆資料を収集したり筆写して研究してきたのは、森中であったのだから、彼こそは、新島の闕字使用の実態を、つぶさに知っていた人物である。その森中はどうして、自筆資料に現れる天皇に対する闕字を、全て表記することに徹しないのだろうか。

それもまた、実は、森中自身の主観的判断が、そうさせているのであろう。森中には、迷いがあるのである。本井は、森中が採録した新島の天皇尊崇を示すエピソードを紹介する際に、それは「新島の口を借り」た森中の所見だと、述べているのであるが、その森中は、〈書簡集〉では「天朝」に対して闕字措置を行っていない。だから、森中自身の「皇室尊崇」の意味についても、もっと慎重な検討が必要なのではないだろうか。

では早速、闕字の意味分析を、開始することにしよう。

〈凡例3〉

［1］第二章において新島資料を引用する場合には、［表1］で用いた略字（闕と平）は使用しない。〈自筆〉調査で、闕字であると判明した箇所には、（闕字）とルビを打ち、儀礼的な意味で行頭に置かれ、〈自筆〉調査では闕字として分類したものには（行頭）とルビを打ち、本来の闕字とは区別して表示している。また、平出に関しても、該当する表記に対して（平出）とルビを打っている。

［2］その他の略記は、第一章と同じである。

［3］ 新島資料を引用する場合、基本的には新島全集など、すでに活字化されたものを用いている。しかし、私たちの考察の対象となる闕字などの儀礼的措置、さらに、〈自筆〉で新島が用いている改行や空字、文字の削除などは、〈自筆〉での表記を尊重している。

［4］ 闕字の意味分析を進める上で、〈自筆〉の存否を示す必要がある場合には、「〈自筆〉」「〈自筆〉なし」と表示し、また、〈自筆〉の所在を示す必要がある場合には、〈目録上〉〈目録下〉で用いられている整理番号も付している。

2　藩士新島の闕字儀礼

［表1］を見ると、密航以前に新島自身が用いた闕字・平出事例（元治元年四月二五日付、新島民治宛書簡以前）は、〈全集〉では闕字二事例、〈書簡集続〉では闕字一事例と平出一事例が表記されているだけである。

しかし、新島は、文久二年一二月、玉島航海に参加し旅先から父親民治に宛てた書簡では「御老大人様初」を闕字処理しているし、また、元治元年四月の函館からの便りでは「御老大人様初」を平出処理している。さらに、密航後においても家族宛書簡の中で、「御祖父様初」「老大人」「御老大人様初御一統」に対して、闕字や平出を用いている。そして、新島のこのような家族に対する闕字儀礼は、〈自筆〉では慶応三年三月二九日付民治宛書簡まで続いていることを、この度の〈自筆〉調査で確認することができた。

さらにこの度の調査によって、藩士新島が闕字を用いているのは、家族に対してだけではないことも、はっきりと確認することができた。元治元年の「函楯紀行」という、新島の私的な記録帳において、彼は、藩、藩主、藩の重臣や上司、さらに幕府を意味する表記にも、闕字を用いていることが明らかとなった。これらの闕字使用については、〈書簡集続〉が一事例のみを表記しているだけであり、〈全集〉では全く表記されていないものである。

このように新島が、家族や藩関係者、さらには幕府に対してまで、闕字儀礼を用いているのは、なぜなのであろうか。

私は、すでに別稿において新島の密航理由の再検討を行っている(1)。その際に、幼少から青年に至る新島の周囲には、理想化された儒教道徳観が保たれていたことを指摘した。とりわけ新島の祖父弁治に対する敬愛は深いのであり、新島が旅先から闕字や平出を用いて書簡を書くのは、単なる形だけの儀礼ではなく、そこには偽りのない敬愛の心情が込められているものと、見なすことができる。

だが、その論文における私の主要課題は、新島は、なぜ成功の保障すらない決死の密航を決断したのかを再検討することにあったため、新島の函館行きに関しては、ほとんど注目していなかった。しかし、いまや新島の闕字について検討しようとする際には、新島が闕字を多用している「函楯紀行」という文章に、注目する必要がある。

新島の函館行きに関して、これまでの新島研究では、脱藩であると捉えているものも少なくない。しかし、新島の〈自筆〉を見ると、新島は、「藩」「幹家」「君公」「主公」「政府」の表記に対して闕字を使用している事例がある。これらの闕字には、新島において、如何なる意味が付与されているのであろうか。

新島は、元治元年三月七日に函館航海のことを知り、乗船許可が下るまでの、慌ただしい経過を「函楯紀行」の中で次のように記述している。

「最早我（闕字）藩へ行き、飯田氏（飯田氏当時目付役を勤めり）に其由を相談セしに、彼［は］我厚く学に志ざすを愛し喜［て］曰、我一度ひ汝之為に周旋せん、然共預成否を期［す］へからず、僕竊謂ふ、此人然諾を重んず必らず余の為に力を竭さんと。遂に辞去り我家に至り、只幹家之船箱楯に至る由を告け、早々家を去り駿台に帰り、飯田氏之周旋如何んを待計り也。是実に元治元甲子年三月七日なり

扨此日の夕刻ニ至り、父一書を遣して申せしに、飯田氏之申すにハ、先幹家ニ行き乗込之事の成否を尋ぬへし云々〔但父の此書を遣せしハ、飯田氏より父に右の一件を相談セしに依るなり。〕予思う、此事動［も］すれば成らんと。其夜の三更迄に、箱楯に齎［す］へきと齎［す］へからさる物を別ち、而る後床ニ入しに、心緒万端中々難眠、五更に至り暫時眠しかバ、最早箱楯ニ至し夢を見けり。太陽未た上らさるに已ニ目覚めし故、早々支度し（闕字）幹家に至り、加納氏之家を尋行きしに、其戸前にて旧友塩田虎尾（幹家之臣に係る）に相会セり。故に共に加納氏之家に至りしに、

彼喜笑しつゝ、予君命を受け此度手船快風邪丸に乗込箱楯ニ至る由を話せり。予曰、僕昨日其事を加納氏より聞けり、故に今日此に至るは其事の為なり、僕曾［て］箱楯ニ至るを望む、君何そ（闕字）　君公に請ひ僕をして箱楯に至らしめさる、且僕思［ふ］、此度之行ハ実に失ふへからさるの好機なりと。彼予の志に感し頗る骨折、其老に請ひ、老より君公に請ひしかば、（闕字）　君公殊之外御賞歎有りて早速御許有けり。故に疾走［す］る事飛か如く（闕字）　藩に至り彼の飯田氏ニ右の趣を告け、深く周旋之義を相頼み、其翌朝之未明より又（闕字）　幹家に行き出帆之期日を尋れば、十一日と定まりたる由なり。故ニ其事の由を飯田氏へ告けんとて其家に至れば、彼申には（闕字）　主公より内々箱楯行の　許宥有し由を告し故、喜欣ニ堪兼不覚大声をして曰、嗚呼天我を棄てさるか、我業の成否此一挙にあり」（「函楯紀行」、五・八〜九／〈目録上〉六五八番）

新島は、これらの経過を、出帆後に記録帳へ書き留めたのであろう。新島が、快風丸が近々函館へ向けて出帆することを耳にして以降、当時目付役であった飯田逸之助に乗船許可の周旋を依頼しているのだが、飯田は、父親民治をはじめ、藩内の重臣たちにも相談し、藩主の許可を取り付けるまで、新島のために動いている。その結果、新島の函館行きは実現した。

そのような経過を振り返りつつ、記録帳に筆を走らす新島において、安中藩主をはじめ、藩の重臣・上司たちは、新島の志を叶えさせる道を開いた理解者と写っている。だから、新島の彼らに対する闕字使用は、新島の偽らざる感謝・敬愛が込められているものと見なすことができる。従って、そのような藩主や家臣のいる安中藩自体も、また新島からすれば、闕字を用いて敬意を表すべきものである。

仮に藩が、臣下の国家のために一身を抛とうとする志を抑圧するのであれば、臣下は自らの行為の正当性を、藩秩序の外に求めざるを得ないであろうが、新島の場合は、幸運にも安中藩主が新島の志に道を開くのである。とはいえ、もちろん藩主が新島の志の中身をどこまで理解していたかは定かでない。新島の主観において、そのように受け止められているというまでである。

そして、かつて藩から幕府の軍艦教授所へ通うことも許された経験のある新島は、後年において船員たちの道徳的乱れを指摘してはいるが、幕府権力と特別の対立があったわけではない。[2] 彼の藩や藩士に対する感謝・敬愛は、幕府へも反射するというのは、むしろ自然なことと言うべきであろう。

函館到着後の新島は、ロシアの病院を訪れ、日本の医療との違いについては、次のように記述している。

「○日本政府立置きし病院は、魯の病院とハ相反し、喰物宜しからす（俗吏是ニ依而糊口をなす）、病人第一要する所の薬宜しからす（医師是ニ依而糊口をなす）。其はさて置、薬を調合し病を視察す肝心なる医者は竹林より来るゆへ、院中甚寥々の由（掃除行届かす、衣類も時々変えず、施しの主意何にあるや）、其レに相違し魯の病院には、病人院に満充し、通病人は凡五六拾程なり。予切に嘆ず、函館の人民多年魯の恵救を得ば、我か（闕字）政府を背にし却て汲々として魯人を仰かん事を。嗚呼魯の長久の策を我（闕字）政府察セさるは何ぞや。茲に堤堰あり、水是を破る事少許、然し少許なるを以て早く是を収めされば、水遂に全堤を破り、田地を荒らし、人家を流かし、人民を害するに至らん。嗚呼我（闕字）政府早く函楯の少しく欠けし堤を収めされば、遂に魯国の水全堤を潰ヤし、人民水に順ひ流れ、百万其レを塞ぐ能はさるに至らん（嗚呼我の嘆息はゴマメの切歯と同し事か）」（五・二二／〈目録上〉六五八番、「函楯紀行」）

新島は、現在の日本の医療政策には不満・憂慮を抱いている。しかし、その新島は、徳川幕府を「我か　政府」「我　政府」「我　政府」と、闕字を用いて表記している。新島の記述する日本の医療政策に対する不満・憂慮は、同時に幕府に対する期待感でもある。飯田鼎は、新島のこの文章を引用して、ここに新島の「ナショナリストとしての思想が流露[3]」していると記している。確かに、ここには新島のナショナルな危機意識が述べられている。しかし、この「函楯紀行」の中で新島は、ロシア皇帝を「魯国の天子」（五・二二）と記し、また、「僧の談には我履中天皇の比に」（五・二二）と天皇名を闕字を用いないで記している。「我履中天皇」という表記には、新島の天皇に対するある種の一体感が表現されているのかもしれない。しかし、その一体感は、いまだ幕府、藩、家族に対する感情ほどには、具体的なものではなかったことは間違いない。

新島は、函館に向かう船上で、

「錦きすばいかて帰らし古郷を思わす思ふけさの嵐に」（五・一一）

「武士乃思ひ立田の山紅葉にしききさればなと帰るへき」（同）

と、志を遂げて故郷に錦を飾りたいという、彼の武士としての功名心を和歌に託して書き留めている。それは、彼の函館行きを許可してくれた君父に対する忠義心の表明でもある。

新島の函館行きは、飯田の周旋により藩主が許可を与えたものであった。だから、新島の志は、藩によって正当化されている。しかし、函館に至った新島が、函館では独一真神の道を学ぶのに時間がかかり過ぎると判断し、西洋への密航を決意するならば、もはや、彼が敬愛する幕府も藩主も、彼の行動を正当化しない。新島は、藩内でも家庭でも優遇もされ、ひときわ強い君臣父子の倫理意識を抱いていたのであるから、そのような彼の倫理観からすれば、国禁を犯す密航などあり得ないことである。

しかし、函館航海に加わる新島は、すでにキリスト教の神と出会っており、新島を敢えて密航へと駆り立てたものこそが、他ならぬ民族の運命操縦神であった。(4)

だが、密航を決行してしまうと、これからキリスト教について学ぼうとする新島は、自らが犯した罪の重さに、苛まれ続けることになる。密航によって一たび切断された君臣父子の倫理関係が、如何なる形で回復されるのか、あるいはされないのか。この倫理問題が、新島を捉え続けることになる。

「我不肖と雖、切ニ国家の不振を憂へ、万一の力を竭んとの合点申［な］から犯難国禁を犯し、難別き君父に別し、断然此非常の挙を為し、長く父母をし［て］悲哀に沈淪せシむる事法外至極、其罪難許、雖然我窃ニ思ふ、他年成業

の後厚君父に奉侍せば、少しく其罪を償ふニ足らんと、」（慶応元年、新島双六宛／三・二二／〈目録下〉一〇番）

「少年之狂気業若し成らざれは死すとも不帰と決心仕、生命に拘り候半国禁をも恐れず、及ひ義すて難き主君を棄て、情わかれ難き親族をも不顧、…………遂に万里之外に跋渉仕、長く挙族をして悲哀に沈ましめん事多罪之至万方難謝候、然し小子窃に謂ふ、此挙敢而君父を捐るニ非ズ、且つ飲食栄華之ためにあらす、全く国家の為に寸力を竭さんと存し、中心燃るか如く遂に此挙に及ひ候」（慶応二年二月二二日、新島民治宛／三・二七／〈目録下〉八番）

これらは、すでに函館でアメリカ商船に乗り込み出港した後、寄港地から弟双六に宛てた書簡と、ボストン上陸から四ヶ月を経過した時点で父親に宛てた書簡の一部である。

新島は、犯すべからざる国禁の罪を犯したという、強い罪意識を繰り返し表明している。そして新島は、彼の父母をはじめ親族を悲哀に沈淪させたことについて、「法外至極、其罪難許」と、ひときわ強い罪意識を表明している。新島の罪意識の強度は、往時における彼自身の敬愛感の深さと正比例しているのであろう。

このように敬愛感＝罪意識の深さに差はあるとしても、密航後の新島からすれば、「父母」も「主君」も敬愛すべき人間であり、その心情には変わりがない。だから、新島は、他年成業の暁には改めて「君父に奉侍」し「国家の為」に寸力を竭すことで、多少とも罪に償いたいと言うのである。

慶応三年一二月二五日に新島が闕字不使用を宣言する以前の、闕字・平出事例を〈自筆〉で確認すると、新島は、祖父弁治をはじめとする家族に対しては、慶応三年三月二九日付の民治宛書簡まで使用し、藩主や上司に対する闕字は、「函楯紀行」の中の元治元年三月七日から一二日にかけての彼の行動を記録した文章で現れているのが最後であり、また、幕府への闕字は、やはり「函楯紀行」の中の元治元年五月七日の文章に使用されているのが最後である。また、天皇に対する闕字は摘出できず、彼が最初に闕字を使用するのは、明治四年六月の「請願帰朝之書」草稿においてである。

では、これらに対する新島の敬愛感情には、どんな変化があるであろうか。

まず、新島の密航後も、新島家の人々に対しては闕字・平出を用い続けており、これらの闕字・平出には、彼の家族に対する変わらぬ敬愛の情が、込められているものと見なすことができる。

また、私の〈自筆〉調査では、密航以後に藩主や藩内の上司に対して、新島が闕字を用いた事例は発見できなかったけれども、新島は、民治や双六宛書簡の中で、しばしば彼らについて言及している。

「杉田、吉田、鈴木諸先生、飯田、江場、菅沼、添川諸君へ一簡呈度も、紙封の大なるを思ひ已事を得さるるの次第、宜しく汝より伝言□すし、別して飯田先生へは厚く先生の深切敢忘却せさる由を伝ふへし」（慶応元年、新島双六宛／三・二二／〈目録下〉一〇番）

「熊若様へ無恙被為在候哉奉伺候」（慶応三年三月二九日、新島民治宛／三・三八／〈目録下〉一二番）

「洋書の義は飯田君へ相談いたし、君公より御買上に相成候様いたし度候、且杉田君に相頼み解西所より拝借すへし」（慶応三年一二月二四日、新島双六宛／三・四一／〈目録下〉三六六六番〈自筆〉あり）

「熊若様御逝去なされ候よし、実に残念長太息之至りニ御座候」（慶応三年一二月二五日付、新島民治宛／三・四八／〈自筆〉なし）

これら新島の藩主や藩士に関する言及を見ても、新島は、彼らに対して、以前と変わらぬ敬愛の情を抱き続けていることが判る。（〈自筆〉は遺品庫に存在しないけれども、〈全集〉の表記によれば、新島が闕字不使用宣言をしている飯田宛書簡と同日付の民治宛書簡で、新島は、藩主の世継ぎである「熊若様」の死去を悼みつつ、「熊若様」に平出措置を行っている。この〈全集〉が表記する平出に関しては、次節で検討する。）

では、あの元治元年の「函楯紀行」で「我か　政府」「我　政府」と記した、新島の徳川幕府に対する敬愛や期待感は、どうなったのであろうか。

密航から闕字不使用宣言までの期間で、新島が幕府に言及した記述を摘出すると、次のようなものがある。

「日本国の将軍はアメリカの大統領のようでなければいけない」「ああ日本国の将軍よ、なぜあなたはわれわれを犬や豚のようにしいたげるのか」（英文、慶応元年一〇月頃、「脱国の理由」／一〇・一二）、「日本人は外国人と通商する道を知らない…………われわれは外国に出掛けていって、通商の仕方を覚えなくてはならぬ。…………外国に関する知識を学ばなくてはならない…………ところが国法は私の思いをまったく無視するものでありました。…………幕府は何のためにあるのだ、どうしてわれわれを自由にしてくれないのか。…………そんな野蛮な政府は倒さなければならぬ。」（同／一〇・一四）、「私は幕府の軍艦教授所に週三回通って航海術を学ぶことになりました。」（同／一〇・一五）

「天の父をおがむことは国法に触れるのでしたね」（英文、慶応二年二月二三日付、福士卯之吉宛／一〇・六四）

「嗚呼仁政の支那日本に勝れる事茲に於而見るへし」（慶応三年三月二九日、新島民治宛／三・三三／〈目録下〉三六四〇番）

「私は日本の代表団に会いたいのですが、やはり隠れている方がいいかもしれません。なぜなら私は脱国者であり、政府の法律を犯した者であるからです。」（英文、慶応三年五月一八日付、ハーディー夫人宛／一〇・七〇）

「…………開化の兆なるへし。政府数万の兵一の長州を如何ともし難きをもむき、実に笑ふに堪へたると云ふへし」（慶応三年一二月二四日、新島双六宛／三・四〇／〈目録下〉三六六六番）

「近比の新聞紙により将軍統轄の程を失ひ候由、此は弥実説ニ御座候［哉］奉伺候、」（慶応三年一二月二五日付、新島民治宛／三・四八／〈自筆〉なし）

密航直前において、新島は「我カ　政府」と闕字を用いて表記し、彼自身の幕府に対する敬愛や期待感を表現していたのであるが、ボストン上陸時には激しい政府・将軍に対する批判を記述し、その後は表現は和らいでいるけれども、もはや幕府は、新島にとって一体的な存在としては記述されていない。

　藩士新島には、現実の政治道徳の腐敗に対する批判的な目があったのだが、いまや、彼と幕府の関係は、国禁の罪を犯した者と懲罰者の関係として意識されることにより、新島の意識において、幕府が、それまで以上に権威的・権力的存在として、捉えられるに至っている。そして、その幕府は、慶応三年一二月二五日付の民治宛書簡では、もはや支配権力を失ったとの情報を得て、真相を父親に尋ねてもいる。

　藩士新島の用いる闕字とは、具体的な生活体験を通じて抱く敬愛感情の表現技法である。これまでの新島において、彼と藩、幕府とが一体的に捉えられていた限りでは、幕府も闕字対象であり得たけれども、彼と幕府の関係が対立的に捉えられるようになると、幕府は敬意の対象ではなくなり、闕字措置も行われないのである。

　では次に、密航から闕字不使用宣言までの間に、新島は、どのような天皇関連表記や日本表記を用いているであろうか。密航から闕字不使用宣言までの新島が記した文章の中には、

「○我履中天皇〔紀元後凡四百年代なり〕の比に、」（同／五・三三／〈目録上〉六六〇番）
「東顧神州只白雲」（「航海日記」、元治元年六月二四日／五・三九／〈目録上〉六六〇番）
「嗚呼何すれぞ神州之船不来や」（同、元治元年七月一九日／五・四四）
「英国兵を遣し日本を打つならん」（同、元治元年七月二〇日／五・四四）
「恰も我朝の富士山に斉しく思ひし故」（同、慶応元年五月三〇日／五・六三）
「扨神州を去りてより」（慶応元年、新島双六宛／三・二三／〈目録下〉一〇番）
「此神は日本の木像金仏とはちかい」（慶応二年二月二一日付、新島民治宛／三・二九／〈目録下〉八番）
「且日本の為とて」（慶応三年三月二九日付、新島民治宛／三・三二／〈目録下〉三六四〇番）
「何卒我朝放蕩之諸生」（同／三・三四）

「且我朝開闢以来未曾有の大出奔」（同／三・三六）
「皇国の形勢大ニ変換せし趣承り候」（慶応三年一二月二四日、新島双六宛／三・四〇／〈目録下〉三六六六番）
「近日江戸横浜箱楯等を見物せし亜人に出逢ひ色々と日本の事を相尋ね候に、彼中にハ魯斯亜人北蝦夷地クナジリ島を日本より掠取候趣、」（同／三・五〇）
などの記述がある。

新島は密航後に、「我履中天皇」、「神州」「日本」「我朝」「皇国」などの表記を用いているが、私の行った〈自筆〉調査では、闕字事例は一事例も確認できなかった。しかし、新島が「我履中天皇」「神州」「皇国」「我朝」という表記を用いるとき、彼には、日本＝天皇に対する、何程かの一体感が込められていることは確かである。

新島は、闕字不使用宣言を述べる前日付の双六宛書簡で「皇国」を表記し、また、翌日付の闕字不使用宣言を述べる飯田宛書簡でも、「皇国の形勢」（三・五二／〈自筆〉なし）と記している。かつて、和田は文久二年、一九歳になった新島が、湊川の楠正成の墓に詣でて感慨に浸ったことを、「そのときの一時的感傷」であり、新島には、「天皇家への持続的な忠誠心というものは、その後どこにもあらわれてこない[5]」と記したのであるが、新島は、闕字不使用宣言を行うときにも、天皇への何程かの一体感は、抱き続けていたのではないだろうか。

では、この時期の新島は、何故、これら天皇や日本の表記に対して、闕字を用いていないのであろうか。

新島の日本的な神仏崇拝との訣別は、すでに検討したように慶応三年に至ってからであり、キリスト教罪論への理解が進むのは、その年九月にアーモスト大学に入学して以降のことである[6]。だから、密航後の新島は慶応三年までは、自らの不忠不孝の意識に囚われ続けており、やがて成業の末には帰国し、「国家」（＝天皇）のために尽くし、厚く「君父に奉侍」したいと考えていた。新島が、このように、幕藩体制の枠内で思考している限り、彼には天皇という存在は、依然として遠く仄かな存在のままであろう。

また、藩士新島の用いる闕字は、具体的な親愛体験に基づく敬意表現なのであるが、アメリカに渡った後においても、新島と天皇との間には、何ら具体的な結びつきがあるわけではない。これらが、天皇や日本の表記に対して、新島が闕字措置を行わない理由であろう。

以上のように、闕字不使用宣言に至るまでの、新島の闕字・平出使用や、新島家の人々、藩主や上司、幕府、天皇、日本などの表記と、それらに関する記述内容に注目してみると、その期間において新島は、依然として藩士意識の中にあったと言える。

密航後においても、新島は、安中藩内の「君父」「父母」に対して敬愛感情を抱き続けており、そのような新島の体験に基づく敬愛は、函館航海までは彼の幕府観にも反射し、「政府」にも闕字措置を行った。新島にとって天皇とは、依然として遠く仄かな存在のままであった。

しかし、新島が、一たび国禁を犯してしまうと、幕府は懲罰者として対立的な存在として意識され、もはや一体感は失われてしまう。しかし、他方で、密航後の新島においても、新島家の人々や、藩主や家臣たちから受けた親愛体験は、新島に儒教的な倫理道徳を肯定的なものとして捉えさせ、徳川幕府との間における君臣関係の意識も再生産し、新島自身は、国禁を犯したという罪意識を抱き続けることになる。だから、新島の前には、徳川権力が抑圧的に聳え立っているけれども、いまだ、その権威的・序列的性格を否定することはできないのであり、この時期の新島は、幕藩権力の正統化につながる倫理道徳論の枠組み中で、いまだ思考しているのである。

注

（1）明楽誠「新島襄の「創造主」受容について――密航理由の再検討――」、『近代とは何であったか――比較政治思想史的考察――』（岩間一雄編、大学教育出版、一九九七年）、参照。

（2）明楽、同論文、参照。
（3）飯田鼎「福沢諭吉と新島襄――ヨーロッパ思想受容の類型――」、『福澤諭吉年鑑』七（一九八〇年）、一〇七頁。
（4）明楽、前掲論文、参照。
（5）和田、前掲『新島襄』、六二頁。
（6）明楽、前掲論文「新島襄の儒教論」、参照。

新島は、〈全集〉の表記によれば、慶応三年一二月二五日付の飯田宛書簡で、「僕が〇〇〇〇将軍の為に欠字せぬは我輩共造化の工を受たる者にして、乃〇〇と同等の人間なるによる」（三・五二）、「農夫も矢張〇〇と斉き人間なり」（三・五三）と記している。しかし、これらの「〇〇〇〇」と「〇〇」は、〈全集〉が底本としている根岸本の表記に従ったものである。この度の私が行った〈自筆〉調査でも、新島自身がこのような伏せ字を用いた事例は確認できないし、すでに言及したように文意から推察して、新島自身は「天皇の為」「天皇」と表記していたものとみて、間違いないであろう。よって、以下の記述では、これらの伏せ字は使用しないで、「天皇の為」「天皇」と表記することにしよう。

3　闕字不使用宣言

さて、新島はこの飯田宛書簡で、彼の闕字不使用を宣言している。私たちが、新島のこれらの記述だけに着目すれば、キリスト者となった新島は、遂に日本の闕字儀礼が、キリスト教の教えに反するものであることを自覚するに至ったのだと、捉えがちである。だが、新島の闕字はやがて復活するのであるから、この時点における新島の闕字不使用宣言の意味は、もっと慎重に検討する必要がある。

とはいえ、私の行った〈自筆〉調査によると、新島の藩士時代以来の闕字使用は、慶応三年三月二九日付の民治宛書簡までであり、闕字不使用を述べて以降、新島の〈自筆〉書簡には、しばらくの間、闕字儀礼を一事例も摘出することができなかった。

「厳暑之砌御座候得共御老大人様御一統様」「新聞紙ニ而日本の争乱」「官軍徳川氏を征伐し」「（安中藩の―筆写挿

入）御屋敷は何レ方に」「御家中之面々」「当時薩州長州及西国の諸大名は尽く天皇に属し候哉」（慶応四年九月一日、新島民治宛草稿／三・五九～六二／〈目録下〉一一番）

「秋暑之砌御座候処、御老大人様御一統様」「日本の争乱」「官兵徳川氏の兵と」「御屋敷は徳川氏に御属し被成候哉、又は王朝に御属被成候哉」「殿様は何処に」「御家中の面々」「薩長及ひ西国の諸侯共は王朝ニ属し候哉」「水戸会津は矢張徳川に」「実に我朝の」（慶応四年九月一日、新島民治宛／三・六三～六七／〈目録下〉三〇九五番）

「小生義徳川氏の法禁を」「今政府にて」「必らす政府より厳刑を加へん」「何卒先生政府之有司と」（明治四年二月一一日、飯田逸之助宛／三・八三～八四／〈目録下〉三〇六三番）

新島は闕字不使用宣言の後、明治四年二月一一日付の民治宛書簡までの期間、天皇や幕府関連の表記、新島家や安中藩関係の表記を、しばしば用いているが、〈自筆〉を見る限り、闕字や平出を用いた事例は、確認することができなかった。だから、新島は、慶応三年一二月二五日の自らの宣言を、その後三年数ヶ月の間は、実践していたと言える。では、慶応三年一二月二五日の新島は、なぜこの時点で、また、如何なる意味において、闕字儀礼を批判し、闕字不使用を自らの新たな規律にしようとしたのであろうか。

ところで、すでに検討したように、密航後の新島において、幕府と天皇は闕字措置の対象ではなかった。だから、慶応三年の飯田宛書簡で、新島が「天皇の為将軍の為に欠字せぬ」と述べているのは、当時の新島自身における闕字儀礼の習慣から見れば、少し唐突である。

新島全集第九巻（上）には、慶応三年一二月二五日以前に日本から新島の下に届いた、飯田逸之助、新島双六、新島民治からの三通の来簡が収録されており、それらには闕字や平出がたくさん用いられている。これら来簡の原本も、新島遺品庫に保管されており、原本で、それらの闕字や平出の事例を確認すると、次のようである。

「（平出）慶応」「（闕字）　尊大人」、「（闕字）　尊老大人」、「（闕字）　尊大人」「（闕字）　皇国」、「（闕字）　照徳公」、「（平出）孝明天皇」、「（闕字）　新帝」、「（闕字）　朝議幕論」、「（闕字）　廷論」、「（闕字）　詔旨」、「（行頭）熊若公子」、「（闕字）　世子同宗」、「（闕字）　先君」、「（平出）君上」（慶応三年六月一七日付、飯田保［逸之助］／九上・三～四／〈目録下〉三一三八番／［写真56］）

「（平出）王父君」、「（抬頭式）皇国」、「（平出）幕命」、「（闕字）　照真公」、「（抬頭式）孝明帝」、「（平出）兵制」、「（闕字）　幕府令」、「（抬頭式）上藩邸」、「（平出）君上」、「（闕字）　王父」（慶応三年六月一八日付、新島双六／九上・五～六／〈目録下〉三一六四番／［写真57］）

「（闕字）　御老大人」、「（闕字）　御老大人」、「（熊若の―筆者挿入）（平出）御逝去」、「（闕字）　御先君様」、「御雇被（闕字）　仰付」（慶応三年六月一八日付、新島民治／九上・七／〈目録下〉三一三八番／［写真58］）。

新島が、一二月二五日付の飯田宛書簡において、闕字不使用に言及するとき、このような飯田等からの来簡に見える闕字・平出、さらに抬頭式などの儀礼的措置が念頭にあることは、間違いないであろう。だが、新島は、何故に飯田宛書簡だけで闕字不使用を記述したのであろうか。また、新島の闕字不使用宣言とは、如何なる意味を有するものなのであろうか。

これらの問題を、六月一七日付の飯田からの来簡の内容と、それに対する新島の返信内容を手がかりとして、検討してみよう。

まず、飯田からの来簡とは、次のようなものである。

［写真56］

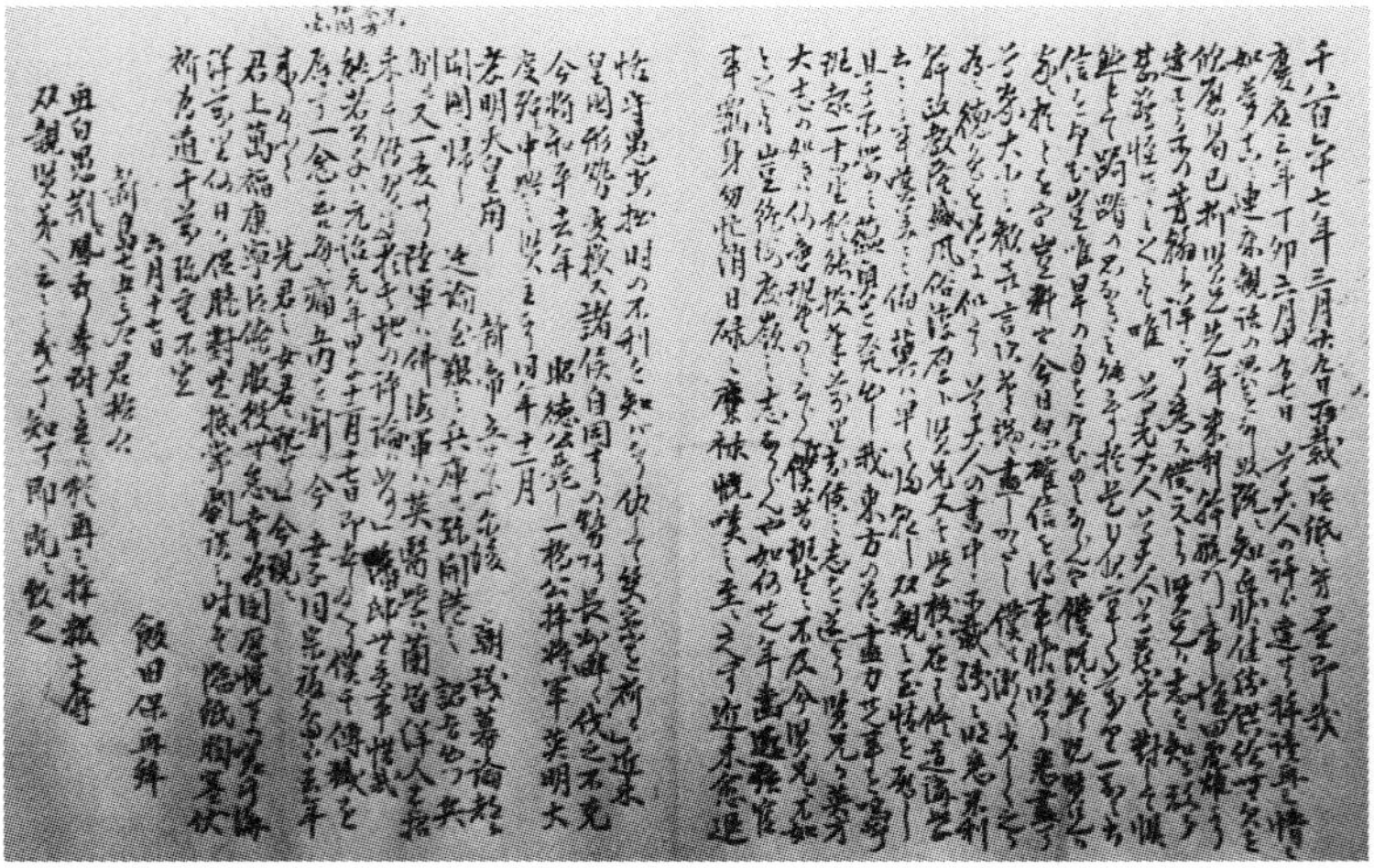

（慶応三年六月一七日付、飯田保［逸之助］／〈目録下〉三一三八番）

［写真57］

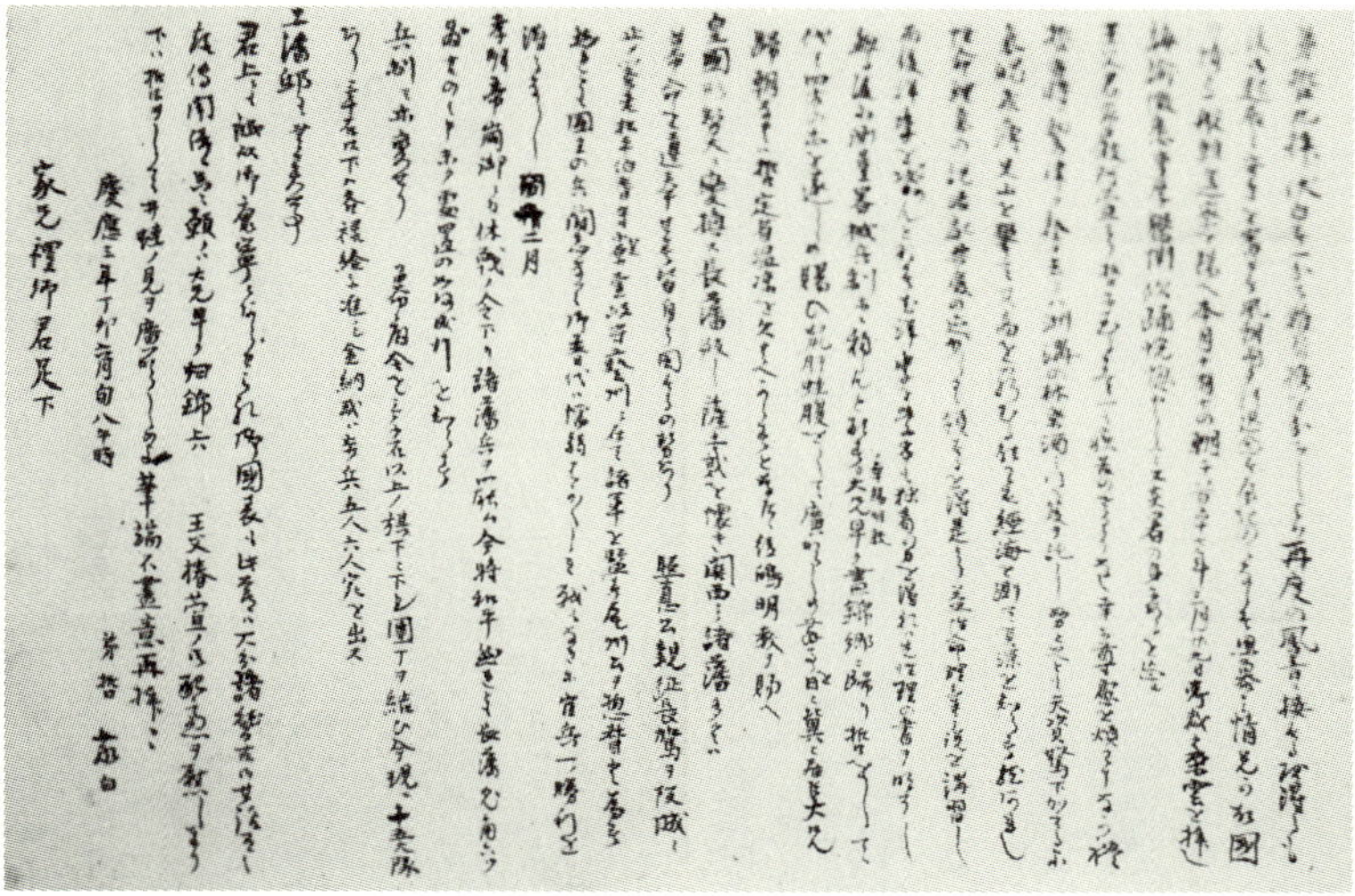

（慶応三年六月一八日付、新島双六／〈目録下〉三一六四番）

［写真58］

（慶応三年六月一八日付、新島民治／〈目録下〉三一三八番）

「千八百六十七年三月廿九日所〔載〕一片紙之芳墨、即我（平出）慶応三年丁夘六月十有七日　（闕字）尊大人の許より達せり、拝読再三、借々如夢、真ニ連床親話の思ひをなし、以既ニ知近状、佳勝供給無欠を欣慰曷已。抑賢兄先年米利幹航行之事塩田虎雄より達する所の芳翰ニ而詳ニ了悉ス、僕元より賢兄の志を知る、敢テ甚驚怪せすといへとも、唯　（闕字）尊老大人、尊大人、尊慈堂ニ対して惧然として跼蹐の思なき能わす、於是日夜空しく万里一封之書信を望む、豈唯旱の雨を望むのミならんや、僕既ニ然リ、況賢兄か家ニ於てをや、豈料々今日忽確信を得事快明了悉尽す、尊家大小之歓喜言頭筆端ニ尽しかたし、僕も漸く少しく之か為ニ徳色を為スに似たり　（闕字）尊大人の書中ニ所載縷々明悉、米利幹政教隆盛風俗淳厚ト賢兄又其学校ニ在て修道講学云々之事嘆美々々、偏ニ冀ハ早く帰朝し双親之至情を慰し、且其所学之蘊奥を発出し我東方の為ニ尽力せん事を、嗚呼班超一書生、猶能投筆万里封侯之志を遂けり、賢兄か英才大志の如きハ何啻班生のミならんや、…………（中略）…………近来（行頭）皇国形勢変換ス、諸侯自固するの勢なり、長州畔く、伐之不克、今将和平、去年　（闕字）照徳公薨し、一橋公将軍英明大度殆ト中興之賢主なり、同年十二月（平出）孝明天皇崩し　（闕字）新帝立せ給ふ、爾後　（闕字）朝議幕論都而開国ニ帰し　（闕字）廷論至艱之兵庫も弥開港之　（闕字）詔旨出つ、兵制も又一変せり、陸軍ハ仏、海軍ハ英、医学ハ蘭、皆洋人を招来して伝習す、〔補〕「十年を不出して東方第一ノ強国たらんことを必せり」、於其地の評論ハ如何、藩邸無異事、惜哉（行頭）熊若公子ハ元治元年甲子十二月十七日即世し給へり、僕其傅職を辱す、一念至ル毎ニ痛五内を割り今　（闕字）世子同宗福島より去年来り給ふて　（闕字）先君之女君ニ配せり、今現ニ（平出）君上万福康寧、臣僚服役無怠、幸為国慰悦せよ、嗟乎海洋万里何日か促膝対坐抵掌劇談之時ぞ、臨紙胸塞、伏祈為道、千万珍重、不宣」（慶応三年六月一七日、飯田保〔逸之助〕、九上・三～四／〈目録下〉三一三八番）

まず、来簡の前半部分に注目してみよう。新島は、慶応三年三月二九日付で父親民治宛に書簡を送ったのだが、民治は新島からの便りを、六月一七日に飯田のところに持っていった。新島は、その民治宛書簡の追伸では、「飯田、星野、菅沼、江場諸先生はよろしく御伝言可被下候」（三・三八）と記していたが、民治は、新島のA・ハーディーとの出会い、アンドーヴァー村の文明や聖学校の様子、さらに、新島が日本の神仏崇拝を拒絶し、独一真神のみを唯一の神と認め祈祷するに至ったことなどを記述した民治宛書簡を、直接に飯田にも見せているのである。そして、飯田は、その日の内に、新島への返信を書いている。

飯田は、民治宛書簡を繰り返し読んで、「連床親話」の思いを抱いた。新島は、函館から密航する際には、その旨を塩田虎雄（備中松山藩士）に伝えていたが、塩田から新島密航の知らせを耳にした飯田は、「僕元より賢兄の志を知る、敢テ甚驚怪せす」と記し、それはあり得ることだと受け止めている。親交の深い飯田は新島の志をかなり深いところまで理解していたと言ってよい。そのような飯田も、新島からの便りがいつ届くかと待ち望んでいたが、飯田は、新島家の人たちも、どんなに便りを心待ちにていたか、さらに、新島からの便りが送られ始めたことで、新島家の人々がどんなに喜んだかも伝えている。そして、飯田は、新島の学問は成就したのであるから、この上は一刻も早く帰国して双親を安心させ、学んだ学問を「我東方の為」に尽力すべきことを要請している。

飯田の安中藩での履歴を見ると、嘉永三戌年正月一一日、「中小性」。嘉永六丑年八月、「大小性格御次詰」。安政四巳年二月、「御小納戸素読所掛」。安政四巳年五月、「大目付助勤」、「素読所懸」。慶応二寅年一二月、「若殿様御附」とある（三・七四〇～七四一、参照）[1]。

また、明治三〇年頃、飯田と交流のあった根岸橋三郎の紹介によれば、飯田は「聖堂」[2]すなわち儒家の出身であり、「藩の儒者添川完平氏の助教授であった関係上、添川氏の遺跡子数人を引き受けて成人させ」[3]、「維新後は裁判官を以て終始し」[4]た人物である。

飯田と新島との関係については、従来から新島が、「その問学、函館行の前後、しばしば判断を仰いだ上司」[5]として紹介されているが、根岸は、飯田と新島の関係について、「先生の幼年時代に、その句読師であった頃から逸早く先生の徳能を認め、先生に十分の天分を発揮せしめ、何かの寄与をさせて行きたい」と考えていた人物であり、「新島家のためには大なる恩人であり、別けて先生が立身出世の産婆役」(6)であったと述べ、また、「先生をして首尾よく脱藩させ、また新島家の後事を全うしたこと、並びに板倉家が幕府から譴責を受けずに済んだことなど、皆なこの飯田君の明晰な頭から出た処置が然らしめたもの」(7)だと記述している。

一四歳の頃の新島が、藩主板倉勝明から最年少でオランダ語を学ぶチャンスを与えられたのも、飯田の推挙によるものだったのかもしれないし、また、後に、幕府の軍艦教授所に通わせたり、玉島航海に参加させたりしたのも、飯田の周旋によるものだったのかもしれない。

これまでの新島研究において、根岸の書いた新島伝は、その信憑性が疑われ、あまり注目されてこなかった。しかし、慶応三年六月、飯田が新島に宛てた書簡の前半部分を読んでみると、そこには、飯田の、新島に対する強い期待と、新島家の人々に対する思いやりが満ちており、私には、飯田自身の記述と、根岸の紹介する飯田像とは、この点に限って言えば重なり合っているように思われる。

さて、飯田は、新島宛書簡の前半では、新島への期待感や、新島とその家族に対する親愛の情を述べているのであるが、後半では、近来の国内情勢の変化へと、話題を転じている。

飯田は、慶応三年六月の時点で、長州藩と幕府とが和解し、徳川家茂が死去して「中興之賢主」たる徳川慶喜が将軍となり、孝明天皇が死去して明治天皇が代位し、さらに、その後、朝議幕論が開国に決し、兵庫が開港され、兵制も変わり、西洋人を招来して英仏の軍事技術が導入され、医学も蘭学が学ばれていると記している。さらに、飯田は、このような情勢変化を述べながら、「十年を不出して東方第一ノ強国たらんことを必せり」と補筆し、アメリカでの日本の評判はどうかと、新島に尋ねてもいる。続けて安中藩に話題を転じ、藩邸には異事はないこと、彼が、大目付助勤から若殿様御附へと昇格したこと、君臣ともども職分を怠りなく務めていることなどを記している。飯田は、書簡の前半では、「慶応」を平出とし、弁治表記に闕字を用いているが、後半部では、天皇、将軍、藩主関係の表記に対して、繰り返し闕字や平出を用いている。

一二月二五日の新島は、おそらくこの飯田からの来簡を机の上に置きながら、返信を書き始めているのであろう。では、新島は、飯田からの来簡を読んで、飯田に何を書き伝えようとしているのだろうか。

「慶応三年丁卯六月十七日所載の貴答、千八百六十七年十月五日の朝、僕の留在せるアーモスト学校へ相達し、拝読数回、平生下さぬ半行の涙も、偏に先生の書に対し、裳を湿さゞるを得ざりし、扨先生、強健なるよし、珍重に候、僕に於ても、健全にして勉強致し居候間、何卒御安慮、塩田氏より、慥に僕の箱館よりの書簡御落手被成候由、承知仕候、先生の僕に任する所甚大なり、僕不肖と雖、国家の為に寸力を竭さん事は、僕赤心望む所、然れとも僕は今脱櫪不羈の身、神の徒となり候故再び頭を下け、藩邸に帰、僅かの俸禄を甘ぜん事を嫌ふ、去れど僕、敢而富貴功名を望むに非ず、富貴功名は花上草頭の霜露なり、僕は真神の臣にして、我日本の民なる故、真神日本の為に丹心を尽さん事は、僕の急務と云ふべし、班超の筆を投、万里の封侯を得し事、僕に於而浮雲の如し
皇国の形勢、大に変換せし由、長州畔く伐之不克由、照徳公薨じ、一橋公拝将軍せし由、新帝立給ふよし、（僕が天皇の為将軍の為に欠字せぬは吾輩共造化の工を受たる者にして、乃天皇と同等の人間なるによる）朝議幕論、弥開国に帰せし由、兵庫も開港のよし、兵制の変ぜしよし、承知仕候、熊若君の早世給ひし由、僕に於而実に長大息の至り御座候、双六殿の林家へ入塾せし趣承り、是は全く先生の御取計と存じ、奉謝之至に御座候、向後は彼れ洋学を攻め候様いたし度候、米利堅文物の盛なる事、筆端に尽くし難候得共、少々此国の教育の盛なる事を左に記し候」（一二月二五日付、飯田逸之助宛／三・五一～五二／〈自筆〉なし）

新島は、まず、飯田の書簡を数回読み返し、日頃は泣かない新島が涙を禁じ得なかったことを記している。新島は、飯田の彼に対する深い愛情と期待感、残された双親への気遣いに、心から感謝している。新島にとっては、漢学の師

でもある飯田のそのような心遣いは、見習うべき手本でもあるのだろう。その飯田が、学問が成就したのだから、この上は一刻も早く帰国し、双親を安心させ学問を「我東方の為」に活かすよう催促している。

新島は、「先生の僕に任する所甚大なり、僕不肖と雖、国家の為に寸力を竭さん事は、僕赤心望む所」と記している。藩校では新島の教師でもあった飯田は、日頃より新島に対して大いに期待し、彼なりの思考に基づいて、新島の志に理解を示し学問成就も幇助したのであろう。だから、学問成就の後には、再び、「我か東方」＝儒教的世界に復帰し、安中藩のため、国家のために一身を抛つことを期待している。

かつて元治元年には、新島自身が、まさにそのような志を抱いて函館に出発し、密航にまで踏み切ったのであるから、新島には、そのような飯田の期待は、十分過ぎるほど判っている。しかし、新島は、そのような飯田の期待や親愛に心から感謝しつつも、いまや、「然れとも僕は今脱櫪不羈の身、神の徒となり候故再び頭を下け、藩邸に帰、僅かの俸禄を甘ぜん事を嫌ふ」と記して、再び藩主との間で君臣関係を結ぶことを拒絶する。「真神の臣」となった新島は、もはや君臣関係を結び俸禄を受けるとこには関心がなく、「真神日本の為に丹心を尽さん事」こそが、急務であると記している。

新島は、このように述べてから、「皇国の形勢」以下の文章を、飯田が伝える情勢の概略を、反覆するように、しかし、その際、すでに存在しない原本ではおそらく、「皇国」「照徳公」「新帝」「朝議幕論」「熊若君」の各表記には闕字も平出も用いないで記述し、闕字を用いない理由を、「新帝立給ふよし」の記述の後に、「(僕が天皇の為将軍の為に欠字せぬは吾輩共造化の工を受たる者にして、乃天皇と同等の人間なるによる)」と補筆したのであろう。(8)

だから、新島の闕字不使用宣言とは、ひとまず新島自身の、遂に「脱櫪不羈の身、神の徒」となったことの、喜びの表現であるとは言えるであろう。

だが、この書簡を読むであろう飯田や民治の立場に立てば、新島のこのような君臣関係の拒否や闕字拒否は、容易には理解し難いことである。だから新島は、その理由を説明するために、話題をアメリカ事情に転じているのであろう。

新島は、「米利堅文物の盛なる事」に関しては、すでに同年三月二九日付の民治宛書簡で詳細に説明しているから、この飯田宛書簡では省いているのであろう。そして、新島は、この飯田宛書簡では、財産の多少に応じた税制や貧民にも女性にも教育機会の開かれたアメリカの「教育」政策を詳しく説明し（三・五二～五三、参照）、それと対照させて、

「右に付き日本の農夫を考ふれは、甚気の毒千万なり、農夫も矢張天皇と斉き人間なり、然るに日本にては農夫を愚になし、豚犬の如く取扱ひ、重き租税を取上候事、実に理外にして、暴なる政道と云つべし、かつ日本の人士の格式を論ずる等の事、実に笑ふ可き事なり」（三・五三）

と記述している。

さらに新島は、「米利堅戦争後、北方の人民金を集め、教師方を南方に遣し、諸芸聖経を黒人に教へ」、今日では「黒人往々教化し、以前に比すれば、国益に相成候よし」、あるいは、「此国より十四五年前に、教師を支那に遣はせしに、当時は多くの支那人、［皆］な孔孟を棄てゝ、至聖の洋教に入候故、国人には金を集め、十年を不出る内に、千人の教師を支那へ遣る事を企たり、但入用は、凡二百万ドルなるよし」（三・五三）と、アメリカ人による黒人教化や中国伝道計画にも言及しながら、

「亜人は英人と違ひ、外国を奪ふ事を不企、只々至聖の道を万国へ拡め、共に其道を楽しみ、共に有無を通じ、厚く兄弟の交りを為さん事を望むなり、支那人殆孔孟を去んとせり、然れば我日本何を以て教を立るや、孔孟の道を去、仏道をこぼち、至聖純粋の耶蘇教を奉ぜねばならぬ事、論を用ひずして知るべし、」（三・五三）

と述べて、日本も儒教と神仏崇拝を棄て、アメリカ人のようにイエスの教えを受容して、「至聖の道」を実践すべき

だと飯田に伝えている。

新島は、日本の「農夫」は為政者から「愚」か者と見なされ、「豚犬の如く」取り扱われ、重税を収奪されていると記し、そのような政治道徳は、「実に理外にして、暴なる政道」だと言う。なぜならば、「真神の臣」となった新島には、人民への租税を減じ、教育機会を保障しているアメリカの為政者が念頭にあるからである。新島は、そのような為政者の政策も、また人民自身による黒人や中国人の教化運動も、それはイエスの教えに従った「至聖の道」の実践であると捉えている。

イエスの教えによれば、日本の「天皇」と「農夫」とは、共に真神の造化を受けた人間であり、「同等」で「斉き人間」だというのが、新島の「真神の臣」としての見解であり、いまだ「至聖の道」を歩もうとしない日本の為政者とは、君臣関係を結ばないと言うのである。

新島が述べているのは、一種の君民一体論である。しかし、「真神の臣」となった新島が、権威として認めるのは真神のみであり、もはや「天皇」にも「将軍」にも、如何なる権威も容認しないのである。日本の君主と人民の関係を、キリスト教化によって、現在の上下序列的編成から、対等平等な関係へと編成替えするというのが、新島が獲得した日本改造プランであり、飯田へのメッセージでもある。

だから、新島は、飯田が日本は「十年を不出して東方第一ノ強国たらんことを必せり」と付言し、「於其地の評論ハ如何」と、日本の開国策に関するアメリカの評判を尋ねていることに対して、

「当国に而日本の評論は甚よろしく、人々の申には、我日本十年を不出して頗教化に赴き、独一真の妙道救主耶蘇の明教を奉するならん、さすれば必らず人之道を弁へ、国も自ら振ひ候はん云々と」（三・五四）

と、回答しているのである。

したがって、以上のような新島によるアメリカ事情の紹介を検討すると、新島の言う君臣契約の拒絶とは、上下的

身分関係を前提とした封建的な君臣契約の拒否を意味しているのであり、すぐれて近代的な質を有するものであることが判る。(9) 新島は、この飯田宛書簡において、初めて近代的な質を有するプロテスタンティズムの倫理道徳を獲得したことを表明していると言える。

だが、このように新島が上下序列的な儒教倫理を超脱するのと、ちょうど時期を同じくして、飯田、民治、双六が日本から書き送ってくる書簡には、新島の双親に対する闕字の他に、天皇、幕府、藩関係の表記には、闕字だけではなく平出も多用されており、中でも弟双六は、「皇国」「孝明帝」「上藩邸」に、平出よりもさらに極端な抬頭式まで用いている。このような天皇や幕府・藩に対する大げさな儀礼表現は、当時の新島自身の闕字・平出使用の感覚から見れば、余りに過度な儀礼主義への傾斜であろう。

ニューイングランドで留学中の新島には、慶応三年の日本におけるイデオロギー対立の激化や、その状況下、江戸の安中藩邸で生きる藩士たちの切迫した心理は、十分には理解できないであろう。しかし、「真神の臣」となった新島は、彼がアメリカで体験しているキリスト者の儀礼形式を基準＝「至聖の道」として、飯田や双六らによる闕字儀礼の使用は、彼らが「格式」＝上下序列的な意識に囚われている証拠と見なし、以後は、新島自身が闕字不使用を宣言し、実践し始めた。だから、新島の闕字不使用宣言とは、儒教倫理を超脱した新島が、彼自身に課した、新たな「神の徒」としての儀礼的規律なのである。

だが、新島はこの新たな自己規律を宣言するに当たり、飯田宛書簡では、闕字不使用宣言の一文の他には、闕字に関しては何も述べていないし、これ以降の新島資料の中でも闕字に言及した記述は見当たらない。

もしも新島の闕字不使用宣言が、それまで新島自身が用いていた闕字使用の習慣に対する、熟慮された上での原理的な訣別を意味するものであれば、この宣言を記するとき、新島自身による闕字儀礼の習慣とキリスト教的な儀礼との相違に関する思索の跡が、記述されていてもよさそうである。だが、そのような形跡は残されていない。このことは、この時期の新島における闕字不使用宣言というのは、ほとんど直感的な飯田や双六の闕字使用に対する憤激に基づくものであったことを、意味しているのではないだろうか。新島は、親交が深く、しかも藩邸内で倫理道徳を教える立場にある飯田に対して、藩内での過度な儀礼主義への傾斜に警告を発するために、敢えて闕字不使用を宣言したというのが、実状ではないだろうか。

密航以前において、新島は「藩」「君公」「政府」などに闕字を使用していたが、密航後において、これらはすでに闕字対象ではなくなっていたし、天皇は敬意の対象ではあるが、依然として遠く仄かな存在であり、やはり闕字の対象ではなかった。そしていま、天皇も将軍も、神の被造物として人民と同等な人間と見なすに至った新島にとって、飯田宛返書で、天皇や将軍に対して闕字を使用しないというのは、彼の当時の心境をそのまま表現しているのであり、彼自身に特別な心の葛藤があるわけではない。

また、新島は、心理的にだけではなく、空間的にも天皇と将軍からは最も遠いニューイングランドから、宣言を発しているという事情も考慮すべきであろう。この時期の新島は、日本に関する情報を、現地の新聞や、ときどき父親から送られてくる書簡を通じて収集していたようであり、この段階の新島は、「天皇」「徳川氏」「政府」などに対して、特別な評価なども述べているわけでもない。

これらの事情が、新島の闕字批判の背後にあることを、私たちは無視するわけにはいかない。

ところで、私の〈自筆〉調査によると、彼の闕字不使用宣言以前の闕字事例は、慶応三年三月二九日付、民治宛書簡での祖父弁治をはじめとする新島家の人々に対する闕字が、最後のものである。しかし、〈自筆〉が存在しないから、確かなことは言えないけれども、〈全集〉の表記に基づけば、新島が闕字不使用を宣言する飯田宛書簡と同日付の民治宛書簡で、「熊若様」が平出となっている。上記のような新島の闕字批判の状況から推察すれば、新島が原本において平出を用いていた可能性も、否定できないように思われる。もしも、闕字不使用宣言を含む飯田宛書簡を書き始めるときに、同日付の民治宛書簡はすでに書き上げており、そこには闕字儀礼が用いられていたにしても、新島の闕字批判が、厳格な自己規律として認識されるに至ったのであれば、新島は直ちにそれらの措置を取り消すであろう。だから、同日付の民治宛書簡での闕字の有無は、彼の闕字批判の厳格さの程度を知る上で興味深いものである。しかし、いまとなっては、はっきりしたことは判らない。

だが、新島は、この闕字不使用宣言の後には、明治四年二月一一日付書簡まで、家族表記はもちろんのこと、「徳川氏」「天皇」「王朝」「殿様」「我朝」「政府」などの表記を用いながら、闕字・平出は一切使用していない。このような幕末維新期の日本の人倫関係に対して、短期間ではあっても、現実政治に強い関心を抱く新島がピュアなキリスト教倫理を対置し、自ら実践していたということ自体が、私たちから見れば、実に驚くべきことではないだろうか。[10]

闕字否定、すなわち被造物に対する過度の敬意表現の否定は、プロテスタントとしての新島にとって、当然の帰結であった。それはプロテスタントとしての原則的な措置である。だが、新島において、そのような原理的態度が、どの程度の純粋さ・厳密さにおいて保持されたのかといえば、信仰の根幹そのものでなく、儀礼的レベルの問題に関する限り、ある種の柔軟性があったことは否定できない。ニューイングランドのプロテスタント的な環境の中で、日本の現実が直接に新島に迫ってくることのなかった三年余に限って、彼の儀礼に関わる原則的な態度は持続し得たのであった。

注

（1）「中小性」「大小性格」と表記したが、「性」ではなくて「姓」が用いられるのが一般的であろう。しかし、安中藩では「性」の文字が使用されていたようである。鏑木路易「安中藩制と新島家の人々」、『新島襄の世界　永眠百年の時点から』（北垣宗治編、晃洋書房、一九九〇年）所収、二二頁、参照。

（2）根岸橘三郎『新島襄』（警醒社書店、一九二三年）、一五四頁。
（3）根岸、同書、一五五頁。
（4）根岸、同書、一五四頁。
（5）杉井六郎「書簡に見る新島襄」、『新島襄――近代日本の先覚者』（学校法人同志社編、晃洋書房、一九九三年）所収、三一七頁。
（6）根岸、前掲書、一五七頁。
（7）根岸、前掲書、一五五頁。
（8）〈全集〉では「皇国」は行頭にある。しかし、第一章において検討したように、前日付の双六宛書簡では、「皇国」の表記はあるが闕字は用いていない。また、［表1］の他の闕字事例から見ても、新島は「皇国」に対して闕字を用いた場合はない。従って、新島が、たとえ「皇国」を行頭に置いていたとしても、それは儀礼的な措置とは、見なすことができない。根岸が自筆資料を活字化する際に、行頭にもってきた可能性もあるだろう。
（9）君臣関係の封建的性格に関しては、川島武宜『日本社会の家族的構成』（日本評論社、一九五〇年）、守本順一郎『東洋政治思想史研究』（未来社、一九六七年）など、参照。
（10）丸山真男「日本における自由意識の形成と特質」、『戦中と戦後の間』（未来社、一九七六年）所収、参照。

4　「請願帰朝之書」草稿における闕字復活

私たちは前節で、慶応三年一二月二五日の闕字不使用宣言以後から、明治四年二月一一日付の飯田宛書簡までの新島の〈自筆〉に注目し、そこでは天皇、幕府、藩、さらに新島家の人々などを表記する場合にも、闕字は一切使用していないことの意味について、検討を試みた。しかし、新島は、明治四年六月に起草した「請願帰朝之書」草稿では、「天皇」と「明朝」に対して闕字措置を用いているのであり、彼の闕字不使用宣言は、約三年半後に撤回されることになる。だが、私たちが新島における闕字復活の意味を理解するためには、闕字不使用宣言以降の新島の〈自筆〉だけではなく、〈自筆〉が遺品庫に収蔵されていない和文書簡や、英文書簡にも注目し、新島が明治維新の動向を如何に捉えていたのかを、検討してみよう。

新島は、明治二年三月一七日付のスマート（J.G.Smart）への書簡では、「私たちの政府は、昨年以来変化している。古い皇帝〈Old emperor〉は、失っていた権力を再び獲得し、いまや日本全体を統治しつつある」（to J.G.Smart／六・四八）と、王政復古について述べている。そして新島は、このように記述した後、さらに具体的に、「それは、それ以前の政府と較べれば、よりリベラルではあるが、しかし、それはいまだに君主制である。そして、統治権力は、諸侯たちの中から代表者を選挙し、彼らに法を執行する権限を与えることによって、諸侯達に分割されている。しかし権力は、いまだに政府と諸侯の手中にある。

商人と農民は、政治に関しては何もすべきことがない。この階級の人々は、政府によって、屠殺を待つ羊のように卑しめられている。彼らは、政府に対してどんなことを言う権利も持っていない。」（六・四八）

と、記述している。

新島の関心は、王政復古自体に対してではなく、政治権力の保有のされ方に向いていると言ってよい。新島は、一旦は天皇へ一元化された統治権が、選挙によって選ばれた諸侯たちに「分割」されている点で、新しい政府は、徳川権力と較べれば「よりリベラル」だと評価している。しかし、権力は、「いまだに政府と諸侯の手中」にあり、「いまだ君主制」である点において、維新政府は極めて不十分なものでしかないと見ている。新島は、天皇に集中した権力は、いまだ無権利状態におかれ、卑しめられている商人や農民にも分割されるべきものであり、卑しい人民たちも、政治的な権利主体にしなければならないと考えている。だから、新島が維新日本に期待する政治制度は近代的な民主制であり共和制なのである。

慶応三年一二月の闕字不使用宣言を記した飯田宛書簡において、新島は日本をキリスト教化することによって、君主と人民とを現在の上下序列的関係から、対等平等な関係へと編成替えすることを記していたのであるが、維新の政変によって権力を獲得した天皇は、諸侯との関係においては幾分か徳川権力よりも「リベラル」であるけれども、商人や農民など一般人民との関係では、依然として抑圧的であり、暴政を恣にしているというのが、明治二年三月段階での新島の観測である。

だが、父民治の明治二年二月九日付来簡を、五月七日に受け取った後において、新島の新政府に対する評価は高まり始める。明治二年五月二一日のハーディー夫人宛書簡には、「私の父は、人々の指導階級の間で、かくも素晴らしい変化が生じつつあることを見て、また、西洋の教育制度がすぐに日本に導入されるであろうことを知って、私がこの国へ居ることに一層満足しています。」（to S.H.Hardy／六・五一～五二）と記述し、さらに、明治三年二月六日には、スティムソン（H.A.Stimson）に宛て次のように記している。

「彼ら［日本人民―筆者挿入］の中で先見の明のある人々は、外国貿易のために港が開かれて以来、西洋諸国で何が起こりつつあるかを、すぐに理解するようになりました。彼らは、外国人からより良い政治制度を学び、世俗の政府権力の打倒を論じるようになり、そして実際にそれを試みました。彼らはかなりの程度に成功し、より良いより自由な立憲政治を達成しました。私は、父親からの最近の手紙で、その政府が、哀れで貧しい人々を救うために人々を調査し、都市にも町にも村にも学校を設立しようとしていることを、知りました。

政府は、仏教を廃止し、神道と呼ばれる土着宗教を優勢にするために、公的な場所からも私的な場所からも、全ての偶像や肖像を取り除くように、人々に命令しました。しかし、神道は仏教とは大変異なっています。神道は、ただ現世の生活のみを語り、永遠の国を求める魂を満足させるものではありません。だが、人々を捉えていた、未来の生活、未来の報いと罰を語る宗教は、ごく最近になって廃止されました。全ての肖像は、投げ捨てられています。キリスト教にとっての一つの障害物が、取り除かれました。それでは、彼らはどんな宗教を信頼するでしょうか。そうです、彼らはキリスト教を受け入れる用意がほとんどできているのです。この国の幾人かの日本人たちは、すでにキリスト教の真理を受け入れ、それを祖国に伝えることを望んでいます。」（to H.A.Stimson／六・六九）

この時期、民治たち新島家の人々は、動乱を避けて故郷の上州安中に引っ越していた。一月九日付の民治書簡には、政体書の内容をはじめ、祭政一致、神仏分離、民政安定、人材登用、公議所開設等が記され（九上・二〇～四一、参照）、同年四月一一日付の書簡では、小学校開設や無産無頼の者を教化仁恤するための戸籍整備などが伝えられている（九上・四一～四四、参照）。新島は、それらの情報を基にして、維新政府は、いまだ王政ではあるが、西洋文明を学び始めた開明的な人民の要求もある程度受け入れ、いまや貧民のための政策も行い始めた、「より良いより自由な立憲政治」だと評価している。新島は、明治一七年にも維新の変革を、「私達の目にとってさえ、きわめて信じられないことであった。」（七・三四六）と述べているように、維新政府の攘夷から開国への転換とその後の開化政策は、おそらく予想外の展開だったのであろう。

だが、新島が注目しているのは、政治権力だけではない。新島は、キリスト教を日本に伝道する場合、来世での救済を説く仏教は、障害物になると考えていた。ところが、維新政府は、神仏を分離して仏教を禁止し、現世的な神道を興隆させている。新島は、このことは、新たな救済宗教であるキリスト教を日本人に伝道する上で好都合だと捉えている。

このように明治三年二月段階になると、新島は新政府を、開明的な人民の要求もある程度受け入れ、いまや貧民のための政策も行い始めた、「より良いより自由な立憲政治」だと評価し、新政府の宗教政策が、キリスト教伝道にとってより有利となっているとも記している。

しかし、新島はこの書簡でも、日本の「上層階級」については、

「彼ら［「上層階級」―筆者挿入］のほとんどの者は、大変誇り高く、一般の人民を塵のように見下げている。」

「彼らは仏教を軽蔑し、僧侶を嘲りをもって取り扱う。彼らは未来の生活を拒絶する。」（六・六八）

と、武士階級の上下序列的な身分意識と、救済宗教への無関心を述べ、また、「下層階級」に関しては、

「貧困階級の人々は、上層階級によって犬のように卑しめられている。特に、農民は、とても重い税を政府や藩主に払うことを強制されている。その額は、土地の質に応じて一〇分の七から一〇分の三である。もしも、農民達が政府や藩主に対して不満な感情を表明すると、彼らは、とても厳しく罰せられる。

この階級は、人間の手で作られた嫌悪すべき神々の通常の崇拝者である。彼らは、ずる賢く呪うべき僧侶たちによって眼隠しされ、彼らを支えるために相当の金額を払う。……………私はこの階級の人々を哀れに思う。彼らは、政府や藩主にとても重い税を払うことを余儀なくされ、また、そのような嫌悪すべき僧侶たちを支えることを余儀なくされている。彼らは真実を求めているが、それを発見することができない。彼らは救われることを熱望している。しかし、そのための方法は、知らされておらず、彼らを天国の小道へと導く案内人はいない。これが、貧しい異教徒

の状態である。全く哀れである。」（to H.A.Stimson／六・六八）

と、いまだ政府によって重税を強要され、無権利のままに置かれている大多数の一般人民に対する同情と、彼らへの伝道を熱っぽく記している。

密航以降、新島の徳川幕府に対する一体感は弱まり、天皇は遠い存在のままであったのであるが、慶応三年一二月の新島は、遂にプロテスタンティズムの倫理道徳を受容し、それまで彼の意識を捉えていた儒教的なそれを超脱し、すでに幕藩体制の枠も乗り越えている。その新島が、維新後の日本の情勢を観測しているのであるが、その際に、天皇とその政府、「上層階級」＝武士層、開明的な一部の人民、無権利のままの一般人民、人民に「目隠し」をしている僧侶たちが、新島の視野の中にある。

そして、天皇とその政府は、開明的な政策を着手しつつあり、開明的な一部の人民たちからの要望も取り入れて、「より良いより自由な立憲政治」を目指しつつあり、新島はその点に関しては、新政府に対する期待感は、強まっていると言える。だが、依然として武士層は、儒教的な身分道徳に囚われ続けており、大多数の人民たちは、彼らから豚犬視され、暴政に晒されたままである。新島の新たに獲得された倫理道徳観に基づくと、日本を西洋列強のような文物興隆の国へと改造するには、日本人全てをイエスの教えへと導き、為政者と人民とが、ともに「至聖の道」を実践していく他はない。

しかし、新政府は現世的な神道を重んじ、武士層は身分道徳＝「格式」に囚われ、一般人民の多くは神仏崇拝を続け、無権利状態に晒されたままである。だから、維新後においても、新島からすれば、天皇とその政府も、藩や藩士たちも、心からの敬意や期待感を抱くべき対象などでは、あり得ないのである。新島は、あの闕字宣言以降、明治四年二月まで、〈自筆〉を見ると「徳川氏」「天皇」「王朝」「殿様」「我朝」「政府」などと、闕字措置を用いておらず、彼の宣言を遵守しているのであるが、その背景には、天皇とその政府、さらに武士層に対する批判意識が存在していると言うことができる。

だが新島から見れば、新政府の神道重視、廃仏毀釈の政策は、日本の人民に新たに救済宗教を伝道する上では好都合だと判断しており、そのような戦略的判断もあってのことか、新島は、明治四年二月になると、双六には、

「何レ当所ニは二年程も留学する企ニ御座候、且其上ハ帰国せんと存居候、扨乃兄之帰朝之義は如何致し而宜ろしき哉、貴殿知る所之如く乃兄は政府之許免を受ず夜半に楯［函］館より出港せし故、其罪国刑を免れさるを不得、然し国家一変せしより法例も定而変革し、乃兄帰朝之義も可相叶とそんし候、何卒右之一条は飯田逸之助君へ談判し内々政府之有司へ問合セ可呉様仕度候」（新島双六宛、二月一一日／三・八五／〈自筆〉なし）

と書き送り、新島の帰国のための周旋を依頼し、また、飯田に対しても、

「小生の滞碍なく帰国相叶候様、内々政府の有司と談判下し賜ひ、且此福音講じ候はゞ、矢張前例に依り政府に於ては厳罰を加へ候哉、又は小生縦令福音を講じ候共、身に難渋は無之候哉、克々穿鑿被下」（飯田逸之助宛、二月二五日／三・九〇／〈目録下〉三〇六三番）

と、将来の帰国に備えての周旋を依頼し始めている。

そして、飯田宛書簡を投函して二〇日ほど後の明治四年三月一五日に、「帝〈Mikado〉からワシントンに送られてきた日本人の大臣である森［有礼］」（to O.Flint／六・八二）が、新島に面会を求めてきた。森は、新島に対して、彼の身元、アメリカでの勉学の内容、帰国意思を記した明治政府宛書簡を書けば、森が政府に周旋してパスポートを発行すると述べた（March 21, to O.Flint／六・八二、参照）のであり、新島が森に従って起草したのが、「請願帰朝之書」草稿である。

まず、「請願帰朝之書」草稿の内容を見てみよう。この文章の前半には、新島の密航に至る経過、航海中の体験、ハーディーとの出会い、勉学の内容、成業後の帰国意思などが書かれている。そして、その後で、明治政府に対する

請願内容を、次のように記述している。

「近頃聞く国家一新し天皇(行頭)頗賢明傑才を挙用し草廬の士ニ至る迄も尽く其所志を得其所長を呈するを得しは至愚の身仮令天外ニ在と雖喜欣躍々せざるを不得、是乃千里の馬骨を求め且請隗より初めよの時［と］も奉存候、去なから若し　(闕字)　明朝旧例ニ依り至愚の国禁を犯し皇州を脱奔し米国へ渡航せしを以て至愚の身を加刑し賜らば　(闕字)　明朝至愚の丹心を不知と可申、若し又　(闕字)　明朝の恵憐を得て帰郷せし後朝命(行頭)を以て可東西と使役し賜らば是亦至愚の甘んずるところに非す、臥し［て］願［く］は　(闕字)　明朝一個の書札を投下し至愚帰郷の義を許容し賜らば至愚ニ於而喜欣幸甚之至ニ候、且帰郷之後草奔の士を以って相接し至愚をし而不羈之士とならしめ至愚の存意ニ順ひ東西し兼而学ふ所の術攻むる所の道を以て有志の子弟ニ伝へ候ハ、至愚ニ於而足矣書に臨万一を難尽唯願　(闕字)　明朝恵憐を加へ賜へ」（〈写真集〉一六〇頁／〈目録上〉一二二〇番＊写真（五七九））

確かに、新島は「天皇」と「明朝」「朝命」に対して闕字儀礼を用いている。しかし、新島が記している内容は、自らの密航の罪を認め、罪の赦しをひたすら君主に請うようなもではない。まずは、闕字儀礼には囚われないで、書かれている内容を確かめてみよう。

新島は、まず、天皇を「頗賢明」だと評価する。それは、即位した天皇が、能力ある人物を挙用して、身分の卑しい人民である新島にも、志を遂げる機会を開こうとしているからである。新島は、明治三年には弟双六に宛てて、「偏ニ四海之波濤静まりて朝廷人才を挙げ蒼生ニ其居を安し、文を盛し、武を構し、我朝の欧羅巴の各国ニ比肩せんを望む」（四月二一日付、新島双六宛／三・八〇／〈自筆〉なし）と記しており、明治四年二月の弟双六と飯田宛書簡では、将来の帰国のための明治政府への周旋を依頼していた矢先に、「帝〈Mikado〉からワシントンに送られてきた日本人の大臣である森［有礼］」が面会を求めてきたのだから、新島は、さぞかし驚いたことであろう。天皇が挙用した「傑才」とは森のことであり、新島は、賢明なる天皇が優秀な人材である森を登用し、新島の下にまで遣わした。

だが、新島はそのように述べながら、彼は「天外」にいると記している。新島は、「天外」にいる自分にも、天皇が志を開く道を与えようとしていることを、大変に喜んではいるのであるが、新島は、続けて、「明朝」＝天皇が新島の密航の罪を赦さず、刑罰を加えるようなことがあるとすれば、それは「明朝」が新島の「丹心」を知らないためであると述べ、また、たとえ帰国が許可された後においても、政府が「朝命」＝天皇の命令をもって新島を使役しようとしても、新島は従うものではないと記している。

帰国が認められるならば、新島は、「不羈」、すなわち自由な立場で人民と接し、思う存分、彼が学んだ「術」や「道」を広めることができれば満足であるとする。新島の言う「術」と「道」とは、この請願書の前半部分に「学術真理」と表現され、また、「真理」とは、「至大至妙天地万有の造物者乃独一真神の真理」と表現されている（〈写真集〉一六〇頁、参照）。すなわち、新島は、帰国が許可されれば、政府からは自由な立場で、彼が学んだ「学術真理」を人民に広める活動に専念すると言うのである。だから、ここにも、慶応三年一二月二五日付の飯田宛書簡の場合と同様に、「脱櫪不羈の身、神の徒」となった新島の立場が表明されている。

明治政府の側から見れば、このような新島の請願は、文意から言えば全く論外であろう。明治政府は、現世的権威を天皇一人に収斂させているのであるから、そもそも「天外」という言葉自体が、天皇の絶対的権威を否定するものであり、受け入れられないものである。明治政府は天皇の権威の絶対化を主張し、新島は天皇の権威を否定し、為政者と人民との関係を、キリスト教化によって対等平等な関係へと編成し直そうとしている。両者は共に君臣一体論を構想しながら、内容は対極的であり、超え難い深淵があるのである。

新島は、天皇＝明治政府が新島の意思＝「丹心」を完全には理解していないために、新島に対する処遇・判断を誤るかもしれないと述べるのであり、完全には信頼していないのである。

しかし、新島は、なぜこのような内容を、請願文の中に記述しているのであろうか。

新島は、森との接触の様子を、アメリカの友人たちへの書簡の中で記述している。それによると、新島は、明治政府宛に書簡を提出するようにという森の提案に対して、応じるべきかどうか迷ったようである。その様子は、新島の次のような記述から窺うことができる。

「また彼［森―筆者挿入］は、私に、キリスト教に関して、上層階級の間で生じている、現在の日本国内での動向についても話しました。彼らは、プロテスタントとカトリックとの著しい違いについて理解し始めています。政府は、人民がキリスト教の真理を受容することを禁止しているけれども、私は、政府が数年以内に、プロテスタントの伝道師たちに国を開くであろうと信じています。私は、日本の大臣である森が、ハーディー夫人に対して、長い間、彼女が私のために支出した費用を、支払って精算するのではないかと心配しています。なぜなら、彼はハーディー夫人に対して、私の教育のために支出した費用の全てのリストを彼に与えるように要求したからです。私は、ハーディー氏が、森に対してそのリストを提出するのではないかと不安です。もしも氏が、森からの支払いを受け取れば、私は、その金額の分だけ日本政府に拘束されるでしょう。私はむしろ、自由な日本市民のままでいて、私自身を全て私の主人の仕事のために捧げたいのです。」（March 21, to O.Flint／六・八二）

森は新島に対して、明治政府がプロテスタントへの関心を抱きつつあることを語り、そのことで、新島の方は、数年以内に日本伝道が認められるであろうとの確信を得たようである。新島は「自由な日本市民」のままでいて、独一真神の仕事に一身を捧げることを希望している。しかし、新島には、森が、これまでの新島の留学費用を精算し、新島を政府のために使役させようと考えているように見える。

新島は、その後、五月一六日に森からアーモストに招待されている。その招待の主な理由は、森が日本にアメリカ式の学校設立を意図しており、新島にその任務に当たらせようとするためであった。しかし、新島は、森の計画を激励はしたが、新島が任務に当たることについては、明言しなかった。（June 7, to O.Flint／六・八四、参照）そして、新島は、森に対して、「私は、発見されることを恐れて闇夜を行くおどおどとした泥棒のように、私のキリスト教徒としての忠誠を隠して帰国することは好まず、むしろ、キリスト教の愛の中を歩み、物事を私の良心の光に従って行うキリスト教徒として帰国したい」、さらに、「もしも、私［新島—筆者挿入］が彼［森—筆者挿入］に対して手紙を書く場合には、政府に私の新しくより健康的な宗教を知らせたい」（June 13, to S.H.Hardy／六・八四〜八五）とも述べたと言う。

それに対して森は、「そうすることが、私［新島—筆者挿入］にとって安全であるかどうか分からない」と述べたが、新島自身は、そのときには「そうするつもりだった」と言う。しかし、新島は、「一層注意深い考察の後で」、政府宛書簡を出せば、政府から仕事を命じられ、その命令を拒絶すれば政府との良好な関係を失うことになるから断ることは難しく、また、勉強を継続している間は、政府のことで拘束されたくない。だが、将来の帰国の際には森との友好関係は、助けになるから維持したいとも考えた。しかし、結局、今は、政府に対して、新島の存在を知らせない方がよいと判断し、一旦は、政府宛書簡を出さないことを決めている（to S.H.Hardy／六・八五、参照）。

ところで、このハーディー夫人宛書簡によると、新島は、森からアーモストに招待される以前に、すでに最初の請願文を書いていた。その内容は、新島のキリスト教信仰には触れないで、神学を学んでいることにも触れず、ただ「文明進歩の真の秘密」を勉強していることだけを知らせるものであったと言う。しかし、新島はアーモストで森と面会した後で、その請願文の内容を、新島のキリスト教信仰を伝えるものに書き直そうと考えた（to S.H.Hardy／六・八四、参照）と言うのである。しかし、その思いも、上記の理由によって一旦は断念しているのである。

その後の経過を知るための手がかりはないのであるが、私たちがいま注目している「請願帰朝之書」草稿で、新島は、「至大至妙天地万有の造物者乃独一真神の真理」を学んでいることや、新島は「天外」にいることを明記しているのであり、また、請願の趣旨も単に帰国許可だけではなく、帰国後の自由な活動を認めさせようとするものであり、この草稿は、新たに推敲され書き直されたもと思われる。[1]新島は、内容的にはキリスト教の原則を、真正面から包み隠さず堂々と述べている。ただし、儀礼的表現としては、闕字を復活させている。

以上のように、新島の闕字使用は、明治四年六月の「請願帰朝之書」草稿において、復活している。しかし、復活する闕字は、もはや藩士時代の場合とは異なっている。新島は、真神の徒として日本教化と文明化を構想していることを隠してはいないし、それを実現させるために、密航の罪の赦しと、帰国後における自由な教化活動を政府に対して要求している。しかし、他方で、密航した新島は、新政府と良好な関係を築かなければ、将来帰国することも許されないし、政府の側は、新島の「健康的」な日本改造構想を理解しない可能性もある。だから、新島は闕字を復活させて、読み手の価値意識・儀礼意識を配慮した表記を工夫し、読み手の好意を引き出そうとするのである。

注

（1）これまでのところ、新島がこの請願文を、実際に森や政府に提出したことを示す資料は発見されていない。だから、この請願文と、この年八月に、明治政府が新島に対して交付する旅券と留学許可証との因果関係については、はっきりしない。しかし、森は、翌明治五年三月に新島を田中不二麿と引き合わせる際には、田中に対して、新島を「日本政府の奴隷として扱う権利はない」と述べ、また、「新島君はボストンの友人たちとの関係があり、彼らの同意なしには日本政府に対して態度をきめるわけにはいきませんし、政府と致しましても同君に対して何らかの要求をしたり、あれをせよ、これをせよと命令したりする権限をもちません。すべては閣下と同君との契約に基いてなされるべきであります。」（一〇・一三四～一三五）と、述べたと新島は記録している。森が新島の請願文を受け取ったかどうかは不明であるが、森が新島の意向を配慮して、田中に紹介していることは確かである。（なお、新島の森論に関しては、終章の「結論」で言及する。）

5　父親民治宛書簡における闕字復活

「請願帰朝之書」から約三ヶ月後の新島は、九月五日付の父親民治宛書簡でも、闕字を復活させている。

「敬而拝見仕候然は（闕字）　大人様御事益御機嫌克……」（明治四年九月五日付、民治宛書簡／三・九一／〈目録下〉一三番）

「且是迄は私事も日本の出奔ニ而、（闕字）　朝廷へは内々に相成候処、去春亜国の少弁務使森有礼殿の御周旋ニ而（闕字）　朝廷へ亜国留学の趣委細申上候処、今度大学よりの免状と外務卿より外国への通行状とを投下し賜へり、但通行状は外務卿沢従三位清原宣嘉殿の御名前有之候、」（同／三・九二／同）

新島は、まず冒頭挨拶の箇所で、「大人様」（民治のこと。祖父弁治はすでに死去している）に対して闕字を用い、また、二度表記している「朝廷」に対しても、二度とも闕字を用いている。

そして、この書簡の後、民治宛書簡では、次のような闕字・平出措置を含む記述がある。

「罷出候而（闕字）　田中文部大丞と」（明治五年四月一日付、民治宛／三・九八／〈目録下〉一四番）

「都城華盛頓を去り（闕字）　田中文部大丞へ随行」（明治五年四月四日付、民治宛／三・一〇〇／〈目録下〉一五番）

「扨（闕字）　大人様御母様御姉様方御一統…………」（明治五年四月七日付、民治宛／三・一〇一／〈目録下〉三六五二番）

「…………欧羅巴より申上度然は（行頭）御大人様御一統…………」（明治六年一月二六日付、民治宛／三・一〇九／〈目録下〉一八番）

「（行頭）天朝より戴き候処之金子を以て修行仕居候間決し而無地遣等は不仕…………」（明治七年一月一一日付、民治

宛／三・一二〇／〈目録下〉一二三番）

私の行った〈自筆〉調査では、「請願帰朝之書」草稿での闕字復活の後、新島は明治四年九月五日付から明治七年一月一一日付までの、六本の父親民治宛書簡において、合計八箇所で闕字を用いている。その内、民治をはじめとする家族に対する事例は三、天皇に対する事例は三、田中不二麿に対する事例は二である。

三ヶ月前の請願文草稿は政府宛の文章であり、闕字復活は、日本にキリスト教を布教して、日本を理想的な文明国へと改造しようとする新島の、何とかして明治政府から帰国許可と布教活動の自由を得ようとする、苦辛工夫の産物であった。しかし、父子関係は、そのような課題とは次元を異にするから、敢えて闕字を復活させる必要はないように見える。だが、新島は民治宛書簡でも、闕字を復活させている。それは、如何なる理由によるものなのであろうか。

第二節では、慶応三年の飯田からの来簡とそれへの新島の返書を中心に検討したのであるが、この節では、慶応三年以降の新島と父親との通信内容に着目してみよう。

新島は、闕字不使用宣言を述べた飯田宛書簡と同日付の民治宛書簡では、家族や彼自身の近況などを記述した後、末尾部分では、次のように記述している。

「当時アメリカ国も無事、且私事も健全に罷在候間、何卒御安心可被賜候、かつ御老大人様御母殿おみよ殿によくよく私の所存を御説き聞セ、決し而私の為に心配セぬ様いたし度候、私事も無怠学問研窮いたし成業之上国家の為に寸力を尽さんと奉存候間、何卒大人ニ於而もたのもしく思召可被下候、扨古語に申通、名を立道を行ひ父母の名を後世に遺は孝の終なりと、何卒大人私をして此孝を立てしめば私も幸甚ニ候、縦令私義万里の波濤を隔居候得共大人之事は決し而不忘申、朝夕独一真神に向ひ大人及ひ全家之幸福を祈居候、」（慶応三年一二月二五日付、民治宛／三・四九／〈自筆〉なし）

新島は、同年三月二九日付の民治宛書簡では、いまだ八百万の日本の神仏を崇拝しているであろう民治に対して、祈祷すべき神は、独一真神のみであること伝えているのであるが、その後の民治からの書簡には、祈祷に関する言及は見当たらない。父親民治の関心は、今後の息子の身の上に向いている。

「一横井君度々御尋被下置候、右は其元一条ニ付而は厚御恵被下置候事ニ而有之候間、修行相済帰府之呉々茂御待被成下置候事故、出精いたし少も早く帰府有之候様存候」、「尚以呉々茂相厭無油断修業可申候」（慶応三年六月一八日付、民治からの来簡／九上・七〜八／〈目録下〉三一三八番）

民治は、藩内の上司（横井）の新島への厚情を伝え、新島がアメリカでの修業に精進し、成業の上は一刻も早く帰国して、藩務に復帰することを強く期待している。

このように記述している民治に対して返信を書く新島は、同日付の飯田宛書簡では、儒教倫理との訣別を明示したのであるが、父親宛書簡では、父親からの精進せよとの励ましに対して、「私事も無怠学問研窮いたし成業之上国家の為に寸力を尽さんと奉存候」と応え、新島も父親に対して「孝」を尽くしたいと望んでおり、父親への敬愛がどんなに深く変わらないものであるかも知らせている。新島は、民治も同日付の飯田宛書簡も読むであろうことは判っているのであろうが、民治に対しては、この慶応三年一二月二五日付の書簡では、明示的な儒教批判は記していない。

その後の民治宛書簡をみると、

「小子義も斯くも長く此国に留り学問修行仕候は何か不孝の児、不忠の臣とも俗人の目ニは見へ候得共決而左様では無御座、唯小子の心願は学問を充分に修行いたし一斉国家の為に力を尽んと申すに御座候」（慶応四年九月一日、民治宛／三・六七）

と、やはり民治宛書簡では、新島のアメリカでの学問修業を、儒教的タームを用いて説明している。

新島が民治宛書簡で、彼の学問修業の内容が、父親の期待するものとは異なることを、初めて明示的に述べているのは、明治二年五月一〇日付の書簡においてである。新島は、この書簡でも、「今は国家大ニ変革し男児の才を養ひ力を国家に竭さんの時ニ候」「日夜無懈怠学問修業仕少しも早く帰朝して御老大人の顔を拝せんを望む、然し右ニ付学問未熟ニて帰国いたし候ハ、却而御老人の御顔に泥を塗るかと存し、成るへく丈当国に逗留し十分の宝を身内に蔵し一人なミ人間と相成、偏ニ国家の為に力を竭さんと願居候」（三・六九）と記述しているのであるが、新島は、次のようにも述べている。

「扨小子義は少々当今勇マ敷勤王の若武者と相違し兵書等を学ひ巧名を求むる志更ニ無之、唯偏ニ聖人の明道を修め我国人をして人間闕可からさるの道を知らしめんと存し、かつ此度の変化に付蒼生塗炭にまみれ候由承り候間、如何してか国益を起こし民の租税を省き人々其生命を安ぜん事を望む、」（明治二年五月一〇日付、民治宛書簡／三・七〇）

新島は、彼の学んでいる学問は、「勤王の若武者」とは異なり、彼自身が「聖人の明道」を修め、日本人に「人間闕可からさるの道」を広め、そのような人間変革を基にして、「国益」を高め、「民の租税を省き」、人々の生命安全をもたらし得る社会へと、日本を改造しようとするものだと記している。それが、「一人なミ人間と相成、偏ニ国家の為に力を竭さん」ということの、具体的内容である。新島は、日本人一人一人を倫理的道徳的に完全な主体＝「聖人」へと改造し、人民を暴政から解放し「国益」を増進させるというのであり、ここには、かつて飯田宛書簡で述べた儒教批判がコンパクトに、しかし、儒教的な聖人の道を思わせるような遠慮がちな表現を用いて、述べられている。新島は、そのための学問を、まだ未熟であるから、しばらくアメリカで修業し、学問を成就することが、「御老人の御顔に泥を塗」らないこと、すなわち、民治宛書簡で繰り返し述べているところの「孝」だと言うのであるから、儒教的な上下序列的な父子関係も、倫理的道徳的に完全な主体同士の関係へと編成替えされている。

新島は、飯田宛書簡での闕字不使用宣言以来、民治宛書簡でも天皇と幕府だけでなく、祖父をはじめとする家族表記に対しても闕字使用を止めている。その時点から、すでに新島自身においては、父子関係も新たに獲得されたキリスト教倫理に基づいて捉えられているのであろう。しかし、新島は、そのことを直ちに父親へ明示的には伝えず、それから二年半ほど後になって、やはり儒教的なタームを用いる書簡の中で、それとなく、新島の「忠」「孝」の中身は、勤王の若武者たちとは異なっていることを伝えている。

新島は、漢学の師でもある飯田から民治へ、新島の闕字不使用の意味が伝わることを期待していたのかもしれない。だが、闕字不使用宣言の後にも、民治は新島に対して、闕字だらけの書簡を送り続けている。原本からその一部を紹介すると、次のようである。

「明治元年戊辰十月
今般非常之　聖断を以
（平出）御東幸、既ニ
（平出）御着輦ニ相成候処略［東北］及平定
（平出）御満足被（闕字）思食候得共、前途内外之形勢深く（闕字）御懸念被為在
（平出）皇国一体之御成業、弥以
（平出）御苦慮被遊候ニ付、別紙
（平出）勅書之通、日々
（平出）臨御万機（闕字）御親裁被（闕字）仰出、就而者百官有司、質素簡易ニ原き、至正公平を旨とし、同心戮力、益可励忠勤、尤御為筋存付候儀者、何事ニよらす不憚忌諱、正義直諫可至様（闕字）御沙汰候事」（明治二年二月九日付、新島

［写真59］

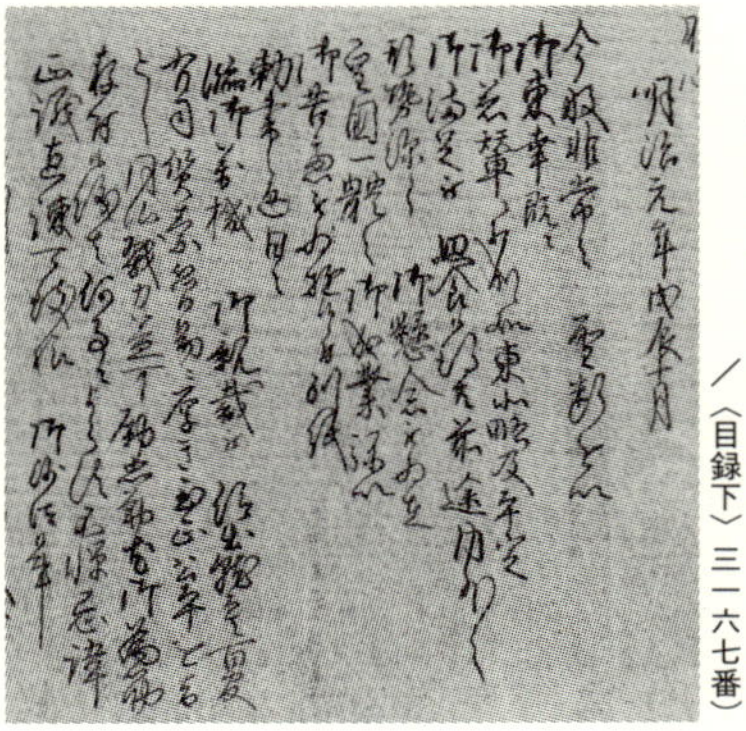

（明治二年二月九日付、新島民治からの書簡／〈目録下〉三一六七番）

［写真60］

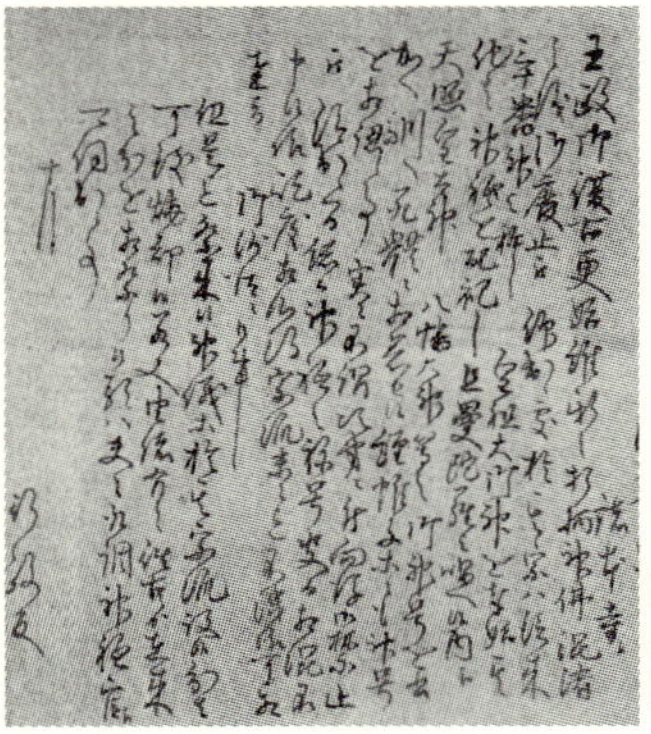

（同、書簡）

民治／九上・三〇／〈目録下〉三一六七番／［写真59］）

「(行頭)王政御復古更始維新之折柄、神仏混淆之儀御廃止被(闕字)　仰出候処、於其宗ハ従来三十番神と称し(闕字)　皇祖大御神を
奉始其他之神祇を配祀し、且曼陀羅と唱へ候内江
(行頭)天照皇太神(闕字)　八幡大神等之(闕字)　御神号を書加へ、」（同／九上・三一／同／［写真60］）

明治になり、大政奉還や「政体書」の内容を伝える民治書簡には、天皇関連表記が繰り返し用いられ、闕字や平出が多用され、儀礼的表現は一層大げさなものになっている。新島の闕字不使用宣言に、民治は同意しないのである。新島は、この闕字だらけの来簡に対する返信において、初めて父親に対して、彼が修業している学問の中身が、勤王の若武者とは異なっていることを、伝えているのである。

しかし、その新島は、なぜ明治四年九月五日付の民治宛書簡で、闕字を復活させているのであろうか。この民治宛書簡は、民治がこの年辛未二月二五日に発信し、新島の下に九月四日（辛未七月二〇日）に届いた書簡（遺品庫には収蔵されておらず、〈全集〉にも掲載されていない）に対する返信である。

新島は、返信の中で「去なから双六殿病死之義は存外之事、残念至極言語ニ難堪、」（明治四年九月五日付、民治宛／三・九一／〈目録下〉一三番）と記しているように、九月四日に新島の下に届いた民治からの書簡は、弟双六の病死（明治四年辛未二月）を伝えていた（三・九一および三・七五四、「注解」九一を参照）。だから、新島は返信の前半部を、死去した双六に対する悔やみと、父親をはじめ家族への励ましの言葉で埋めている。そして、その記述箇所において、新島は「大人様」と「朝廷」に対して闕字を用いている。

すなわち、民治宛書簡における闕字復活というのは、双六の死去で悲嘆に暮れているであろう父親民治の心境を察した新島が、民治に対しては闕字儀礼の使用可否をめぐる対立を回避し、父親の儀礼意識に合わせる形で親子の一体感を表現しようとしたものであり、新島の父親への優しさなのだと思われる。

その後も、民治からの来簡には、やはり闕字・平出が用いられ続けている。民治からの来簡は、現在明治四年六月二〇日付のものまでが遺品庫に収蔵されている。最後の来簡の原本には、

「此度不存寄
(平出)天朝江被　(闕字)召出候事、一ニハ仏、二ニハ
(平出)ハルティー君之御厚情、中々以不容易事ニ而、可奉報　(闕字)御高恩様も無之、
御礼等筆紙者不申及、詞ニも難申尽、其段
(平出)ハルティー君　(闕字)御内君様江御礼之義、宜取繕申上可給候、先々不取敢申
進候
一　脱走身ニ而被　(闕字)召出候儀も、藩内者不及申、承合候もの、永年之御
手当被下候義、一統感伏仕居、就而者
(平出)御先君様江之　(闕字)御奉公ニも相成
(平出)御両公之　(闕字)御尊名茂出、於予ニ誠以大慶不過之候」（明治四年六月二〇日付、新島民治／九下・五九／〈目録下〉六四六番／［写真61］）

などの記述がある。

民治は、明治四年六月には、新島が天皇に仕えるとの情報を得て、それは第一には「仏」の第二にはハーディーの厚情によるものと見なし、それまでの天皇と藩主に加えて「ハルティー君」も闕字儀礼の対象に加えている。

このような書簡を新島が受け取れば、父親はいまだ神仏を崇拝し、上下序列的な倫理道徳に囚われ続けていることが、手に取るように判る。しかし、新島は、そのような父親に対して、私のこの度の調査では、明治七年一月一一日

［写真61］

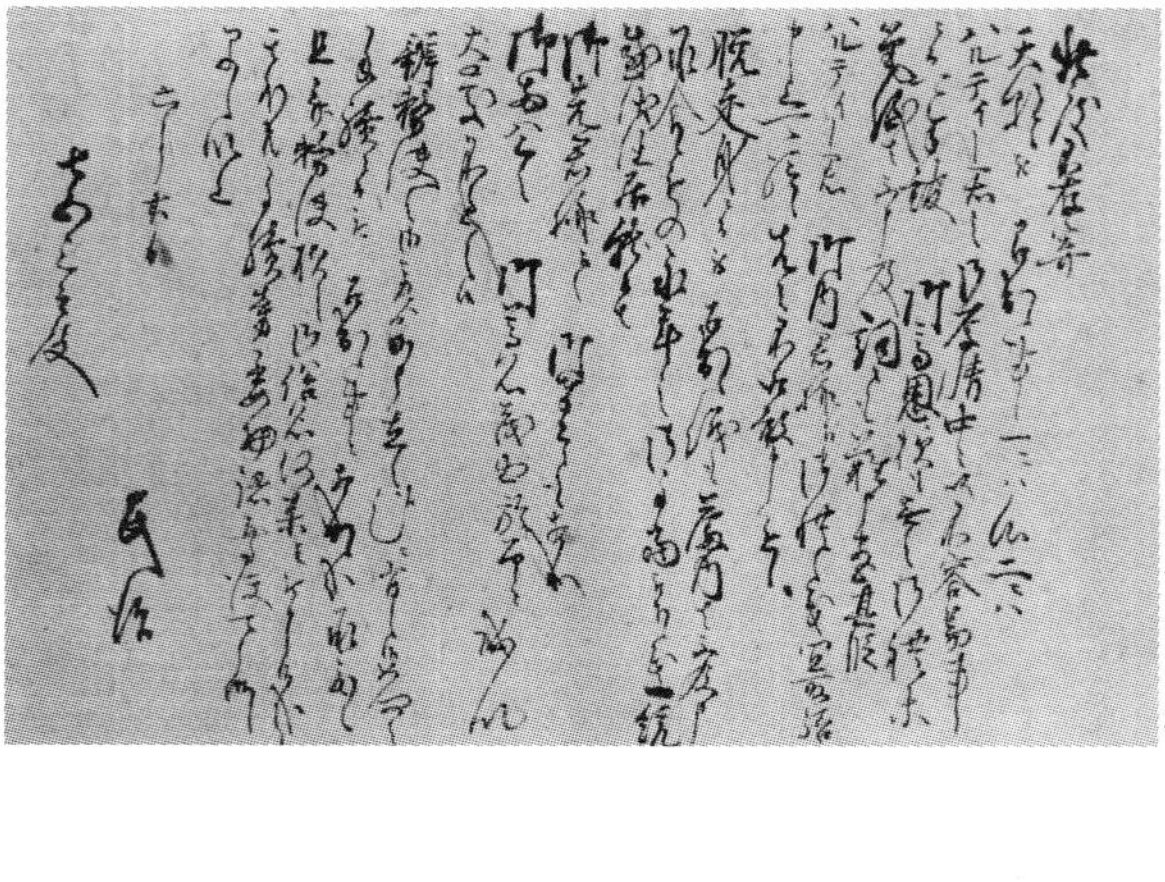

（明治四年六月二〇日付、新島民治からの書簡／〈目録下〉六四六番）

付の民治宛書簡まで、闕字を用いた書簡を送っている。

ところで、天皇は新島の罪を赦し、旅券と留学許可証を交付し、さらに、留学費用としての金子まで与えたのであるから、新島が民治宛書簡で表記する天皇には、藩士時代や闕字不使用を実践していた時期、さらに三ヶ月前の請願文起草時に較べても、一層強められた敬愛感情が込められていることも確かである。新島はこれらを父親に伝える際に、読み手である父親の心境や儀礼意識を配慮し、闕字を用いることで、喜びを共有しようとしている。

しかし、新島の文部大丞田中に対する闕字措置の意味は、天皇や新島家に対する場合とは、異なっているように思われる。

「森少弁［務］使之御頼みニ而合衆国之都城華盛頓迄官費を得て罷出候而、(闕字)　田中文部大丞と色々教育之義ニ付議論仕候処、田中公と大ニ議論も合ひ相談ニもなる可き人と見巡み候故、先此度は田中公と同道シ欧羅巴へ参り………………」（明治五年四月一日付、民治宛／三・九八／〈目録下〉一四番）

「都城華盛頓を去り(闕字)　田中文部大丞へ随行」（明治五年四月四日付、民治宛／三・一〇〇／目録下、一五番）

田中に対する闕字措置が用いられているのは、明治五年四月一日と五日付の民治宛書簡においてである。新島が、初めて田中に面会したのは、明治五年三月である。そして、その三月中には二人で施設見学に出かけたり、これからの日本での国民教育についても意見を交わしている（一〇・一三三〜一五三、参照）。その間の新島は、政教分離を唱えた田中を、「寛容な見解の持ち主」だと記し、また、「私は、彼に対して、特に日本にキリストの王国を広めるために、何か良いことをなし得るかも知れません。もしも私が彼に対して好意を示せば、彼は、私の将来の働きにとっての大きな援助となるかも知れません。」（三月一九日付、ハーディー夫妻宛／一〇・一四四／六・一〇四）、「理事官は完全な紳士であり、私を裏切ったりはしないと信じています。」（三月二〇日付、ハーディー宛／一〇・一四五）、「田中氏の心の中にキリストの王国を広め、従って日本にそれを広めるために、いくらかの働きができるのではないか」（三月二二日付、ハーディー夫妻宛／一〇・一四六）、「田中氏はアメリカの真の誇りと栄光を見抜くに十分鋭い人であるとおもいます。」（三月二八日付、ハーディー夫妻宛／一〇・一四八）、「田中氏と部屋を共にしています。彼の前で引続き朝夕の祈りをささげております。…………彼は信仰を告白する者ではありませんが、心の中ではもうほとんどクリスチャンといっていいのです。」（四月一〇日付、ハーディー夫妻宛／一〇・一四八）と、記述している。

新島のこれら田中評を見ると、新島の田中に対する敬意・期待というのは、具体的には、田中の政教分離を唱える開明性、田中が日本でのキリスト教伝道に役立つかもしれない、あるいは、もう少しで田中はクリスチャンになるのではないかという期待感である。だから、四月一日付と四日付の、田中との接触の様子を知らせる短い民治宛書簡では、新島の主観における偽らざる田中に対する敬愛・期待感が、闕字として表現されていると言える。

ところが、新島は同年四月七日付（三・一〇一／〈目録下〉三〇九七番）以降、五月三日付（三・一〇二／〈目録下〉一六番）、六月二二日付（三・一〇五／〈目録下〉一七番）、九月二九日付（三・一〇六／〈目録下〉三〇九八番）、明治六年一月二六日付（三・一〇九／〈目録下〉一八番）、三月一八日付（三・一一三／〈目録下〉二〇番）、一一月二三日付（三・一一七／〈目録下〉二二番）、明治七年一月一一日付（三・一二〇／〈目録下〉二三番）の各民治宛書簡でも、「田中文部大丞」という表記を用いているが、〈自筆〉を確認しても、これらの田中表記には闕字を用いていない。

また、新島は、明治五年四月七日付書簡では、「大人様御母様御姉様方御一統」に対しては闕字措置を行いながら、田中表記に闕字を用いないだけではなく、

「但シ欧行ニ付日本政府より被下候所の金少々有之、」（三・一〇一／前掲）

と、「天朝」とは表記しないで「明治政府」と闕字を用いないで表記している。

明治五年三月の新島は、「木戸氏は日本において最も実力のある人物の一人であり、将軍の専制的な政府を倒すための先の日本における革命にでは、最も傑出した役割を果たし、帝〈the Mikado〉の新しくより健康的な自由な政府

を樹立しつつある」（三月二二日付、to Mr.&Mrs.Hardy／六・一〇六）と、明治政府に対する期待感も述べている。

しかし、他方では、田中と接触し始めてから、新島は、ハーディーに宛てて、「日本政府のワナから自由な場所に自分を保つことこそが私の最良の策なのです。彼らは私とよい関係を保つでしょう。蜂蜜のような甘い言葉で私を招くでしょう。そしてはじめのうちはお傭いの召使いとして扱うでしょうが、その後徐々に私を支配していくかもしれません。…………私には十分に深く考えないで他人をあまりにもすぐに信じてしまう危険な傾向があるのです。」（三月二〇日付、to Mr.Hardy／一〇・一四四〜一四五）と、記している。

田中に随行したヨーロッパの教育視察が具体化するに従って、新島には明治政府の「ワナ」が次第に見えるようになり、視察先のドイツでは、政府の大学を設立しようとする田中の帰国要請を断り、再びニューイングランドに戻って来る（一〇・一七二、参照）。新島は、一時は田中に対して強い期待感を抱いたのであるが、やがてそれが罠であることに気付き、自分には、「十分に深く考えないで他人をあまりにもすぐに信じてしまう危険な傾向がある」と記しているように、田中に対する過剰な期待感を反省している。それが、新島が以後、田中への闕字使用を止めた理由だとみて、間違いないであろう。そして、その田中に対する不信感は、「明治政府」表記にも反射しているものと思われる。

以上のように、新島の父親宛書簡おける闕字復活を検討してみると、闕字使用そのものは、闕字不使用宣言からすれば原則違反なのであるが、読み手である民治への心遣い・思いやりである。その点では、明治四年六月の政府宛の請願文における闕字復活とは、新島の心理は異なっている。

民治宛書簡における闕字復活の意味は、以下のように整理することができるであろう。

①　民治をはじめとする家族に対する闕字は、新島の家族に対する変わらぬ敬愛を、読み手である父親らの価値意識・儀礼意識に合わせて表現したものである。(1)

②　天皇に対する闕字も、読み手である家族の価値意識・儀礼意識に合わせて表現したものであるが、それらの闕字には、新島に旅券、留学許可証、留学資金を与えた天皇に対する感謝の意が込められている。

③　文部大丞田中に対する闕字は、一時的な新島の過剰な期待感に基づくものであった。新島は、田中のキリスト教に関心がありそうな態度が、実は新島を政府のために使役する罠だと気づくと、直ちに闕字使用を止めた。

私たちは、このように整理した上で、さらに、闕字の意味に関する検討を、先に進めていくことにしよう。

注

（1）留学中の新島が明治四年から七年にかけて、父親民治宛書簡で、闕字を復活させていることは、彼の明治政府と良好な関係を維持しつつ将来の日本伝道を構想するという問題とは、次元を異にしている。新島は、弟双六の死去で力を落とし、新島の一日も早い帰国と藩務復帰を待ちわびている父親たち家族を励ますために、儀礼的規範をめぐる対立を回避し、闕字を復活させている。また、新島は、政府宛の「請願帰朝之書」や漢学の師でもあった飯田宛書簡では、新島の儒教との訣別を明示しているが、父親に対しては、それに言及する時期も遅く、訣別は控えめに表現されている。これらは、新島の父親ら家族に対する優しさによるものである。このような新島の精神態度には、身近な人間関係においては、原理原則を緩めてしまう、私たち日本人にありがちな、日本的思想の特質を指摘することができると思われる。この問題に関して、新島、内村鑑三、新渡戸稲造の比較論も大変興味深いものであるが、今後の研究課題としたい。

6　帰国後における闕字儀礼

［表1］を見ると、帰国後の新島も晩年まで闕字を使用している。闕字の対象となっているのは、天皇（明治天皇）とその政府や法令、政府関係者（京都府知事北垣と外務大臣井上）、民権家（板垣）である。これらの闕字措置には、如何なる意味があるのだろうか。

私たちは、まず天皇、および、その政府と法令に対する闕字の意味を考察し、その後で、政府関係者や民権家に対する闕字について、検討することにしよう。

［A］天皇関連表記に対する闕字儀礼の意味

帰国後の新島が用いる闕字の意味を考察する場合にも、私たちは、まず帰国から晩年までの新島が、天皇に関してどのような記述を行っているのかに注目し、新島の天皇観の内容が如何なるものであったのかを、検討することにしよう。

（A）　帰国後の新島資料に現れる天皇関連表記

私たちがこの問題を検討するためには、帰国後の新島が天皇に言及している記述の全てを拾い出し、そこで新島が述べている内容を総点検してみる必要がある。帰国後の新島が天皇に言及している記述には、次のようなものがある。

（なお、ここで、天皇に言及している記述として抽出しているのは、天皇、天皇の政府、天皇の行為や意思、さらに天皇家と天皇家の祀る神々の記述箇所である。皇国などの日本呼称は、明治四年六月の請願文においても闕字対象とはなっていないから、ここでは抽出の対象にしていない。また、観察の便宜のために、それら問題となる箇所には、サイドラインを付している。）

（明治一一年）

・「方今（闕字）明天子上ニ在、」「是独リ在上ノ盛意ニ負クノミナラス、」「既ニシテ王政維新百弊尽ク除キ、米国在留公使森有礼君ノ周旋ヲ辱シ［三因リ］（闕字）朝廷襄ノ犯律罪科ヲ免シ、之ニ加ルニ留学ノ費金ヲ賜ヘリ、襄固辞シテ受ズ、其後朝廷襄ノ不肖ヲ以セズ、襄ノ帰朝ヲ促ガシ、襄ヲ挙用セントスル事両回ニ及ヘリ、」「上ハ朝廷ノ大憲ヲ重シ下ハ同胞ノ交際ヲ敦フシ、」（二月二八日付、寺島宗則宛書簡／三・一五二〜一五三／〈目録下〉三四番、自筆なし）

（明治一三年）

・「髄テ亦教モ緩ニアリ、天照ス御神ヲ拝スルナリ」（一〇月二一日、於今治教会、「霊ノ学問ナカルベカラス」／二・三八五／〈目録上〉六八四番）

・「其後薩ノ西郷氏一ノ関［三］来ル。又新地ニ往キ高杉ニ会シ、力ヲ共［三］シテ王家ヲ助ル事ヲ議ス」（一〇月二三日、於下関、「日抄」五・九五／〈目録上〉六六八番）

・「方今明天子上ニアリ」（明治一三〜一四年頃、於京都第二公会、説教草稿「ダニヱルノ夢判断」二・二八〇／〈目録上〉六〇二番）

（明治一五年）

・「基督教ハ国害ヲ為ス者タ、如何トナレハ民権ヲ論シ皇室ヲ軽ス」（一月二九日、於京都第二公会、「改新の説」／

二・六五／〈目録上〉五四五番）

・「此家ハ天皇陛下ノ一泊シ賜ヒシ所ニテ、吾輩モ其ノ間［部屋］ニ於テ食ス。」（七月六日、於中津川、「日抄」／五・一四八／前掲）

・「此ハ天皇陛下御巡幸ノ節御休息アリ、御眺望アラセ賜ヒシ場所ナリ」（七月七日、於木曽福島、「日抄」／五・一四九～一五〇／前掲）

・「此天皇陛下御巡行ノ節行在所トナリシ所」（八月二三日、於米沢、「遊奥記事」／五・二一〇／〈目録上〉六七〇番）

・「已ニ昨十四年十月十二日ノ明詔ヲモ蒙リタレハ、吾人一日モ国会ノ準備ニ怠延シテ可ナネベケンヤ、抑国会ノ如キハ我（闕字）天皇陛下モ早晩之ヲ開設スルノ御旨ナキニハアラサレドモ、人民ノ切ニ願望セシ所ヨリ遂ニ彼ノ明詔アリシニ至リシナラント推考スレハ、吾人明治ノ民タルモノ其ノ大任ニ当ルノ人物ヲ養成シテ大政ニ参与セシメサレハ吾人ハ実ニ天皇陛下ノ罪人ト云ヘキモノナリ、吾人此美世ニ遭逢シ此ノ大任ヲ負担シナカラ、猶予不断国会開設ノ期ニ至ルモ尚準備ヲ怠リ、人物ハナシ人物ハ乏シト云テ其ノ任ニ適応スルノ人物ヲ撰挙セズ、随テ上ハ（闕字）天皇陛下ノ叡慮ニ叛キ奉リ、下ハ自身ノ頭上ニ不幸ノ暗雲ヲ惹起セシメハ嗚呼夫レ誰ノ過チソヤ」（明治一五年一一月七日、「同志社大学設立之主意之骨案」／一・二九／〈目録上〉七番）、「上ハ（闕字）天皇陛下ノ叡慮ヲ慰メ奉リ下ハ同胞ノ幸福ヲ来タシメ、朝ニ圧抑ノ政ナク野ニ不平ノ民ナク上下各其ノ宜ヲ得、人々各其ノ分ヲ楽ミ共ニ進ミ共ニ勤テ一日モ早ク我カ東洋ニ真ノ黄金世界ヲ顕出セシメント欲スルナリ」（同／一・三二／同

・「辱ナクモ我カ（行頭）叡聖ナル天皇陛下ニハ、昨年十月十二日ノ明詔ヲ以テ明治廿三年ヲ期シ君民同治ノ緒ヲ開カセ賜ヒシハ、」（明治一五年、「同志社大学設立ヲ要スル主意」／一・四六／〈目録上〉九番）

・「又已ニ昨十四年十月十二日ヲ以、来二十三年ニ至レハ国会ヲ設ケラルベキ明詔ヲモ蒙リシハ我国未曾有ノ大美事

ト云ヘクシテ、」、「遂ニ二十四年十月十二日之明詔アルニ至リシ事ト推考スレハ、」、「我天皇陛下ヲシテ叡慮ヲ慰メ奉、朝ニハ圧［カ］抑制法ナク、郷ニ不平念怨ノ民ナク、」（一一月、「同志社大学設立之主意」／一・四一〜四二／〈目録上〉八番）

（明治一六年）

・「岐阜ノ由来

村上天皇　多田満仲

嫡子頼光

頼信

後醍醐天皇　土岐頼貞

正親町之御宇　斎藤龍興」（三月一二日、於岐阜、「日抄」／五・一七一／前掲）

・「南北ノ乱、南朝ノ天子ノ潜伏セシ家アリ」（日付不詳、於大和五条、同／五・一七七／同）、「此家ニ、帝ノ持チ賜ヒシ笛、又楠氏の劔、其ノ外旗数旒アルヨシ。近比天子ヨリ杯子三ツ、一二百円ノ保存金ヲ賜リタルヨシ」（日付不詳、同／五・一七八／同）

・「其処ニ一社アリ三柱ノ神ヲ安置シ奉ル、乃チ

地神第四代彦火々出見尊

豊玉姫命

彦波歛武鸕鷀艸葺不合尊

是乃チ人皇最神神武天皇ノ父

三十一代敏達天皇の比ヨリ大内ニ祭リシニ、用明ノ比ヨリ此地ニ移ス、爾来百四十年ヨヲ経タリト」（八月一九

日、於山中温泉、「出遊記」／五・一三七／〈目録上〉六七一番）

（明治一七年）

・「私塾ノ生徒モ矢張聖天子ヲ仰キ明政府ヲ戴クノ臣民タケハ公平無偏ノ律令ヲ垂賜ヒ、私塾ニアル生徒ヲシテ官立府県立学校ノ生徒ト同一ノ徳沢ニ霑被セシメ［レ―筆者挿入］ハ私塾ニ従事スル生等雀躍感泣ノ至、邦家ノ為明天子ノ為「必ラス卒生ノ力ヲ出聖恩ニ報ユル所アラント」」（一二月、［改正徴兵令ニ対スル意見書（A）］／一・八四／〈目録上〉一一二番）

・「敬テ改正徴兵令ヲ拝読シ（闕字）此令ノ旨趣ノ在ル所ヲ察スルニ、其尚武ニ出テ国民皆兵タルノ典謨ニシテ、外ハ外侮ヲ禦キ内ハ非凶ヲ懲シメ天下ヲ泰山ノ安キニ置キ、（行頭）聖朝ヲ万歳ノ永ニ栄ヘシ［メ］テ、四海波濤ノ太平ニ維持スル［（行頭）叡（明ナル天皇陛下）断―筆者挿入］良策［の基礎―筆者挿入］ニアラ［ズ］シテ何ソ、又此令中、、ノ如キ官立大学、府県中学ノ生徒ニ賜タル特典ヲ見レハ、只ニ尚武ノミナラス又文学ヲ重セラル、ヤ照々乎タリ、是レニヨリ思考スレハ我賢明ナル政府ノ規模ハ甚重甚大ニシテ、一ハ陸海軍ニ皇張シ国威ヲ東洋ニ輝リ、他ハ文学ヲ隆興シ人民ノ元気ヲ養ハル、如、文武ヲ張リ左右翼ト為シ治国ノ具トナシ賜フ事嗚乎盛ナル哉」（一二月、［改正徴兵令ニ対スル意見書（B）］／一・八五／〈目録上〉一一三番）、「今ヤ賢明朝ニ満チ草奔ノ一士タ［ル］モ其ノ意見ヲ明朝ニ吐露シ得ルノ隆世ニ逢迎シタレハ、意見アリ之ニ之ヲ庇蓋シ遺憾ナク之ヲ吐露セサレハ、嚢ノ如キハ明朝ノ恩沢ヲ蔑却スルノ罪ヲ免カ［レ］ス、却テ不肖ヲ顧ミス敢テ陳述スル所アラントス、」（同／一・八六／同

・「私塾ニアル修学スルノ書生モ矢張大日本天皇陛下ノ臣民ナレハ（中略）邦家ノ為明天子ノ人才ヲ陶冶ニ竭ス所アラントス」（一二月、［改正徴兵令ニ対スル意見書（C）］／一・八八／〈目録上〉一一四番）

・「（ザヴィエル）京師ニ来ル、天子ニ拝謁ヲ乞フ、」（一二月一四日、於東京、「出遊記」／五・一二五七／前掲）

・「世間人々、新聞記者、民権家、廟堂之人々、」（一二月二四日、於京都第二公会、「目ヲ挙ゲテ見ヨ」／一一・一七

五／〈目録上〉五六三番）

・「世間ノ人々モ新聞記者モ民権家ノ率先者モ廟堂ノ人々ニモ、」（年月日不詳、［伝道］、／二・三二〇／〈目録上〉五五八番／〈目録上〉三八頁には、明治一六年七月神戸教会とある）

・「政府ノ急務ハ基督教ヲ公認シ、天皇陛下モ一夫一婦ノ制ヲ初賜フニアリ」、「天皇自カ［ラ］属シ賜フ教会勿カルヘカラス」、「王家万歳」（明治一七年二月、「条約改正ヲ促スノ策」／一・四五二～四五三／〈目録上〉七一四番）

・「基督教ハ決シテ当時我カ邦ニ於テ□□スル民権論者ニ左担スルモノニアラス、該教ノ主張スル処ハ乃チ自己ノ権ヲ全スルハ勿論ナルモ、忍テ他人ノ権ヲ全セシメント期ス、天皇陛下ニ天皇陛下タルノ権、政府ニ政府タルノ権アリ、該教ノ信臣ハ此□ヲ転覆シ其ノ権ヲ奪取スル□ノ志操ハ毛□抱カサルベシ。他年邦家ノ為政府ノ為尽力スルモノハ該教臣ヨリ必ラス輩出スベシ。基督曰シーサノヲシーサニ返シ神ノモノ神ニ返スヘシ」、「天皇陛下自ラ率先シ一夫一婦ノ制ヲ立テ賜フニアリ」、「天皇自ラ外国ニ幸シ基督教ヲ修メ洗礼ヲ受ケ賜フニ至ラハ非常ノ影況ヲ与ベシ」（明治一七年二月、「条約改正ヲ促スノ策」〈全集〉には掲載されていない／〈目録上〉六七八番／［写真62］）

・（英文）「やがて先の革命が勃発し、その結果生じた事態は、私達の目にとってさえ、きわめて信じられないことであった。将軍の専制的政府は打倒され、帝〈the

［写真62］

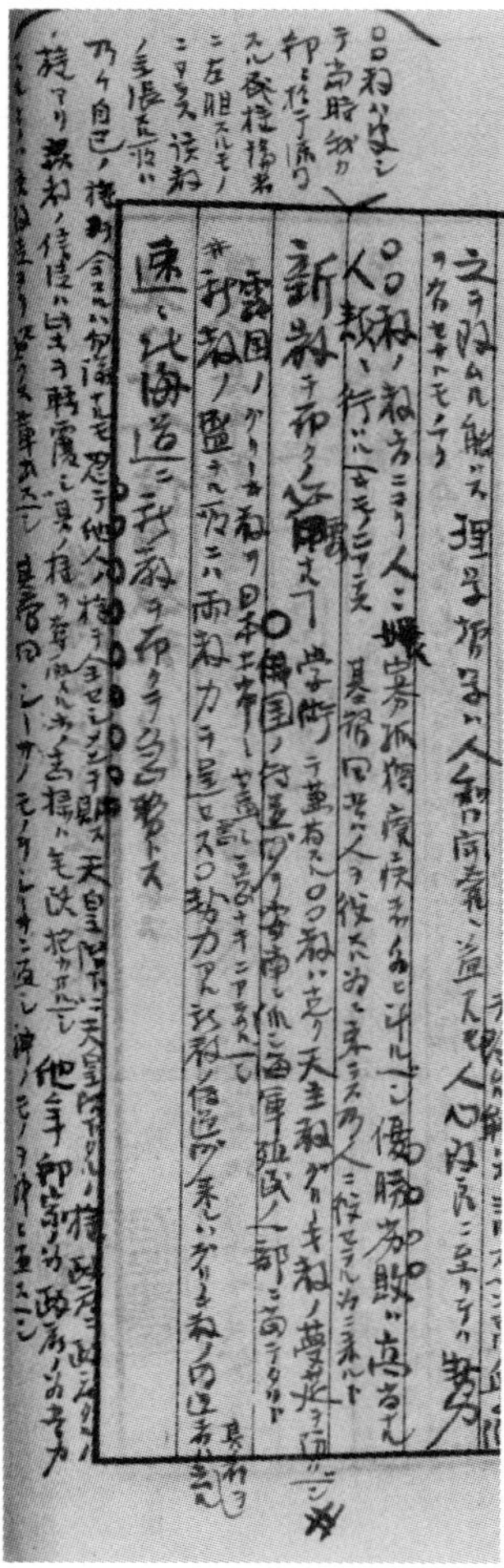

（明治一七年二月、「条約改正ヲ促スノ策」／〈目録上〉六七八番）

Mikado〉の統治権が、現皇帝である神聖なお方〈the sacred personage of the present Emperor〉の上に復興された。帝〈the Mikado〉のために戦い、また外国人を沿岸から締め出すことを決定した、あの高慢な知識人達は、直ちに彼らの見解を改め、西洋文明の最も熱心な鼓吹者へと変身した。

進歩のための大変大きな障害になってきたと思われる攘夷精神が、これらの志士達によって打ち砕かれた。国事は、全く異なった基礎の上に、行なわれ始めた。熱心で有能で先見の明のある愛国者達が、皇帝〈the Emperor〉によって任命され、統治的業務を分与された。帝国内閣が樹立され、八つの大臣職が制定された。全ての封建的な大名達は、彼らの財産を、国民の共通善のために、帝国政府に差し出した。高慢な武士達（封建的な封臣達、または家臣達）は、彼らの特権であった二本の刀を、放棄するように命じられた。

社会のアウト・カーストであったエッタ達は、一般の人々の内に数えられることが赦された。」（在米中、「日本伝道促進についての試案」／七・三四六〜三四七）、「彼ら［京都の著名な市民たち］は、一八九〇年までに私たちの学校と関連して、いくつかの専門講座を設置するための充分な資金を提供することに合意した。その年には、私たちの皇帝〈our Emperor〉が、かねてより彼が彼の臣民たちに宣約しているように、私たちの憲法を作ることになっている。」（同／七・三五〇）、「彼ら［武士］こそが、将軍の専制的な政府を打倒し、長く隔離されていた帝である神聖なお方〈the sacred personage of the long secluded Mikado〉へ、統治権を回復したのだ。」（同／七・三五六）、「日本において、あなた方の使節が大変な成功をおさめてきた主な理由は、あなた方使節団が、伝道を開始した早い時期に、人口の密集した帝国の心臓部、つまり、神聖な帝〈the sacred Mikado〉の古い都に、トレーニング・スクールを開設したことにある。」（同／七・三五七）

・「数年前、彼ら［指導層］は、憲法を要求する声を上げ、すでに皇帝〈the emperor〉から、一九八〇年にそれが彼らに与えられるという約束を獲得している。」（「日本におけるキリスト教主義高等教育のためのアピール」／七・三五九）、「だから、その同じ年に皇帝〈the emperor〉が私たちに憲法を与えるとき、私たちは、私たちの政治史の最も驚くべき時期を記念すべき大学を設立しているかも知れない。」（同／七・三六五）

（明治一九年）

・「楠正成ハ（空字）後醍醐帝ニ知ラレ天下ノ兵事ヲ任セラレ、遂ニ其ノ為ニ死ス」（五月三〇日、於仙台、「愛トハ何ゾヤ」／二・一七九／〈目録上〉五六五番）

・「日本ノ天子壱人［二］其ノ一身ヲ抛チシ楠氏カ南朝ノ回復ヲ計ラ［レ］シ其ノ熱心」（一〇月三一日、於同志社教会、「御国ヲ来ラセ賜ヘ」／二・一九八／〈目録上〉五七〇番）

（明治二〇年）

・「明日ハ弥々（闕字）至上ニも御着京ニ付同志社之生徒ニハ奉迎ニ出懸ル事ニ相成」（一月二五日付、新島公義宛／三・四四〇／〈自筆〉なし）

・「一本日（闕字）聖上皇后入御ニ付、奉迎之為め休課」（一月二六日、「同志社記事（社務第十八号）」／一・二七三／目録には該当なし、〈自筆〉未確認）

・「先日来（闕字）至上の御来輦ニ付、京都ハ随分ニギヤカナリ」（二月九日付、増野悦興宛／三・四四五／〈自筆〉なし）

・「昨朝ハ（闕字）至上ニも御出発」（二月二一日付、新島公義宛／三・四四七／〈目録下〉一四三番）

・「人力車ヲ飛ハセ参候所、豈図ラン皇大［太］后皇后様御帰着ト申ス事ニテ、人力往来止ヲ受ケ歩行シテ参上スルモ時間ナク、不得止事ステーションニ参リ」（三月一五日付、伴直之助宛／三・四五三／〈目録下〉一四六番、〈自筆〉未確認）

（明治二一年）

・「抑桓武天皇ガ、都ヲ此ノ地ニ遷シ」（四月一二日、於京都知恩院、「私立大学ヲ設立スルノ旨意、京都府民ニ告ク」／一・一二七／〈目録上〉には該当なし）

・「此ノ大小ハ後醍醐帝ノ御差料ナリ」（六月六日、於鎌倉、「漫遊記」／五・三四一／〈目録上〉六七五番）

・「且朝ニ在テ両伯丈ケハ」（七月一〇日付、大隈重信宛書簡／三・六〇三／〈目録下〉三一一三番）

（明治二二年）

・（英文）「二月一一日に、私たちの初めての憲法が、私たちの皇帝〈our Emperor〉から彼の家臣［たち］に公布されました。第二八条には、宗教的自由が認められています。（中略）このことは、グリーン博士が日本に到着して以来、どんなに早く、この国が前進してきたかを証明しています。」（二月一三日付、to Dr.G.N.Clark／六・三五〇）

・「紀元節ニ際シ我
（行頭）明聖ナル
（平出）天皇陛下ニハ、其ノ臣民ニ欽定憲法ヲ賜ハル」（二月一一日、「漫遊記」／五・三八四／前掲）

・「同志社全校より憲法発布之祝文ヲ
我カ
天皇陛下ニ奉ルノ事ニ関シ一昨日之ヲ賛成申」（二月一五日付、広津友信宛／四・五二／目録の整理番号は未確認、〈自筆〉なし）

・「　慎テ
（平出）憲法発布ヲ祝賀ス」（二月一六日付、井上馨宛書簡／四・五四／〈目録下〉三〇六九番）

しかし、〈全集〉では、

・「御互ニ

（平出）憲法発布ヲ祝賀ス」（二月、新島公義宛書簡／四・六二／〈自筆〉なし）

・「廟議未定国歩退　英雄不起奈神州」（一一月二三日付、横田安止宛書簡／四・二四五。一二月、「漫遊記事」／五・四〇五／〈目録上〉六七六番）

（明治二三年）

・「廟議未定国歩退　英雄不起奈神州」（一月一五日付、青柳［新米］宛／四・三三七）

（明治？年）

・「王家ノ保護人　国家ノ柱石」（年月日不詳、於華族会館、「我如何ニ此ノ活動社会ニ処スベキヤ」／一・四五五）

・「且其の己に勝れるを知り之を尊ひ神となし天照御神と申して」（「上帝論」／二・二九二／〈目録上〉六四九番）

・「母ノ愛　雪中ニ死ス　後醍醐帝〇独乙帝〇母ノ泣く」（年月日不詳、「愛ノ力」／二・四六一／〈目録上〉六二六番）

・「母ノ愛　雪中ニ死ス　後醍醐帝　独乙帝
楠公　　負傷兵卒」（年月日不詳、「キリストノ愛（B）」／二・四六五／〈目録上〉六三〇番）

以上が、帰国後の新島が書き残している天皇に関する記述である。帰国後の新島は、政府関係者（寺島、大隈、井上）への書簡、同志社教会での説教草稿、私的な記録帳、国民へ同志社大学設立の協力を訴える趣意書草稿、政府宛意見書、アメリカの信者たちに大学設立の協力を訴える文章、新島の弟子たちへの書簡などで、天皇に言及している。

これらの事例の中には、天皇に対する新島の意味理解を示す記述もあれば、そうでない場合もある。だがともかく、これら摘出した事例の多さは、新島の天皇に対する関心の高さを如実に示している。

新島は、天皇家の祖先神の内、天照大御神と神武天皇から遡る三柱の神名を表記しているが、天照に関しては、慶応三年三月二九日付の民治宛書簡では、「天照宮も八幡宮も春日大明神も矢張我々と同しく独一真神より造を受たる人間」（三・三七）と記していたが、帰国後の説教では、「日は一切神にあらす吾輩の住居所の地球と同物にして、独一真神より造を受たる一星」（「上帝論」／一・二九三）と記しており、アマテラスが太陽であるとすれば、その神としての存在は否定されている。しかし、「彦波歛武鸕鷀艸葺不合尊」については、「是乃チ人皇最神神武天皇ノ父」と記して、神武との父子関係を認めている。

私が摘出した事例の中には、明治天皇と後醍醐天皇に関するものは別として、英文の中の「帝〈the Mikado〉」、歴代の天皇名（村上、神武、敏達、用明、桓武）、「天子」（後奈良天皇）、「王家」「皇室」などを記述しているものがある。しかし、新島は、これら表記の意味内容に関しては何も記述していないし、繰り返し言及されていることもない。藩士時代の新島は「我履中天皇」と表記し、何程か天皇との一体感を表記している場合があったけれども、帰国後のこれら表記には、「我」を冠した場合もない。

しかし、明治天皇と後醍醐天皇を表記する場合には、他の天皇関連表記を記述した場合とは異なっている。新島は、後醍醐天皇については、「後醍醐天皇」「南朝ノ天子」「帝」「後醍醐帝」「日本ノ天子」などと、何度か言及している。これらには、他の天皇と較べれば幾分か異なる表記がある。しかし、やはり一体感や敬意までが示されているとは言えない。

ところが明治天皇については、「明天子」「在上」「天皇陛下」「我天皇陛下」「我カ叡聖ナル天皇陛下」「天子」「聖天子」「大日本天皇陛下」「天皇」「現皇帝である神聖なお方〈the sacred personage of the present Emperor〉」「皇帝〈the Emperor〉」「私たちの皇帝〈our Emperor〉」「神聖な帝〈the sacred Mikado〉」「皇帝〈the emperor〉」「至上」「聖上」「我明聖ナル天皇陛下」と表記し、また、明治天皇の政府を「政府」とは記さないで、「王政」「朝廷」「朝」「聖朝」「明朝」「廟議」などと、天皇の存在を連想させる表記を用いている場合もある。

これら表記の中には、「天皇」「皇帝」「朝廷」「朝」「帝」「天子」「廟堂」「廟議」のように、表記自体には天皇への敬愛や一体感が示されていない場合もあるけれども、「明」「陛下」「我」「我カ叡聖ナル」「聖」「大日本」「私たちの〈our〉」「神聖な〈sacred〉」「我明聖ナル」などの語を用いることで、天皇表記そのものの中に一体感や敬意が込められている場合もある。

さらに新島は、明治天皇と人民の関係について、記述している場合もある。

「上ハ朝廷ノ大憲ヲ重シ下ハ同胞ノ交際ヲ敦フシ、」（明治一一年二月二八日付、寺島宗則宛書簡／〈自筆〉なし）

「上ハ（闕字）天皇陛下ノ叡慮ニ叛キ奉リ、下ハ自身ノ頭上ニ不幸ノ暗雲ヲ惹起セシメハ嗚呼夫レ誰ノ過チソヤ」（明治一五年一一月七日、「同志社大学設立之主意之骨案」）

「上ハ（闕字）天皇陛下ノ叡慮ヲ慰メ奉リ下ハ同胞ノ幸福ヲ来タシメ、」（同）

「天皇陛下ニ天皇陛下タルノ権、政府ニ政府タルノ権アリ、該教ノ信臣ハ此□ヲ転覆シ其ノ権ヲ奪取スル□ノ志操ハ毛□抱カサルベシ。」（明治一七年二月、「条約改正ヲ促スノ策」、〈目録上〉六七八番）

これらの記述の中には、外務卿寺島宛書簡や、大学設立趣意書など、政府関係者や一般国民を読み手として書かれているものもあるが、キリスト者を対象にした演説草稿として書かれたものもある。これらの記述は、新島が、天皇を明治国家を統治する皇帝として容認しているだけではなく、心から敬愛していることも、明示的に述べたものと見なすことができる。

しかし、そうであっても、新島は、天皇を「朝廷」とも「天皇陛下」とも表記しているし、闕字を用いている場合も用いていない場合もある。それはなぜだろうか。これらの問題に関しては、後ほど改めて検討することにしたい。

（B）天皇に対する敬意の意味

では、新島は、敬意や一体感を示すような天皇表記を使用して、天皇に関して、何を述べているのであろうか。私たちは、新島の記述内容に注目し、敬意や一体感の中身を、さらに詳しく検討してみよう。

〔1〕明治一一年二月二八日付、寺島宗則宛書簡

まず、帰国後の新島資料の中で、最初に「明天子」という天皇表記が現れる、明治一一年二月二八日付の寺島宛書簡に注目してみよう。新島が、この書簡を起草したのは、「外務省ヨリ女教師両名寄留ノ免状ヲ下付セラレン」（三・一五三）ためである。新島は、明治一〇年に女学校を設立し、一一年一月九日、京都府に対して居留免状の申請をした。ところが、一二日に新島自ら府庁に出向き督促すると、「外務本省ヨリ未下附セラレン」（三・一五三）と言われ、それから一〇日余り待ってもまだ許可が下りない。新島には、英学校開設の際に提出した「私塾開業願」については、「八月東京ニ趣ク、田中「不二麻呂」文部大丞、九鬼隆一ノ二公ノ尽力ニヨリ事速ニ成ル「学校設立ノ許可ヲ蒙ムル（三日間ニ許可ス）」（明治一五年一一月、「同志社学校設立ノ由来」／一・三五）と記しているように、申請から三日で許可されたという経緯があるから、この度はどうしたことかと、直接寺島に書簡を書いたのである。[1]

この書簡は、内容的には三部構成になっていて、第一部は挨拶、第二部は密航から女学校設立の経過、第三部は、居留免状の督促である。「明天子」表記は、第一部の挨拶を記述した部分に現れる。

「西京同志社員新島襄謹テ（闕字）外務卿寺島公ノ閣下ニ白ス、襄草奔ノ一寒生未タ嘗テ閣下ノ謦咳ニ接セズ、而テ唐突一書ニ威厳ヲ冒涜ス罪タル甚タ大なり、伏テ願クハ閣下江海ノ量、襄ノ狂妄ヲ包容シ幸ニ一覧ヲ終ヘヨ、方今（闕字）明天子上ニ在、群賢之ヲ輔翼シ鋭意治ヲ図リ、夜以テ日ニ継キ国ヲシテ文明ノ国タラシメ、民ヲシテ文明ノ民タラシメ

〔ン〕ト欲ス、真ニ所謂千〔載〕ノ一隅絶テ無クシテ、而テ僅ニ有モノ之カ下タルモノ固ヨリ当ニ盛意ヲ奉戴シ、苟モ未タ其平ヲ得サルモノアラバ務テ之ヲ当路諸賢ニ申明シ、以テ其耳目ヲ疎通スベキナリ、然リ而テ下民卑屈習テ以テ性ヲ成シ、縦ヒ平ヲ得サルアルモ敢テ申請スル能ハズ、諸賢ヲシテ聡明或ハ見ル塞ルアシメ、志士ヲシテ或ハ憂鬱ニ呻吟セシムルニ至ル、是独リ在上ノ盛意ニ負クノミナラス、又之ヲ国ノ蟊賊ト謂ヘキノミ、襄不肖ト雖モ甘敢テシテ国ノ蟊賊タラズ、敢テ一言ヲ閣下ニ呈シ、閣下ノ聡明ヲシテ壅塞スルトコロナカラシメント欲ス、閣下幸ニ察ヲ垂レヨ」（明治一一年二月二八日付、寺島宛／三・一五二／〈目録下〉三四番、原本は存在するが、新島自筆ではない）

新島は、まず、「外務卿寺島公ノ閣下」に対して闕字を用いつつ、面識のない寺島宛に突然書簡を送ることを丁重に詫びながらも、寺島がこの書簡を最後まで一読するように促している。

新島は続けて、「方今（闕字）明天子上ニ在、」と記し、最後には、「敢テ一言ヲ閣下ニ呈シ、閣下ノ聡明ヲシテ壅塞スルトコロナカラシメント欲ス、閣下幸ニ察ヲ垂レヨ」と記しているように、新島の寺島に書簡を読ませるための記述は、その後も続いている。

新島は、まず、「方今（闕字）明天子上ニ在、」と記し、続けて、「群賢之ヲ輔翼シ鋭意治ヲ図リ、夜以テ日ニ継キ国ヲシテ文明ノ国タラシメ、民ヲシテ文明ノ民タラシメ〔ン〕ト欲ス、」と記している。この記述は、明治四年の請願文にある、「（行頭）天皇頗賢明傑才を挙用し草蘆の士ニ至る迄も尽く其所志を得其所長を呈するを得し」という記述と、一見似ているようにも見える。

しかし、請願文では、「天皇」が「頗賢明」であり、「傑才を挙用し」新島の下に派遣したと、天皇自身の行為を記述していたが、この寺島宛書簡では、「方今（闕字）明天子上ニ在、」と、天皇は在位していることを示し、続けて、「群賢之ヲ輔翼シ鋭意治ヲ図リ、夜以テ日ニ継キ国ヲシテ文明ノ国タラシメ、民ヲシテ文明ノ民タラシメ〔ン〕ト欲ス」と記している。新島は、この書簡では、天皇の官吏である寺島を意識して、「群賢」たちによる政治の方をクローズ・アップしている。私たちの進めてきた、新島における闕字復活の仕方を前提として考えれば、これら「外務卿寺島公」と「明天子」への闕字措置は、おそらく、新島自身の意図に基づくものなのであろう。新島は、天皇の官吏である寺島の価値意識・儀礼意識に合わせた表現を用い、また、「群賢」の一人たる寺島を、善政を実施する主体の一人として褒め上げ、寺島の意に沿うような「表記」を用いて、寺島の心を動かそうと苦心している。だから、この文章は、主要には寺島「対策」文であると言える。

新島の文章は、さらに続く。新島は、明治天皇が即位して、「群賢」たちが「補翼」となって日本の文明化に取り組み始めたことは、千載一遇のチャンスであり、この時期に及んで、「下タル」人民も、「在上」（＝天皇）の「盛意ヲ奉戴」すべきだと言う。では、新島の言う「在上ノ盛意」とは何か。それは、人民の中で不満のある者は、意見を述べ政府の諸賢と「疎通」しあうべきことである。そうではなくて、人民が卑屈をもって性となし、不満があっても訴えず、政府の諸賢の方も、志士の意見に耳を傾けず、志士をして憂鬱に呻吟させるようなことがあれば、そのようなことは、天皇の「盛意」に反することであり、国賊に価する行為だと言うのである。

新島の念頭には、「日々臨(平出)御万機(闕字)御親裁被(闕字)仰出、就而者百官有司、質素簡易ニ原き、至正公平を旨とし、同心戮力、益可励忠勤、尤御為筋存付候儀者、何事ニよらす不憚忌諱、正義直諫可至様(闕字)御沙汰候事」という、明治二年二月九日付の民治からの書簡の記述も、念頭にあるのだろう。明治一一年の新島が見るところ、天皇とその官吏たちは、宣言を実践しつつあり、この好機を逃さず、人民の一人たる新島も、天皇の「盛意」に従い、外務卿に対して率直な意見を述べるというのであり、外務卿の方も、「盛意」を奉戴するものとして、新島の書簡を通読すべきだと述べている。

つまり、新島は、この寺島宛書簡では、明治天皇を、

① 「群賢」を「補翼」として善政を行っている皇帝

② 日本国とその人民を「文明ノ国」「文明ノ民」へ導きたいという意思をもつ皇帝
③ 人民が忌憚なく政府に意見を申し出ることを望む皇帝
という、三つの意味で「明天子」と表記している。

注

（1）この外国人女教師寄留許可の申請に関して、詳しくは『同志社百年史　通史編1』（学校法人同志社、一九七九年）、二〇三～二〇四頁、参照。

［2］明治一四年頃、京都第二公会における説教草稿、「ダニエルノ夢判断」

次に、年月日は不詳であるが、明治一三年から一四年の頃に起草された、同志社内の教会で行った説教の草稿を検討しよう。この草稿は、新島の自筆が残されており、新島は、

・「方今明天子上ニアリ」（明治一三～一四年頃、「ダニエルノ夢判断」／二・二八〇／〈目録上〉六〇二番／〔写真63〕）

と記している。この記述は、明治一一年の寺島宛書簡の場合とよく似ている。しかし、この説教草稿では、寺島宛書簡の場合とは異なり、この記述の後に、天皇を「補翼」する「群賢」たちのことは、記述されていない。そして、次行からは、

「浮薄」「偽詐」「淫乱」「無神論者ノ学術」「無神ノ民権無神ノ自由」「壱個人ヨリ社会ヲ蚕食ス」（同／二・二八〇／同）

の語句を列記し、さらに、それらの語句の下方には、

「金像ヲ立テ人民ヲ強拝セシメ、敢テセサレハ之ヲ烈火中ニ投スルノ挙ナク、且国王ヲ拝セサル者ハ獅洞ニ投スルノ命モ発セサレト□テ烈火ハ国中ニ蔓延シ、叫回ル大獅子ハ国中ニ出没シ、殆ト我愛スル同胞ノ兄弟ノ霊魂殺尽シテ永死ニ至ラシムレハ、壱人出テ此等ノ風説［カ］ヲ揚［カ］ケ、学者ヲ論破シ醇樸ノ風ヲ起シテ、此人民ヲ烈火ト暴獅子ロヨリ救フ者ハ出テサルヤ、壱人ノタニヱル克［ク］バブロン国王ヲ恐怖セシメ、七十年間囚人ヲ保護シテ遂ニ本国ニ帰ラシメ［タ］リ」（同／二・二八〇／同）

と記述している。

［写真63］

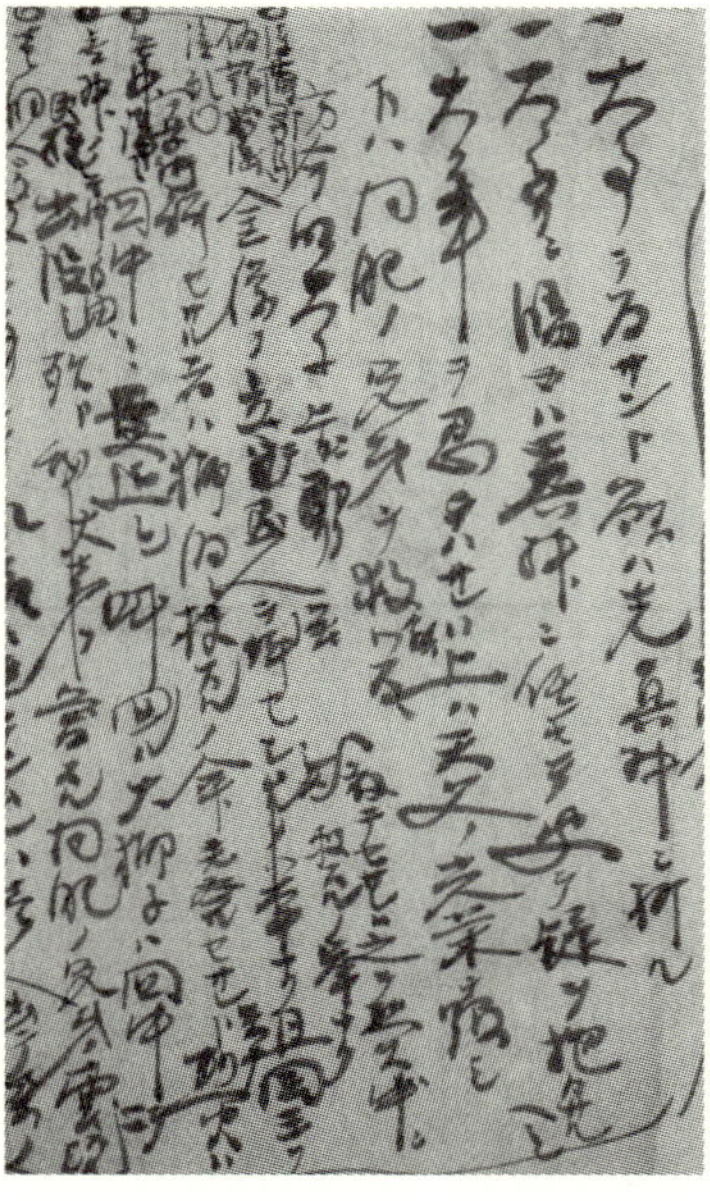

〈明治一四年頃、「ダニヱルノ夢判断」〉／〈目録上〉六〇二番）

新島は同志社の学生たちに、明治国家には、「明天子」が在位していることを伝えようとしている。だが、ここでは、明治一一年の寺島宛書簡の場合とは異なって、「群賢」が天皇の「補翼」となり、日夜、人民を文明へと導くために奮闘しているなどとは、記述していない。書かれている事態は逆である。新島は、「明天子」が在位しているにも拘わらず、天皇の意思を奉戴し人民をリードすべき知識人たちは、無神論に犯され、彼らによって不道徳は烈火のごとく社会に蔓延しつつあり、救済すべき人民の霊魂を死滅させようとしていることを、学生たちに訴えている。新島は、同志社の教会に集う学生たちに、明治国家には、バビロン王ではなく「明天子」が在位していることを伝え、このチャンスにおいて、無神論や不道徳をまき散らしている知識人たちを、「暴獅子」に譬え、同志社の信者たちが

熱い信仰を抱き、それら暴獅子たちを論破し手なずけるような、第二、第三のダニエルへと成長するように促している。

すなわち、この説教草稿で新島は、明治天皇を、

④　同志社に集うキリスト者を弾圧せず、保護・援助の手を差し伸べるべき皇帝

という意味で、「明天子」と表記している。

だが、実際の「明天子」は、官僚たちに操られ、バビロン王と違わないという恐れも、裏面に示されている。新島は、この説教草稿と類似な別の草稿も残しているが、そこには「方今我日本ノ如キハ欧米諸国ノ文明ノ風潮ニ動揺サレ、」（明治一四年四月、「義人ノ祈」／二・四八）とあり、「明天子」は表記されていない。だから、このようなキリスト者を保護・援助する皇帝という意味での明治天皇観は、微かで予感的なものだったのかもしれない。

[3] 明治一五年、同志社大学設立の趣意書草稿

新島は、明治一五年の同志社大学設立への協力を訴えるための三本の趣意書草稿の中で、「我天皇陛下」「天皇陛下」「我カ叡聖ナル天皇陛下」などの、明治天皇に対する表記を用いている。新島は三本の草稿の中で、合計六箇所で「天皇陛下」と表記している。その内の一箇所は、次のようなものである。

「大学設置ノ如キハ国会ノ準備ノミヲ以テ目的トスルニアラス、普ク諸学科ヲ設ケ製造、殖産、商法、貿易、経済、文学等ヲ振興セシメ、又風俗ヲ教化一新シ人種人心改良ノ点ニ至ル迄関スル所アラントシ、我カ同胞ヲシテ維新ノ民タル品格ニ叛カサラシメ我カ日本ヲ泰山ノ安ニオキ、上ハ（闕字）天皇陛下ノ叡慮ヲ慰メ奉リ下ハ同胞ノ幸福ヲ来タシメ、朝ニ圧抑ノ政ナク野ニ不平ノ民ナク上下各其ノ宜ヲ得、人々各其ノ分ヲ楽ミ共ニ進ミ共ニ勤テ一日モ早ク我カ東洋ニ真ノ黄金世界ヲ顕出セシメント欲スルナリ」（明治一五年一一月七日、「同志社大学設立之主意之骨案」／一・三一／

〈目録上〉七番）

これは、「同志社大学設立之主意之骨案」（以下、「骨案」と略記）の中で、同志社大学設立の目的を述べた部分の記述である。新島は、明治一一年の寺島宛書簡で、明治天皇を、日本とその人民を、「文明ノ国」「文明ノ民」へ導きたいという意思をもつ皇帝として記述していたが、ここでは、そのための方法が、さらに具体的に記述されている。新島は、様々な専門学科を設けた総合大学を設立して、日本人の学術を進歩させ、併せて、日本人の「風俗ヲ教化一新シ人種人心改良」を行い、日本人を「維新ノ民タル品格ニ叛カサラシメ我カ日本ヲ泰山ノ安ニオ」くことが、すなわち「天皇陛下ノ叡慮ヲ慰メ奉」ることであり、「下ハ同胞ノ幸福ヲ来タシメ」ることだと言う。

だから、ここで新島は、明治天皇を、

⑤ 大学教育を興して日本の文明化を促進しようとしている皇帝

という意味で、「天皇陛下」を表記しているのである。

三本の趣意書草稿に現れる残り五箇所の「天皇陛下」表記は、三本の草稿のそれぞれ法学部開設理由を述べる記述部分で、「明詔」という表記と共に使用されている。それらは、次のようなものである。先ず「骨案」の記述から見てみよう。

「法学部ヲ設クルノ目的ハ邦家ノ進歩同胞ノ福祉ニ関シ急務中ノ一大急務ニシテ、身ヲ捧ケテ犠牲トシ政事社会ニ投セントスル志士ノ需用ニ供スルニアルナリ、吾人幸ニ此ノ活動社会ニ生息シ、又已ニ昨十四年十月十二日ノ明詔ヲモ蒙リタレハ、吾人一日モ国会ノ準備ニ怠延シテ可ナネベケンヤ、抑国会ノ如キハ我（闕字）天皇陛下モ早晩之ヲ開設スルノ御旨ナキニハアラサレドモ、人民ノ切ニ願望セシ所ヨリ遂ニ彼ノ明詔アリシニ至リシナラント推考スレハ、吾人明治ノ民タルモノ其ノ大任ニ当ルノ人物ヲ養成シテ大政ニ参与セシメサレハ吾人ハ実ニ天皇陛下ノ罪人ト云ヘキモノナリ、吾人此美世ニ遭逢シ此ノ大任ヲ負担シナカラ、猶予不断国会開設ノ期ニ至ルモ尚準備ヲ怠リ、人物ハナシ人物ハ乏シト云テ其ノ任ニ適応スルノ人物ヲ撰挙セズ、随テ上ハ（闕字）天皇陛下ノ叡慮ニ叛キ奉リ、下ハ自身ノ頭上ニ不幸ノ暗雲ヲ惹起セシメハ嗚呼夫レ誰ノ過チソヤ、」（「骨案」／一・二九／前掲）

新島は、明治一四年一〇月一二日の国会開設の勅諭を、繰り返し「明詔」だと評価し、明治天皇には、そもそも国会開設の意思があったのだが、今回の詔は、人民からの切望に応じて発布したものだと推察している。

　だから、新島は、ここでは明治天皇を、

⑥　国会開設の意思を持ち、人民の要求に応じて国会開設を約束した皇帝

という意味で、「我天皇陛下」と表記している。

　そして新島は、国会開設までに、人民の方が「大政ニ参与」し「大任ニ当ルノ人物ヲ養成」しないならば、それは人民の天皇に対する「罪」であり、天皇の「叡慮」に背くことだとも述べている。

　従って、新島は、明治天皇を、

⑦　国会開設までに人民の側が、大任を担い得る人物を育成することを期待している皇帝

という意味で、「天皇陛下」を表記している。

　ところで、新島は、これらの記述の中でも、「天皇陛下」と表記しながら、闕字を用いている箇所とそうでない箇所とがある。これらの意味に関する考察は、後ほど行うことにする。

　つぎに、「同志社大学設立ヲ要スル主意」（以下では「主意①」と略記）を見ると、

「法学設置ノ目的　国民ヲシテ己レノ権理義務ヲ知ラシムルノミナラス、大ニ政事上ノ志操ヲ発達シ自治ノ精神ヲ開育シ、志士ヲシテ自ラ犠牲トナリ国家ノ大任ニ当ラシムルニ必ラス修セスンハアルベカラサルノ学科ナリ、……………辱ナクモ（空字）我カ（行頭）叡聖ナル天皇陛下ニハ、昨年十月十二日ノ明詔ヲ以テ明治廿三年ヲ期シ君民同治ノ緒ヲ開カ

セ賜ヒシハ、万世ノ一遇余輩豈勉メスシテ此ノ隆世ヲ経過スベキソ、今日ハ進ムアリ退ベカラサルノ良時代ナレハ、此時代ニ適応シ且此時運ニ先立チ人民ノ先覚者タルベキ者ヲ養成スルノ大学ヲ設ケサレハ、如何ソ我文化ヲシテ其奥蘊ノ域ニ達セシムベケン、」（明治一五年、「主意①」／一・四五～四七）

とある。

新島は、「明詔」の主体としての天皇を語っている。ここでは「大政ニ参与」とは記述しないで「君民同治」と表記し、法学部での教育を、「国民ヲシテ己レノ権理義務ヲ知ラシムルノミナラス、大ニ政事上ノ志操ヲ発達シ自治ノ精神ヲ開育シ、志士ヲシテ自ラ犠牲トナリ国家ノ大任ニ当ラシムル」ことだと記述し、人民が天皇と共に、政治権力の担い手であることを、より明示的に述べている。

したがって、この記述において新島は、明治天皇を、

⑧　「君民同治ノ緒」を開く詔を発した皇帝

という意味で「辱ナクモ（空字）（行頭）我カ叡聖ナル天皇陛下」と表記している。

つぎに、「同志社大学設立之主意」（以下では「主意②」と略記）を見てみよう。

「又已ニ昨十四年十月十二日ヲ以テ、来二十三年ニ至レハ国会ヲ設ケラルベキ明詔ヲモ蒙リシハ我国未曾有ノ大美事ト云ヘクシテ、明治ノ民タルモノ拳々服膺一日モ其ノ準備ニ怠延シテ可ナルベケンヤ。抑国会ノ如キハ政府ニ於テモ兼テ之ヲ設立スル主旨ナキニハアラサレトモ、人民ヨリ切ニ要求セシ所ヨリ、遂ニ十四年十月十二日之明詔アルニ至リシ事ト推考スレハ、人民タルモノ其大任ニ当ルノ人物ヲ撰択シテ大政ニ参与セ［シ］メサレハ、人民タルモノ［ノ］分ヲ尽セリト云ヘカラス

此ノ美世ニ遭逢シ今ノ大任ニ当リナカラ、猶予不断国会開設ノ日ニ至ル迄モ全ク準備ニモ怠リ、人物ハナシ人物ニハ乏シト云テ其ノ任ニ適応スルノ人物ヲモ差出セス、随テ政府ノ主旨ニモ反ムキ自身ノ頭上ニ不都合、不幸ヲ醸シ来

ラシメハ嗚呼夫レ誰ノ罪ソヤ…………国ノ父母ナルモノハ教師ニ関スルモノ大器量ノ人才ヲ養成スルニ尽力シ、学［カ］力アルモノ其学力ヲ以テ世ニ事ヘ、資産アルモノハ其ノ資産ヲ以テ世ニ捧ケ、同心協力我カ東洋政事上ノ大進歩ヲ計リ、我日本ヲシテ泰山ノ堅キニ置キ、我天皇陛下ヲシテ叡慮ヲ慰メ奉、朝ニハ圧抑制法ナク、郷ニ不平念怨ノ民ナク、上下各其所ヲ得、我同胞ヲシテ各其宜ニ安セシメン事吾輩ノ切望シテ止マサル所ナリ」（明治一五年、「主意②」／一・四一～四二）

新島は、この草稿でも「明詔」を表記しているけれども、「明詔」の主体としては「天皇陛下」ではなく、「政府」という表記を用いている。そして、この草稿では、人民が資力や人材を提供しあい協力して法学部を開設し、人材を育成し、「我カ東洋政事上ノ大進歩ヲ計リ」、人民を抑圧政治から解放することが、天皇の「叡慮」を慰めることだと述べている。

したがって、新島は、ここでは明治天皇を、

⑨　人民が協力一致して同志社大学に法学部を開設して人材を育成し、東洋世界の政治的な大進歩を遂げ、人民を抑圧政治から解放することを望んでいる皇帝

という意味で、「我天皇陛下」と表記しているのである。

なお、新島は、「主意①」では、闕字を用いて「辱ナクモ（空字）我カ叡聖ナル（行頭）天皇陛下」と記述し、「主意②」では、闕字を用いないで「我天皇陛下ヲシテ叡慮ヲ慰メ奉」と記述している。これら表現の違いについては、後ほど検討しよう。

［4］明治一七年二月、政府宛の改正徴兵令に関する意見書草稿

新島の大学設立構想に対する障害の一つとして、大きく立ちはだかっていたのが、同志社などの私学には、官学の

ような徴兵猶予の特典が与えられていないことであった。新島は、この徴兵令問題には、同志社大学設立運動が具体的に起こり始める明治一五年頃[1]以前から、取り組んでいた。明治一二年の新島は、徴兵猶予問題で上京し、吉田賢輔、田中不二麿、勝海舟らにも面会しているが、その日の彼の記録帳には、「私塾ハ政府ニ於テ捨テ［テ］問ワサルカ如シ、是何ノ意ソ」（「記行」／五・八七）と、怒りを書き付けている。

　徴兵令は明治一六年にも改正された（一二月二八日）が、私学には徴兵猶予の特典が与えられなかった。そこで新島は、明治一七年二月に上京し、伊藤博文らに面会し、私学へも特典を与えるように迫った（「出遊記」／五・二四四〜二六〇、参照）。新島は、この時期に、改正された徴兵令に対する意見書の草稿を、三本書き残している。そして、これら草稿の中では、「聖天子」「明天子」「聖朝」「明朝」「大日本天皇陛下」などの表記が使用されている。新島は、これらの表記を用いて、何を語っているであろうか。

　「私塾ノ生徒モ矢張聖天子ヲ仰キ明政府ヲ戴クノ臣民タレハ公平無偏ノ律令ヲ垂賜ヒ、私塾ニアル生徒ヲシテ官立府県立学校ノ生徒ト同一ノ徳沢ニ霑被セシメテハ［ママ］私塾ニ従事スル生等雀躍感泣ノ至、邦家ノ為明天子ノ為「必ラス卒生ノ力ヲ出聖恩ニ報ユル所アラント」（明治一七年二月、「改正徴兵令ニ対スル意見書（A）」／一・八四／〈目録上〉一一三番／［写真64］）

　「私塾ニアル修学スルノ書生モ矢張大日本天皇陛下ノ臣民ナレハ、官立府県立学校ニアリ修業スル学生ト同一ノ保護徳択ニ霑被スルニ至レハ、私塾ニ従事スルノ某等雀躍感泣豈ニ卒

［写真64］

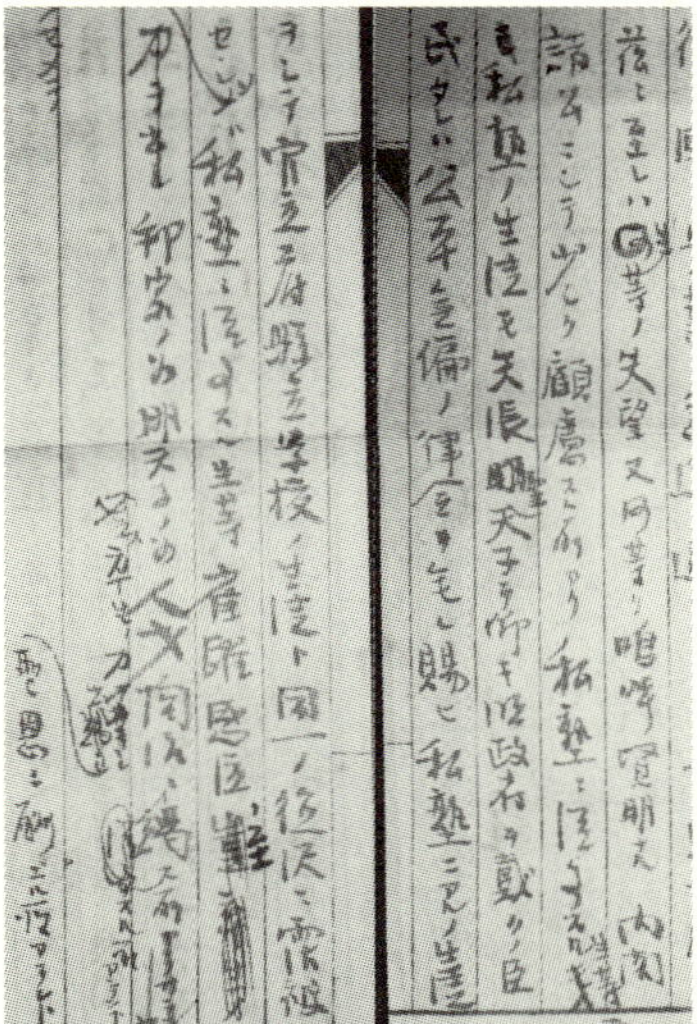

（明治一七年二月、「改正徴兵令ニ対スル意見書（A）」／〈目録上〉一一三番）

生ノ力ヲ出、邦家ノ為明天子ノ人才ヲ陶冶ニ竭ス所アラントス」（明治一七年、［改正徴兵令ニ対スル意見書（C）］／一・八八／〈目録上〉一一四番／［写真65］）

　これらの記述で、新島が明治天皇を繰り返し表記している意味は明瞭である。新島は明治天皇を、

⑩　私学にも官学と同様の「公平無偏ノ律令」、つまり、私学にも徴兵猶予の特典を与えるべき皇帝

という意味で、「聖天子」「明天子」「大日本天皇陛下」などの表記を用いている。自筆原本を見ると、新島は「明天子」を「聖天子」へと書き直したり、「日本天皇陛下」という表記の上に後から「大」の文字を挿入したりしている。このような所にも、新島の政府から特典を引き出すための、苦辛工夫の跡を窺うことができる。

「敬テ改正徴兵令ヲ拝読シ　（闕字）此令ノ旨趣ノ在ル所ヲ察スルニ、其尚武ニ出テ国民皆兵タルノ典謨ニシテ、外ハ外侮ヲ禦キ内ハ非凶ヲ懲シメ天下ヲ泰山ノ安キニ置キ、（行頭）聖朝ヲ万歳ノ永ニ栄ヘシ［メ］テ、四海波濤ノ太平ニ維持スル［（行頭）叡（明ナル天皇陛下）断―筆者挿入］良策［の基礎―筆者挿入］ニアラ［ズ］シテ何ソ、又此令中、、ノ如キ官立大学、府県中学ノ生徒ニ賜タル特典ヲ見レハ、只ニ尚武ノミナラス又文学ヲ重セラル、ヤ照々乎タリ、是レニヨリ思考スレハ我賢明ナル政府ノ規模ハ甚重甚大ニシテ、一ハ陸海軍ニ皇張シ国威ヲ東洋ニ輝リ、他ハ文学ヲ隆興シ人民ノ元気ヲ養ハル、如、文武ヲ張リ左右翼ト為シ治国ノ具トナシ賜フ事嗚乎盛ナル哉」（［改正徴兵令ニ対スル意見書（B）］／一・八五／〈目録上〉一一三番／［写真42］）

　この記述には、「此令」に闕字措置がなされ「聖朝」という表記も用いられている。しかし、自筆原本を見ると、〈全集〉では「朝ヲ万歳ノ永ニ栄ヘシ［メ］テ」と表記されている箇所は、新島自身が後から筆線を入れて削除して

［写真65］

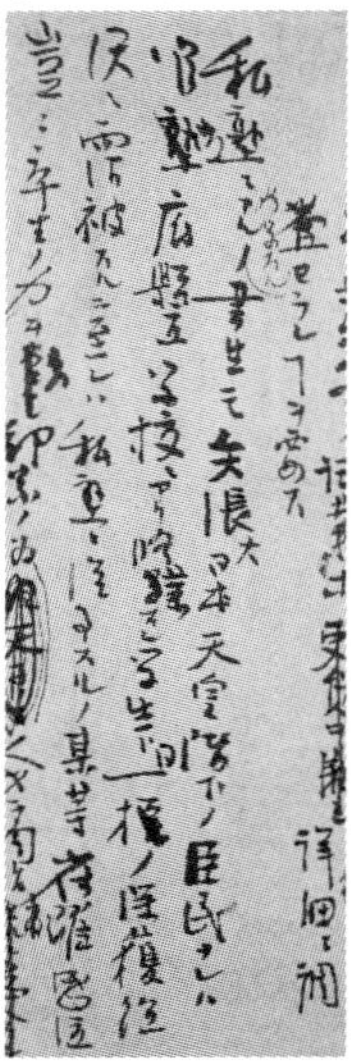

（明治一七年、［改正徴兵令ニ対スル意見書（C）］／〈目録上〉一一四番）

いるし、「叡」の後ろに「明ナル天皇陛下」とも書き直しているが、それも削除している。もしも新島が、これらの記述を削除していなければ、「聖朝」あるいは「叡（明ナル天皇陛下）断良策」は、行頭に置かれているのであるから、闕字措置の用いられた事例として、摘出すべき箇所である。

それにしても、新島が一旦は、「聖朝万歳ノ永ニ栄ヘシ［メ］テ」、あるいは「叡（明ナル天皇陛下）断良策」と記述したことは間違いないし、「陸海軍ニ皇張シ国威ヲ東洋ニ輝リ」の箇所は削除されていない。この引用資料は、新島の富国強兵論と政府のそれとの近さを示すものとして、これまでも注目されてきたものである。[2] では、新島は、如何なる意味で、「此令」（改正徴兵令）に闕字措置を行い、「聖朝」あるいは「聖明ナル天皇陛下」と表記したのであろうか。

まず、新島の言う「武」の内容を見てみよう。新島は、「今回改正徴兵令コソ襄平生ノ宿志ヲ達スル事ヲ得ヘシト云ヒ、喜欣ニ堪ヘサル所ハ乃チ尚武ノ一点ナリ」（一・八五）と、徴兵令改正を支持し、さらに、新島が、「武」を重んじる理由を、次のように記述している。

「旧幕府ノ末世ニ至リ文武振ハス士気委　シタルノ」状況にあったが、ペリー来航以来、「各藩俄ニ文武ヲ振興スルニ尽力シ」、それによって生じた「士人ハ其ノ文タル今ノ少年ニ劣ルアルモ、其ノ胆力タル特［カ］［ニ］体格ノ壮健ナル又胆力ノ豪ナル今ノ少年ノ比」ではなかった。しかし、維新後の「今ノ少年書生ノ徒」には、「文事ニ沈溺シ武事ヲ軽侮スルノ弊」が生じており、新島は、少年たちを、この弊害から「救フノ途ヲ発見スルニ苦」んでいた。「然ルニ今回改正ノ徴兵令ニ於テ初テ之ヲ救フノ途ヲ得タレハ、吾人飽マテモ之ヲ奉戴シ今ノ少年輩中尚武ノ風ヲ振興セシメン事ヲ要ス」（一・八五〜八六）と言うのである。

新島は、「尚武ノ一点」において、改正徴兵令を「奉戴」すると述べている。だから、官学と平等な徴兵猶予を要求する私学も、「陸軍ノ士官ヲ派シ私塾ノ在校ノ生徒ヲシ尽ク操練ニ従事セシメ」ることを、新島は要望してもいるのである。

だが、新島の言う「尚武」とは、幕末の志士たちの「胆力」であり「体力」であり、それらは兵力の一部ではあるが、軍事的技術や戦術などではない。このことは、新島の言う「武」の主眼は、強靱な精神力と体力の養成にあることを示している。また、新島は、明治一九年に文部省に対して同志社内への歩兵操練科設置を申請する際にも、市原盛宏に宛て「服之義ハ極粗末之物ニテ苦しからさる可し、銃ハ何レ古鉄砲デモ買ハネハナラヌ事なるへし、是も五十挺カ百挺ハ安価にて入り申へし、当分靴ニ及ハス、鞋デモよろし」（三・三八三）と書き送っている。だから、新島の言う同志社における歩兵操練とは、学生たちの「胆力」「体力」を養成するということである。

また、新島は、政府の「尚武」と「尚文」の関係についても記述している。

「然ト雖尚武ノ風過度ニ至レハ残忍殺伐ノ弊ヲ生スルノ憂ナキ能ハス、故ニ賢明ナル太政府ニハ已ニ弘工風ヲ回シ賜ヒ之ヲ補フノ良策ヲ施シ、官立大学之ニ準スル学校并府県立ノ中学ニ至ル迄一ヶ年ノ科程ヲ卒タルモノニハ十一、十二〔ママ〕……ノ如キ特典ヲ賜ハリ、其生徒ヲシテ修学中兵役ニ服スルノ憂ナカラシメルハ、文学ヲ以テ尚文ノ風ニ潤化セント［ノ］名策ナル法、至善至美ト云ヘキナリ」（一・八六）

明治政府は、「尚武ノ風」は「過度」になり、「残忍殺伐ノ弊」を生む危険性があることを知っているから、漢学の生徒には徴兵猶予の特典を与え、「文学」を奨励し、「尚武」の行き過ぎに警戒していると、新島は記している。

だから、新島が「国民皆兵」を支持し富国強兵を述べているといっても、それは、「強兵」策を最優先にした実際の明治政府による富国強兵論とは異なっている。新島の主眼は、官学と同様に同志社にも徴兵猶予の特典を得て「尚文」を担い、「尚武」の行き過ぎを抑止することにある。

⑪　「尚武」と「尚文」とのバランスに留意する皇帝

従って、ここで新島が表記している「聖朝」とは、の統治する国家という意味であり、新島は、そのような対外政策は、私学にも徴兵猶予の特典を与えることで、より完全なものになると言うのである。(3)

「今ヤ賢明朝ニ満チ草奔ノ一士タ［ル］モ其ノ意見ヲ明朝ニ吐露シ得ルノ隆世ニ逢迎シタレハ、意見アリ之ニ之ヲ庇蓋シ遺憾ナク之ヲ吐露セサレハ、襄ノ如キハ明朝ノ恩沢ヲ蔑却スルノ罪ヲ免カ［レ］ス、却テ不肖ヲ顧ミス敢テ陳述スル所アラントス、」（「改正徴兵令ニ対スル意見書（B）」／一・八六／前掲）

ここで書かれていることは、明治一一年の寺島宛書簡において、「明天子」の「盛意」として述べたことと同じであるから、③に含めることにしよう。

注

(1) 同志社大学設立運動の始まりに関しては、河野仁昭「新島襄の大学設立運動（1）」、『同志社談叢』第九号（一九八九年三月）所収、を参照。

(2) 明楽、前掲論文「新島襄の儒教論」の「一、問題提起」を参照。

(3) このような新島の明治政府の軍事・外交政策への期待に関しては、次のような新島の記述も参照すべきであろう。

新島は、明治一五年、朝鮮で壬午事変が発生したときには、「朝鮮政府ヨリ我領事ニ無礼ノ〔ママ〕」（「日抄」／五・一三〇）、「今日彼ノ惰弱ナル朝鮮ヲ見ヨ、警メサルベケンヤ、敬マサルヘケンヤ」（「勇気ノ説」／一・三九九）と記して、日本公使館焼き討ちを、朝鮮政府の「無礼」と述べているが、軍事問題には言及した記述はなく、清国に従属する朝鮮を「惰弱」と見なし、日本も他国の属国にならぬよう戒めているだけである。

ところが、明治一七年の甲申事変勃発の際には、一二月一六日付の小崎弘道宛書簡で、「昨日新紙上ニ朝鮮国ニ内乱アリ賊兵王家ヲ襲ヒ皇城ヲ焼キタリ、国王ハ日本屯兵ノ中ニ逃レ入リ皇后ノ進退ハ分明ナラサル由、又日本屯兵ト支那在留ノ兵ト紛紜アリシヨシ見受タリ、何卒本邦ニ事ナカラン事ヲ望ム」（三・三一二）と書き送り、さらに、年が明けると、八重夫人と小崎弘道宛に、それぞれ次のような書簡を送っている。

「………〔ママ〕十二月八日に於て朝鮮に暴動起り、日本兵朝鮮王を保護せしに支那兵参り朝鮮王を奪取り、日本の兵は散々に打負け海岸さして逃げ去り、此暴動は日本人の奸計に由るなと米国の新聞に見へ候得共如何なる始末なるや、日本の新聞を見不候間、其実否之所分明に分り不申………〔ママ〕当年も諸国に戦争有之、実に嘆息申候、我日本のみに戦争なしと思ひ居るに、此度の朝鮮の始末、是は日本………〔ママ〕」（明治一八年二月九日、新島八重宛／三・三三〇）

「日清ノ関係穏便ノ所分アラン事ヲ切望ス、当時支那困難ニ付ケコミ兵端ヲ開クハ男児ノ所為ニアラス、充分談判ヲ為シ支那人ヲシテ其ノ利害特質ヲ了察セシメ、幾分カノ償金ヲトリ之ヲ片付クルニ如カス

○支那ト恨ヲ結フハ得策ニアラス、宜ク交ヲ結ヒ共ニ文化ノ域ニ進ムヲ計ルニ如カス」（明治一八年三月九日、小崎弘道宛／三・三三四）

　新島の甲申事変を見る眼は、複眼的である。一方では、天皇の軍隊の朝鮮出兵を支持している。ところが、アメリカの新聞報道によれば、朝鮮の暴動は、日本人の「奸計に由る」とある。新島には、「当年も諸国に戦争有之、実に嘆息申候、我日本のみに戦争なしと思ひ居るに」と記しているように、日本の軍隊だけは、不合理な戦争をしないだろうという期待感があった。新島の「聖朝ヲ万歳ノ永ニ栄ヘシ［メ］テ、四海波濤ノ太平ニ維持スル」というのも、このような期待感に基づくものであったのだろう。

　だから、もしも、新聞報道が真実であるとすれば、日本軍の行為は、新島の期待に反するものである。だから、「此度の朝鮮の始末、是は日本………〔ママ〕」という文章が削除（この書簡の〈自筆〉は所蔵されておらず、〈全集〉は柏木義円の筆写を原本としている）された箇所には、さらに具体的な、彼の明治政府や軍隊への不信や疑念が記されていた可能性も高いように思われる。しかし、日本を離れている新島には、事態を正確に判断する方法がないから、「実否之所分明に分り不申」と、最終的な判断は保留しているのである。

　ともあれ、この八重夫人宛書簡では、新島の明治政府の軍事・外交政策に対する期待感と不信感が、ともにリアルに表明さ

れている。

だが、一ヶ月後の小崎宛書簡では、戦争を仕掛けたのは中国側であると述べ、ここでは暴動発生が日本側の陰謀ではないかという疑念は晴れている。しかし、新島には、日本政府が事変の処理をどのように行うかについては、不安もあったのだろう。新島は、武力での報復には反対であり、たとえ清国側に非があったとしても、日本は清国を恨まず、いくらかの補償金をとって決着し、中国と日本は、共に協力して文明国へと進むべきだと述べ、平和的な交渉による事後処理を希望している。

そして、この日清対立は、事実上、新島が期待した方向で処理された。それは、新島から見れば、明治政府は、清国の「無礼」を赦したのであり、明治天皇の軍隊は、行き過ぎるところがなく、「平民主義ハ戦争ヲ他国ニ仕懸ケス、他ヲ奪掠セス」(「平民主義」/一・四四八)という、新島の求めて止まない「平民主義」の一部を実践したものと見なされ、そのことで、新島の天皇の軍隊に対する不信感は和らぎ、期待感を回復させることになったのではないだろうか。

このような甲申事変への新島の関心の示し方は、福沢や内村の日清戦争観とは、随分とトーンを異にしている。

[5] 明治一七年二月、「条約改正ヲ促スノ策」

新島全集第一巻には、「条約改正ヲ促スノ策」(一・四五二〜四五三)という草稿が掲載されているが、これは遺品庫の整理番号では、〈目録上〉七一四番のものであり、遺品庫には、もう一本、同名の別の草稿(〈目録上〉六七八番)も保管されている。これら草稿にも「天皇陛下」という表記が用いられている。これら草稿には、起草した年月日は記されていないけれども、これらは明治一七年二月、新島が上京中に起草したものと思われる。(1)

「基督教ハ信徒ヲシテ政者ニ違背セシムルモノニ非ス、英政府ノ秩序アル如キハ、基督教預リテ力多ト云ベシ(クリスト曰、シーサルノモノヲシーサルニ返エセ、神ノモノヲ神ニ返セ故ニ今信徒ノ急務ハ盛ニ基督教ヲ伝播スルニアリ、政府ノ急務ハ基督教ヲ公認シ、天皇陛下モ一夫一婦ノ制ヲ初賜フニアリ」（「条約改正ヲ促スノ策」／一・四五二）

「基督教ハ決シテ当時我カ邦ニ於テ□□スル民権論者ニ左担スルモノニアラス、該教ノ主張スル処ハ乃チ自己ノ権ヲ全スルハ勿論ナルモ、忍テ他人ノ権ヲ全セシメント期ス、天皇陛下ニ天皇陛下タルノ権、政府ニ政府タルノ権アリ、該教ノ信臣ハ此□ヲ転覆シ其ノ権ヲ奪取スル□ノ志操ハ毛□抱カサルベシ。他年邦家ノ為政府ノ為尽力スルモノハ該教臣ヨリ必ラス輩出スベシ。基督曰シーサノヲシーサニ返シ神ノモノ神ニ返スヘシ」、「天皇陛下自ラ率先シ一夫一婦ノ制ヲ立テ賜フニアリ」（「条約改正ヲ促スノ策」／〈目録上〉六七八番）

全集に掲載されている「七一四番」の資料の方だけでなく、遺品庫に保管されている「六七八番」の自筆資料を合わせて見ると、新島が述べようとしている内容を、より具体的に知ることができる。

新島は、ここでプロテスタントの国イギリスと日本の政府を比較している。新島は、イギリス政府には秩序があり、その根底にはキリスト教があると見ている。[2] 新島は、その意味を、「六七八番」では、さらに具体的に記述している。新島は、「自己ノ権ヲ全スル」点では、キリスト者と民権論者には重なる部分があることを含意させている。[3] しかし、「忍テ他人ノ権ヲ全セシメント期ス」か否かの点で、両者は袂を分かつと言うのである。

ここで新島の言う「他人ノ権」とは、「天皇陛下タルノ権」であり「政府タルノ権」である。新島らキリスト者は、人民の権利と共に、皇帝としての統治権も認めると言うのである。

従って、新島は明治天皇を、

⑫　明治国家の統治権を有する皇帝

という意味で、「天皇陛下」と表記しているのである。

このように、新島は、天皇を「他人」＝人間であると同時に、シーザー＝皇帝と捉え、人民にも天皇にも、共に人間としての権利を認めていると共に、天皇の国民に対する統治を肯定している。

しかし、現実の天皇の政府は、いまだキリスト教を公認せず、人民の信教自由の権利を認めていないし、天皇個人も夫婦倫理に反しており、天皇とその政府は、いまだ「他人の権ヲ全」しておらず、不完全な人間である。だから、新島らキリスト者たちの急務は日本伝道であり、天皇を一夫一婦制に従わせ、天皇の政府には、キリスト教を公認させ、人間としての天皇を、「他人の権ヲ全」する理想的な皇帝へと改めさせようとしている。

だから、新島は明治天皇を、

⑬　キリスト教を公認し、一夫一婦制に従うべき皇帝

という意味で期待感を込めて、「天皇陛下」と表記しているのである。

注

（1）新島は、明治一七年二月に上京し八日に伊藤に面会した際、徴兵猶予問題の他に、キリスト教公許を求め、一夫一婦制が大切であることを説いており（「出遊記」／五・二五一、参照）、また、その前日の七日の日誌には、「夜来、条約改正ノ策ヲ工風ス」とあり、八日の日誌の冒頭には「五時半ヨリ起キ、其ノ策ヲ記ス」（同／五・二五〇）と記している。政府がキリスト教を公認すべきこと、天皇が一夫一婦制を守るべきことは、これらは二本の「条約改正ヲ促スノ策」にも記されているし、また、演説草稿にある「シーサルノモノヲシーサルニ返エセ、神ノモノヲ神ニ返セ」という言葉も、明治国家に対して、キリスト者の立場を説明するためのものであろう。

これらの点から、二本の「条約改正ヲ促スノ策」は、明治一七年二月の起草であると考えられる。

（2）新島のイギリス国家観は、これまでの新島研究ではほとんど関心を持たれてこなかったけれども、私は大変興味深いテーマであり、機会を改めて検討したいと考えている。さし当たりは、新島が田中と共に行ったヨーロッパ視察の際に残している、「大ブリタン寺院ノリポルト」（一・五九二～六〇七）などを参照。

（3）ここでは、キリスト者の天皇制国家に対する基本的立場が述べられているのであるが、新島は、別の機会には、徳富の「平民主義」は、「公道正義ヲ以テ邦家ノ大本トナシ、武備ノ機関ヲ一転シテ生産ノ機関トナシ、圧抑ノ境遇ヲ一変シテ自治ノ境遇トナシ、貴族的社会ヲ一掃シテ平民的社会トナス」ものであり、「論旨中含蓄スル所ノ愛国ノ意ハ、全国ヲ愛スルニアリ、全国ヲ愛スルハ全国民ヲシテ各其ノ生ヲ楽ミ、其ノ宜キヲ得セシムル」もの（明治二〇年四月、『将来之日本』序／一・四五九）だと捉え、徳富の「平民主義」を「是レ実ニ活眼大ニ茲ニ見ル所アリ」（同／一・四五九）と高く評価している。

そして新島は、「君ニハ政治上ノ平民主義ヲ取ルモノニテニシテ、僕ハ宗教上ノ平民主義ヲ取ルモノナレハ、ツマリ平民主義ノ旅連レナリ、僕ハ益御互ニ応援スルノ必用ヲ感居候」（明治二〇年一一月六日付、徳富宛／三・四八六〜四八七）と記して、徳富との共同戦線を組もうとする。

新島は、日本における真の文明国建設を、実際には、無神論者たちの「平民主義」との協力によって目指そうとしているように見える。では、キリスト者新島は、何故にこのような柔軟な共同戦線論を構想するのであろうか。このことは、新島の民権論理解や徳富理解にも関わる興味深い問題であり、機会を改めて検討してみたい。

［6］明治一七年、アメリカの信者への訴え

新島は、明治一七年四月六日から一八年一二月一二日まで、二度目の外遊に出かけており、一七年九月二八日から一八年一一月一九日まではアメリカに滞在した。この二度目の外遊には、静養と、アメリカの信者たちへの同志社大学設立に対する支援要請との、二つの目的があった。

滞米中の新島は、アメリカの信者たちに対して、「日本伝道促についての試案〈My humbles schemes of the speedy evangelizaton of Japan〉」と「日本におけるキリスト教主義高等教育のためのアピール〈An appeal for advanced christian education in Japan〉」という英文の訴えを書いており、これらの中でも、明治天皇に言及している。

「やがて先の革命が勃発し、その結果生じた事態は、私達の目にとってさえ、きわめて信じられないことであった。将軍の専制的政府は打倒され、帝〈the Mikado〉の統治権が、現皇帝である神聖なお方〈the sacred personage of the present Emperor〉の上に復興された。帝〈the Mikado〉のために戦い、また外国人を沿岸から締め出すことを決定した、あの高慢な知識人達は、直ちに彼らの見解を改め、西洋文明の最も熱心な鼓吹者へと変身した。

進歩のための大変大きな障害になってきた思われる攘夷精神が、これらの志士達によって打ち砕かれた。国事は、全く異なった基礎の上に、行なわれ始めた。熱心で有能で先見の明のある愛国者達が、皇帝〈the Emperor〉によって任命され、統治的業務を分与された。帝国内閣が樹立され、八つの大臣職が制定された。全ての封建的な大名達は、彼らの財産を、国民の共通善のために、帝国政府に差し出した。高慢な武士達（封建的な封臣達、または家臣達）は、彼らの特権であった二本の刀を、放棄するように命じられた。

社会のアウト・カーストであったエッタ達は、一般の人々の内に数えられることが赦された。」（在米中、「日本伝道促進についての試案」／七・三四六〜三四七）、「彼ら［京都の著名な市民たち］は、一八九〇年までに私たちの学校と関連して、いくつかの専門講座を設置するための充分な資金を提供することに合意した。その年には、私たちの皇帝〈our Emperor〉が、かねてより彼が彼の臣民たちに宣約しているように、私たちの憲法を作ることになっている。」（同／七・三五〇）、「彼ら［武士］こそが、将軍の専制的な政府を打倒し、長く隔離されていた帝である神聖なお方〈the sacred personage of the long secluded Mikado〉へ、統治権を回復したのだ。」（同／七・三五六）、「日本において、あなた方の使節が大変な成功をおさめてきた主な理由は、あなた方使節団が、伝道を開始した早い時期に、人口の密集した帝国の心臓部、つまり、神聖な帝〈the sacred Mikado〉の古い都に、トレーニング・スクールを開設したことにある。（同／七・三五七）

「数年前、彼ら［指導層］は、憲法を要求する声を上げ、すでに皇帝〈the emperor〉から、一八九〇年にそれが彼らに与えられるという約束を獲得している。」（「日本におけるキリスト教主義高等教育のためのアピール」／七・三五九）、「だから、その同じ年に皇帝〈the emperor〉が私たちに憲法を与えるとき、私たちは、私たちの政治史の最も驚くべき時期を記念すべき大学を設立しているかも知れない。」（同／七・三六五）

新島は、これらの文章のなかで、尊王運動の象徴として天皇を語る場合は「帝〈the Mikado〉」と表記しているだけであるが、明治天皇を表記する場合には、「現皇帝である神聖なお方〈the sacred personage of the present Emperor〉」「皇帝〈the Emperor〉」「私たちの皇帝〈our Emperor〉」「長く隔離されていた帝である神聖なお方〈the sacred personage of the long secluded Mikado〉」「神聖な帝〈the sacred Mikado〉」「皇帝〈the emperor〉」などと表記している。新島は、政治権力を奪われていた天皇を、「帝〈the Mikado〉」と表記し、権力を回復した明治天皇を「皇帝〈the Emperor〉」と表記し、また、明治天皇を「神聖なるお方」だと表記したり、「皇帝」の前には「私たちの」「神聖な」の文字を付け加えて、一体感や敬意を示したりしている。

では、新島は、これらの明治天皇表記を用いて、具体的には何を述べているのであろうか。

新島は、尊王攘夷派の志士たち（高慢な知識人たち）の、維新を境とした開国派（西洋文明の最も熱心な鼓吹者）への鮮やかな変身について言及している。新島は、その変身は、「私達の目にとってさえ、きわめて信じられないことであった」と、彼自身の驚きも表現している。

ではその「神聖」さの中身は何かというと、「熱心で有能で先見の明のある愛国者達」の登用と統治権分与であり、その後の開明的な諸政策の実施であり、それらに対する大名と武士の協力である。つい昨日まで、封建的な君臣関係を結び、人民を抑圧していた武士層は、「国民の共通善」のために特権を放棄し、被差別部落の人々も一般人民の内に含められることとなった。そして、明治一四年になると二三年までに憲法が制定されることになった。つまり新島は、維新の大業を行ってきた天皇政府の具体的な実績を指して、「神聖〈sacred〉」だと表現しているのである。

これらの表現は、明治一一年の寺島宛書簡において、「方今（闕字）明天子上ニ在、群賢之ヲ輔翼シ鋭意治ヲ図リ、夜以テ日ニ継キ国ヲシテ文明ノ国タラシメ、民ヲシテ文明ノ民タラシメ［ン］ト欲ス、」と述べていることを、国会開設の詔も含めて、さらに敷衍したものである。したがって、これら英文での明治天皇表記の意味は、①②と同類のものとして整理してもよいであろう。

［7］明治一九年、説教草稿、五月三〇日の「愛トハ何ゾヤ」と一〇月三一日の「御国ヲ来ラセ賜へ」

新島は、教会での説教草稿で、後醍醐天皇に言及している場合がある。新島が、年月日は不詳だが、「愛ノ力」と「キリストノ愛（B）」（共に年月日は不詳）という説教草稿で後醍醐天皇に触れているのは、「神ノ愛」と「母ノ愛」を比較する際に、「母ノ愛」の具体例を記述する箇所においてである（二・四六一、および二・四六五、参照）。新島は、後醍醐天皇の楠正成に対する「愛」を、人間の「愛」の一例として紹介している。しかし、これらの草稿では、後醍醐天皇の「愛」の中身については、何も記されていない。

だが、明治一九年五月三〇日の仙台の教会で行った「愛トハ何ゾヤ」という説教と、同年一〇月三一日に同志社の教会で行った「御国ヲ来ラセ賜へ」という説教では、次のように記されている。

「小山田高家ニハ　新田義貞ノ為ニ死
楠正成ハ　後醍醐帝ニ知ラレ天下ノ兵事
ヲ任セラレ、遂ニ其ノ為ニ死ス
五百ノ義士ハ斉ノ田横ニ殉死シ。赤穂ノ義士ハ
其ノ主人ノ……………」（五月三〇日、於仙台、「愛トハ何ゾヤ」／二・一七九／〈目録上〉五六五番）

「日本ノ天子壱人［ニ］其ノ一身ヲ抛チシ楠氏カ南朝ノ回復ヲ計ラ［レ］シ其ノ熱心ハ其七生人間滅国国賊トノ語

ヲ以察スヘキナリ、宋ノ文天祥、明ノ史可法ノ如キハ其ノ身ヲ以テ一国ニ委ネシモノナリ、吾ハ近比水藩ノ浪士〇佐野竹之助ノ和歌ヲ見テ大ニ感スル所アリ

しき島の錦之御旗持ち捧けスメラ軍の魁やせん

此等ノ人ハ天下兵馬ノ権ヲ任セラ［レ］シカ、又其ノ国ノ危急ヲ見ルヨリカ、又本国ノ振ハ［ザ］ルヲ歎スル所アルカ、何ニシロ一身ヲ以テ国家［ノ］挽回ニ当ルハタノモシキ人物ナリ、吾人苟モ主ノ恩寵ニ浴沐シ衆人ニ先［チ］其ノ招キヲ受、尤モ貴重ナル我霊魂ノ自由放免ヲ蒙タル所ノ主基督ノ御国ノ皇張ニ付テ、如何ナル感情ヲ持ツヘキモノゾヤ、吾人焉ソ佐野竹之助ニ向ヒ恥ツルナキ能ハサルカ、他国ハトモアレ、今日我カ国ニ於テ悪魔カ跋扈シ、悪魔カ人心ヲツナキ我カ社会ヲ支配スル有様ヲ見テ、吾人争テカ手ヲ懐ニシ優柔不断此時機ヲ失フヘキゾ、吾ハ飽マテモ吾人カ畢生ノ力ヲ尽シテ、神ニ向御国ヲ来ラセト祈リ、又畢生ノ力ヲ尽シ神ノ御国ヲ来ラスノ手段ニ尽力シ、一日モ早ク我カ同国人ノ主ノ支配ノ下ニ来ラン事ヲ切望ス」（明治一九年一〇月三一日、同志社教会「御国ヲ来ラセ賜ヘ」／二・一九八／〈目録上〉五七〇番）

新島が、これらの説教で注目しているのは、後醍醐天皇自身ではなくて、臣下たる楠正成ら、日本や中国の忠義心の熱い志士たちである。新島は、教会に集う信者たちに対して、悪魔の跋扈する日本に、一日も早く「神ノ御国」を実現させるために、武士たちの主君に対する忠義心に負けないよう、主キリストへの熱い忠義心を抱き、伝道に立ち向かうように激励している。

そして、新島は、これらの草稿の中では、後醍醐天皇と楠の君臣関係について、楠は、天皇から、「天下ノ兵事ヲ任セラレ」たために「遂ニ其ノ為ニ死ス」、あるいは、楠は天皇より、「天下兵馬ノ権ヲ任セラ［レ］シ」故に、「其ノ一身ヲ抛チ」「南朝ノ回復ヲ計ラ［レ］シ」と記している。

新島が、同志社教会で行った「御国ヲ来ラセ賜ヘ」という説教では、聴衆である信者たちに、後醍醐と楠の君臣関

係を、注目すべき模範として示していることは確かである。

その場合、後醍醐天皇は、

⑭　軍事力を家臣に委ねた皇帝

として、強調されているのである。

［8］二二年二月一一日、明治憲法発布に関連して

明治二二年の新島は、二月一一日の明治憲法発布に際して、「私たちの皇帝〈our Emperor〉」「我明聖(行頭)ナル　天(闕字)皇陛下」「我カ天皇陛下」と、ここでも、明治天皇との一体感や敬意を込めた表記を用いている。

では、新島は、如何なる意味で、これら表記を用いているのであろうか。新島は、「其ノ臣民ニ欽定憲法ヲ賜ハル」「同志社全校より憲法発布之祝文ヲ我カ(平出)天皇陛下ニ奉ルノ事ニ関シ一昨日之ヲ賛成申」「慎テ(平出)憲法発布ヲ祝賀ス」「御互ニ(平出)憲法発布ヲ祝賀ス」と記しているのであるから、新島は、明治天皇を、

⑮　憲法を発布した皇帝

という意味で、敬意を表している。

しかし、これらの記述では、彼が明治憲法の内容を如何に捉えているのかは、示されていない。

だが、G・N・クラーク宛書簡では、「二月一一日に、私たちの初めての憲法が、私たちの皇帝〈our Emperor〉から彼の家臣［たち］に公布されました。第二八条には、宗教的自由が認められています。……………このことは、グリーン博士が日本に到着して以来、どんなに早く、この国が前進してきたかを証明しています。」（二月一三日付、to Dr.G.N.Clark／六・三五〇）と記述しているから、新島は、明治天皇を、

⑯　憲法の規定に「宗教的自由」を盛り込んだ皇帝

という意味で、敬意を抱いているとは、言えるであろう。

以上のように、新島が、何程か敬意や一体感を意味する天皇表記を用いている場合の、それらの意味を検討してみると、

新島は明治天皇を、

①「群賢」を「補翼」として善政を行っている皇帝
②日本国とその人民を「文明ノ国」「文明ノ民」へ導きたいという意思をもつ皇帝
③人民が忌憚なく政府に意見を申し出ることを望む皇帝
④同志社に集うキリスト者を弾圧せず、保護・援助の手を差し伸べるべき皇帝
⑤大学教育を興して日本の文明化を促進しようとしている皇帝
⑥国会開設の意思を持ち、人民の要求に応じて国会開設を約束した皇帝
⑦国会開設までに人民の側が、大任を担い得る人物を育成することを期待している皇帝
⑧「君民同治ノ緒」を開く詔を発した皇帝
⑨人民が協力一致して同志社大学に法学部を開設して人材を育成し、東洋世界の政治的な大進歩を遂げ、人民を抑圧政治から解放することを望んでいる皇帝
⑩私学にも官学と同様の「公平無偏ノ律令」、つまり、私学にも徴兵猶予の特典を与えるべき皇帝
⑪「尚武」と「尚文」とのバランスに留意する皇帝
⑫明治国家の統治権を有する皇帝
⑬キリスト教を公認し、一夫一婦制に従うべき皇帝

⑮　憲法を発布した皇帝

⑯　憲法の規定に「宗教的自由」を盛り込んだ皇帝

という意味で言及し、敬意や一体感を表明している。

　また、後醍醐天皇に関しては、

⑭　軍事力を家臣に委ねた皇帝

であることを強調している。

　新島は、明治天皇を「他人」＝人間と見なすと共に、天皇の政治権力を認めて「天皇陛下」と表記して敬愛している。しかし、新島が、敬意や一体感を表す表記を用いて言及する明治天皇とは、現実の天皇制国家をそのまま肯定するものではない。部分的には、実績に基づいて評価できる面もある（①③⑤⑥⑧⑮⑯）。しかし、いまだ、現実とはならず天皇の意思としてのみ存在するものもある（②④⑦⑨⑩⑪⑬）。新島は、これら明治天皇の積極面に言及しつつ、敬意や一体感を表す表記を用いている。

　これら①から⑯まで、新島が述べる内容には、どれ一つとして、天皇による人民の抑圧、天皇と人民との上下序列的関係を肯定するようなものは含まれていない。

　新島は、明治天皇には、日本のみならず東洋的世界の全ての人間を、自らの権利を全うし、同時に他人の権利も認め合う、理想的な文明社会へと導く意思や可能性があるという意味で、また、その意思はすでに部分的には具体化しつつあるという意味で、「明」「陛下」「我」「叡聖」「聖」「大日本」「私たちの〈our〉」「神聖な〈sacred〉」などの語を用いて、天皇に対する一体感や敬意を表現しているのである。新島は、明治天皇を、彼のキリスト教による日本改造に対して期待する皇帝であり、天皇もキリスト教を受容した暁には、真の聖なる皇帝となり得る可能性のある人間として、期待しているのである。

（C）敬意の表明されない天皇表記の意味

しかし、私たちが抽出した明治天皇表記の中には、「王政」「朝廷」「朝」「天皇」「天子」「廟堂」「廟議」など、表記自体には、特別の一体感や敬意を意味する語を付け加えないで、明治天皇に関する叙述を行っている場合もある。次に、これらの表記の意味についても検討してみよう。

［1］明治一一年二月二八日付、寺島宛書簡

「既ニシテ王政維新百弊尽ク除キ、米国在留公使森有礼君ノ周旋ヲ辱シ（闕字）朝廷襄ノ犯律罪科ヲ免シ、之ニ加ルニ留学ノ費金ヲ賜ヘリ、其後朝廷襄ノ不肖ヲ以セズ、襄ノ帰朝ヲ促ガシ、襄ヲ挙用セントスル事両回ニ及ヘリ、然レトモ襄自カラ才浅ク責任ニ耐ヘ難キヲ知ル、且役々官途ニ覊ガル、ハ平生ノ願ニアラズ、故ニ固辞シテ命ヲ奉セズ、襄生レテ僻陋ニ長ス、貧賤ハ固ヨリ甘ンスルトコロ、区々ノ心唯永ク民間ニアリ、教導ニ従事シ学術ヲ講明シテ以テ知識ヲ促進シ、真教ヲ宣布シテ以テ徳義ヲ旺盛ニシ、名スベカラズ状スヘカラサル旧習ノ汚穢ヲ一洗シ、楽ムベク慕フベキ自由ノ元気ヲ振張シ、人々ヲシテ真理ノ空気中ニ呼吸往来セシメ、信義仁愛ヲ以テ自カラ律シ、上ハ朝廷ノ大憲ヲ重シ下ハ同胞ノ交際ヲ敦フシ、此暗濁ノ塵寰ヲシテ真ノ安楽ノ世界トナラシメント欲ス、此襄平生ノ志願ナリ」（明治一一年二月二八日付、寺島宛／三・一五二〜一五三／前掲）

この記述は、前掲の明治一一年の寺島宛書簡の中段において、書かれているものである。新島は、ここでは、「王政維新」や「朝廷」という表記を用いながら、これまでの天皇政府の諸政策や新島に対する処置について、述べている。

新島はまず、「既ニシテ王政維新百弊尽ク除キ、」と、維新政府の開明策を評価しつつ、さらに「米国在留公使森有礼君ノ周旋ヲ辱シ　（闕字）朝廷襄ノ犯律罪科ヲ免シ、之ニ加ルニ留学ノ費金ヲ賜ヘリ、」と記している。この表現は、新島が、すでに父親民治宛書簡で「朝廷」「天朝」表記を用いて述べていることと、内容的には同じである。民治宛書簡で新島は、闕字を用いて喜びを父親と共有しあっていたように、この寺島宛書簡における闕字を用いた「朝廷」表記にも、新島の明治天皇に対する感謝の念が、込められているものと見なすことができる。

つぎに、「其後朝廷襄ノ不肖ヲ以セズ、襄ノ帰朝ヲ促ガシ、襄ヲ挙用セントスル事両回ニ及ヘリ、」についてである。すでに検討したように、明治五年の新島は、一時は田中ら政府関係者に対して過剰な期待感を抱き（田中への闕字措置）、またその後には、田中らの新島への接触の意味が、新島を政府のために使役させることだと気付き、過剰な期待感を反省（田中への闕字不使用）し、その際に、田中批判を「明治政府」へも反射させていた。

新島は、この寺島宛書簡では、「朝廷」＝天皇が、新島を「挙用」（＝使役）しようとしたと記述している。つまり、新島の、田中批判は、明治天皇にまで反射しているのである。新島から見れば、現実の明治天皇は、新島からの請願を、半ば受け入れ、半ば受け入れない皇帝である。

だから、新島は、天皇の官吏である寺島に対して、「教導ニ従事シ学術ヲ講明シテ以テ知識ヲ促進シ、真教ヲ宣布シテ以テ徳義ヲ旺盛ニシ」と、彼の志願・立場を改めて伝えてもいる。書簡の読み手は外務卿なのだから、新島の言う「真教」がキリスト教を意味していることは、説明を要しないであろう。

新島は、すでに「朝廷」表記を二度用いて、天皇には敬愛できる部分とそうでない部分があり、敬愛に価しない天皇の命令には従わないのであるから、何が尊重すべき「朝廷ノ大憲」なのかという判断は、新島自身が行っている。しかし、その表現は、あの明治四年の請願文の堂々とした表現に較べて、「襄自カラ才浅ク責任ニ耐ヘ難キヲ知ル」などとの記述は、やや遜ったものであるし、新島の布教する「真教」が、寺島らが信奉しているものと、同じなのか違うのか、違うとすればどのように異なるのかに関しては、「旧習ノ汚穢ヲ一洗シ、楽ムベク慕フベキ自由ノ元気ヲ振張シ、人々ヲシテ真理ノ空気中ニ呼吸往来セシメ、信義仁愛ヲ以テ自カラ律シ」と記しているだけであり、明言は避け、「真教」と「朝廷ノ大憲」との関係についても、「上ハ朝廷ノ大憲ヲ重シ下ハ同胞ノ交際ヲ敦フシ、」と記述するに留めている。

［2］明治一五年の同志社大学設立のための趣意書草稿

新島は、明治一五年の同志社大学設立のための趣意書草稿の中では、「我天皇陛下」などの表記とは別に、「朝」という表記も使用している。

「上ハ（闕字）天皇陛下ノ叡慮ヲ慰メ奉リ下ハ同胞ノ幸福ヲ来タシメ、朝ニ圧抑ノ政ナク野ニ不平ノ民ナク上下各其ノ宜ヲ得、人々各其ノ分ヲ楽ミ共ニ進ミ共ニ勤テ一日モ早ク我カ東洋ニ真ノ黄金世界ヲ顕出セシメント欲スルナリ」（「骨案」／一・三二／前掲）

「我天皇陛下ヲシテ叡慮ヲ慰メ奉、朝ニハ圧抑制法ナク、郷ニ不平念怨ノ民ナク、」（一一月、「主意②」／一・四二／前掲）

新島が、これらの記述で「朝」と表記するとき、「朝」とは、すなわち朝廷、あるいは、群賢の補翼を得て天皇が行っている政治を意味している。表現は婉曲であるが、新島は、現実の国政の下で人民の中に「不平」「念怨」が満ち満ちており、その責任の一端は天皇とその政府にあると、見なしているのである。そのような内容が述べられる文脈に出てくる天皇関連表記には、闕字などの儀礼的表現はなされていない。

［3］明治一六年日付不詳、「日抄」

「此家ニ、帝ノ持チ賜ヒシ笛、又楠氏の劔、其ノ外旗数旒アルヨシ。近比天子ヨリ杯子三ツ、二百円ノ保存金ヲ賜リタルヨシ」（明治一六年日付不詳、「日抄」／五・一七八／前掲）

この記述の中の「帝」とは後醍醐天皇であるが、新島は後醍醐天皇の意味に関しては、具体的な言及を行っていない。「天子」とは明治天皇のことである。新島は、明治天皇が、後醍醐天皇と楠に縁の品を保存していた当主に下賜金を与えたことを書き留めている。しかし、その場合は、ただ「天子」と表記されているだけで、「明」や「聖」の文字は用いられていない。新島の追求する理想と関わりない些事を行う天皇に対しては、格別の敬意を払っていない。

［4］明治一七年二月、「条約改正ヲ促スノ策」

「○天皇自カ［ラ］属シ賜フ教会勿カルヘカラス
○政府ノ特ニ一教会ヲ助クルハ得策ニアラス
○全教会ニ自由ト保護ヲ賜フ［レ］ハ足レリ
国是ノ方向定、基礎強国、王家万歳」（「条約改正ヲ促スノ策」／一・四五二～四五三／〈目録上〉七一四番）

「天皇自ラ外国ニ幸シ基督教ヲ修メ洗礼ヲ受ケ賜フニ至ラハ非常ノ影況ヲ与ベシ」（「条約改正ヲ促スノ策」／〈目録上〉六七八番）

新島は、二本の「条約改正ヲ促スノ策」の中で、「天皇陛下」＝明治天皇に対して「一夫一婦ノ制」に従うよう求めているが、その場合に「天皇陛下」と表記しているのは、新島が、人間である明治天皇を皇帝として敬愛しているからである。

しかし、新島は、二本の草稿で、明治天皇がキリスト教の洗礼を受け、教会に属するように求める記述の際には、「天皇」と表記している。新島は、天皇家がキリスト教に改宗し、全ての教会・教派に対して自由と保護を与えるとき、「国是ノ方向」が定まり、日本の「強国」としての「基礎」が固まり、「王家」は永遠に栄えると言うのである。

受洗する皇帝なら当然に敬愛の対象となり、敬愛表記が用いられてもよさそうである。しかし、新島はここでは敬意を表す表現は用いていない。新島には、天皇が受洗してクリスチャン皇帝となれば、天皇と新島とは、共に「真神ノ臣」として対等・平等となり、もはや儀礼的表現は不要となるという見通しがあるのであろう。

［5］明治一六年の教会説教

新島は、明治一六年の教会での説教草稿で、

「世間人々、新聞記者、民権家、廟堂之人々、」（二月二四日、於京都第二公会、「目ヲ挙ゲテ見ヨ」／二・一七五）

「世間ノ人々モ新聞記者モ民権家ノ率先者モ廟堂ノ人々ニモ、」（明治一六年七月、［伝道］、／二・三二〇）

と、記述している。

では、ここで新島は、どのような文脈で「廟堂」について言及しているのであろうか。

「十二三年来文部ノ改革　孔孟ノ道ヲ入ル、其ノ効ヲ奏セス

文部ニ関シ最モ孔孟ノ道ヲ旨張セラル、人々ニテ、孔孟ノ道ハ少シモ心ニ入ラス――芸者買ヒハ巧ミナルヨシ

世ノ心アルモノハ已ニ孔孟ノ日本ヲ救ヒ得サルヲ知ル

　内部　人心ノ腐敗ヲ救フ

○民権家ヨリハ板垣君欧州ニ趣カレ、宗教ノ力アルヲ目撃セリ　一ノ宗教カイルト答フ

○新聞記者モ喋々之ヲ論ス

○政府ヨリハ維新以来［立］身勉励セラレタル伊藤公同時ニ欧州ニ趣カレ、宗教ノ上等ニ［モ］下等［ニ］モ非常ノ勢力ノアルヲ目撃セラレタリ

外国トノ交際ニ関シ今尤モ不都合ナルハ、日本ノ法律ノ整頓セサルニアラス、乃ノ人信スベカラス、日本ノ裁判官ハ真神ニ誓フヲ知ラス

世間人々、新聞記者、民権家廟堂之人々、皆一斉ニ新シキ一宗教カイルト云出ス」（「目ヲ挙ゲテ見ヨ」／一・一七五）

新島は、明治一二、三年頃からの政府の道徳政策や、文部官僚の品行や言動に言及している。新島は、文部官吏による文明化に逆行する政策や、推進者自身の不品行と、伊藤のようにヨーロッパ視察によって、新たな宗教の必要を唱えるようになったという、新島から見て期待できる面の、両方を視野に入れて「廟堂」と記している。ここでの「廟堂」という表現は、明治一一年の寺島宛書簡での「朝廷」という表記と、用い方が同じである。

［6］晩年の漢詩

新島は明治二三年一月二三日に逝去するのであるが、最晩年に近い頃の新島は、明治二二年一一月二三日付の横田宛書簡、一二月の「漫遊記事」（五・四〇五）、明治二三年一月一五日付の青柳［新米］宛書簡（四・三三七）で、「廟議」という語を用いて漢詩を書いている。

「　有感

徒仮公事逞私慾　忼慨誰先天下憂

廟議未定国歩退　英雄不起奈神州」（四・二四五〜二四六）

（徒らに公事に仮って私慾を逞うす、忼慨誰か天下に先って憂えん。

廟議未だ定まらず国歩退く、英雄起らずんば神洲をいかにせん。）［この書き下し文は、小川与四郎による。小川『新島襄の漢詩——行動による詩人の影を拾う』（同志社新島研究会、一九七九年）、八〇頁）］

新島は、彼が期待する愛弟子の一人である横田宛書簡では、状況は困難であるが、あくまでも同志社大学設立を諦めないという、新島の決意を記述した後、この漢詩の作意に関わって、「政事上之実況ハ実ニ実着ナル真面目ナル男児ノ乏シキヲ覚へ、益良心之全身ニ充満シタル丈夫ノ起リ来ラン事ヲ望テ止マサルナリ、小生近来ノ自詠御一覧可被下候」（四・二四五）と、記述している。

新島は、「公事」を与り議論するはずの「廟議」＝明治政府の人間たちは、私欲を逞うするばかりであり、このままでは日本は危機に陥ってしまうと憂いている。

以上のように、新島が「王政」「朝廷」「朝」「天子」「天皇」「廟堂」「廟議」などの表記を用いている記述箇所に注目してみると、そこには、新島が「明」「聖」「我」「陛下」「神聖なお方」などの語を用いて明治天皇を記述している場合とは、異なる天皇像が述べられている。明治の王政は開明的である。しかし、いまだ、新島の帰国目的を、完全には理解しておらず、人民は抑圧政治の下で呻吟している。新島は、天皇の受洗すべきことを語り、日本文明化とは関わりのない天皇の行為には敬意を払わず、晩年の新島は、天皇政府への焦燥感を募らせナショナルな危機意識を深めている。新島が、「王政」「朝廷」「朝」「天子」「天皇」「廟堂」「廟議」などの表記を用いるときには、維新以降の国家権力を回復し、実際に国家統治を行っている天皇とその政府の、理想精神とは反する実態を述べている。

このように新島は、明治天皇表記を用いる際に、敬愛し得る天皇を記述する場合と、敬愛できない天皇を記述する場合では、天皇表記そのものを使い分けている。新島は、統治権を持つ天皇を敬愛している。新島は、明治天皇が日本を真の文明国へと導く可能性のある皇帝として期待し、新島が皇帝の行うべき政治・政策とみなすものの内、部分的にでも現実化していることに関しても、敬意や感謝を表している。しかし、新島の期待には反していたり、期待とは関係のない行為については、敬意も感謝も表していないのである。

では、天皇の理想精神は、如何にして現実化するのか。それは、あの「ダニヱルノ夢判断」という説教で熱っぽく説いているように、同志社が生み出すキリスト者をおいて他にはないというのが、新島の答えである。

以上の検討によって、新島の天皇に対する敬愛の中身は確定したと言える。従って、新島が用いている闕字儀礼も、「明」「聖」「陛下」などの敬意表現も、あくまで新島のキリスト教による日本改造という視点からの評価に基づくものである。

だが、帰国後の新島は、敬意や敬愛を込めた表記を用いて、しばしば明治天皇に言及しているのであるが、それらの事例の中には、闕字を用いたものと用いないものとがある。それは、如何なる理由に基づくものなのであろうか。

（D）明治天皇、その政府や法令に対して闕字措置を行う理由

ここまでの私たちの検討を踏まえて、改めて帰国後の新島が、明治天皇、その政府や法令に対して用いている闕字事例に注目してみよう。

「我（闕字）天皇陛下」「上ハ（闕字）天皇陛下ノ叡慮ニ」「上ハ（闕字）天皇陛下ノ叡慮ヲ慰メ奉リ」（明治一五年一一月七日、「同志社大学設立之主意之骨案」）

「辱ナクモ（空字）我カ（行頭）叡聖ナル天皇陛下ニハ、」（明治一五年、「同志社大学設立ヲ要スル主意」）

「……………嗚呼賢明ナル（闕字）内閣」（明治一七年二月、「改正徴兵令ニ対スル意見書（A）」）

「敬テ改正徴兵令ヲ拝読シ（闕字）此令ノ旨趣ノ」「（行頭）聖朝ヲ万歳」「（行頭）叡（明ナル天皇陛下）断良策［ノ］基礎」（明治一七年二月、「改正徴兵令ニ対スル意見書（B）」）

「昨朝ハ（闕字）至上ニも御出発」（明治二〇年二月二一日付、新島公義宛）

「紀元節ニ際シ我
（行頭）明聖ナル
（平出）天皇陛下ニハ、其ノ臣民ニ欽定憲法ヲ賜ハル」（明治二二年二月一一日、「漫遊記」）

「　慎テ
（平出）憲法発布ヲ祝賀ス」（二月一六日付、井上馨宛書簡）

帰国後の新島は、明治天皇やその行為に関する表記を、随分たくさん用いているのであるが、闕字儀礼を用いた事例は少ないと言える。これらの事例には、〈自筆〉を確認できず、〈全集〉では闕字や平出が表記されている事例は除外されているのだが、仮にそれらを含めるとしても、事例数は七増加するだけである（明治一一年、寺島宛書簡の「明天子」と「朝廷」。明治二〇年、新島公義と増野悦興宛書簡での「至上」と「同志社記事（社務第十八号）」での「聖上皇后」。明治二二年、広津友信宛書簡の「我カ天皇陛下」と公義宛書簡の「憲法発布」）。

これら〈全集〉での闕字事例を含めてみても、帰国後の新島が用いる闕字には、一つの法則があったことが判る。新島は、同志社の学生たちやキリスト者を前にした説教や演説の草稿でも、天皇について言及する場合があるが、私の行った〈自筆〉調査では、これらの中では、闕字事例を検出できなかった。だから、帰国後の新島は、学生やキリスト者の集う教会内部では、闕字不使用の原則を守ったと言える。

しかし、新島は、対外的な書簡、国民に同志社大学設立への協力を訴える趣意書草稿、改正徴兵令に関する政府宛の意見書草稿、同志社内の弟子たちへの通信文、さらに彼自身の記録帳にさえ、闕字を用いているのだから、闕字不使用の原則は、対外的にはもちろんのこと、同志社内部でも教会の外では、守られなかったと言える。

ところで、私の行った〈自筆〉調査に基づいて、新島の用いる闕字儀礼の内で明治天皇とその政府に関するものだけに限定してみると、新島が闕字儀礼を用いた文章を残している時期は、限定されていることが判る。それらは、

・明治一五年の大学設立趣意書草稿
・明治一七年の改正徴兵令に関する意見書草稿
・明治二〇年の同志社内部の通信文
・明治二二年の書簡類や新島の記録帳

である。

これらの時期の内、明治一七年の改正徴兵令に関する意見書草稿に関してはすでに詳細な検討を終えているので、以下では、明治一五年の大学設立趣意書草稿、明治二〇年の同志社内部の通信文、明治二二年の書簡類や新島の記録帳に関して、新島が、天皇あるいはその行為を現す語句に対して、闕字措置を行っている意味を探ってみよう。

〈a〉　明治一五年の同志社大学設立趣意書草稿

まずは、明治一五年、同志社大学設立の趣意書草稿から検討してみよう。新島は、「骨案」「主意①」「主意②」の三本の趣意書草稿を残しており、その内、「骨案」では闕字を用いた「天皇陛下」を三回表記し、「主意①」では、闕字を用いた「天皇陛下」を一回表記し、「主意②」では一回「天皇陛下」を表記しているが、闕字は用いていない。これら三本の草稿は、いずれも実際には印刷されず、広く読まれたような記録もない。以後、今日まで同志社内部で保管されてきた。

新島は、なぜ三通りの天皇表記によって、草稿を練っているのだろうか。

新島は、明治一五年一一月には、「同志社学校設立ノ由来」（一・三三～三五／〈目録上〉三番）という文章も起草しており、これは、やがて同志社関係者の手によって文章が整えられ活字化されている（明治一七年の「同志社英学校設立始末」（一・九〇〜九四）、明治二一年の「同志社設立の始末」（一・七二〜七五））。また、その後、つまり明治一六年以降も、同志社では大学設立の趣意書が何度か起草され、その中には、印刷され対外的に公表・配布されたものもある。しかし、これらの文章では、明治天皇に関する儀礼的表記は使用されておらず、従って、闕字も使用されていない。

これらのことは、大学設立趣意書の起草に当たって、新島が、天皇に関して特別な儀礼的表現を試みたのは、明治一五年という特殊事情に依るものであったことを、示しているのではないだろうか。

明治一五年の新島が、趣意書草稿で「天皇陛下」表記を繰り返し用いているのは、法学部開設の理由を説明する箇所であり、明治一四年一〇月の国会開設の詔に関わってである。しかし、六年後の明治二一年の新島は、京都府民に対して大学設立を訴える際の演説草稿では、国会開設の詔に関して、「国会開設ノ盛典ヲ観ントスルノ時ノ来リマシタハ、此レ皇天ノ賜モノニシテ吾々ノ此ノ時代ニ遭逢スルハ実ニ、吾々ノ慶幸ト申スベシ、吾人ハ豈ニ皇天ノ賜ヲ空フスベケンヤ」（「私立大学ヲ設立スルノ旨意、京都府民ニ告グ」、明治二一年五月一八日／一・一二五）と記述している。

新島は、「上帝論」という説教の中で、キリスト者としての人倫関係における感謝の手順に関わって、次のように述べている。

「吾輩君の恩を蒙りて其君を尊み、父母の恩を蒙りて父母を愛し、他人の恵を受其者を感服する者是人情の然らしむる所、然し神ハ世界を造り我等求むる所の食物衣類等に成るへき物を賜ひ、我等をし而今日安全ニ生活セしむるハ全く神の恩と申者にて、我等に禄を賜ふ主人、我等を養育する父母、我等を恵みたる恩人ハ、神と我等の間に立つて神の賜ふ物を取次きて我等に賜ふ也、故に主人の恩を謝すれば宜第一に主人より大切なる神を謝し、然後主人に謝すへし、父母の恩を謝［せ］んと欲せば必ら［ず］先父母より有難き父母の父なる神に謝し、然る後父母に謝すべし、恩人の恩に感して之に謝せんと欲せば先恩人の恩主なる神に謝し、然る後恩人に謝すべし」（年月日不詳、「上帝論」／二・二九六／〈目録上〉六五九番）

キリスト者新島から言えば、「君」＝天皇が人民に対して「恩」＝国会開設の詔をあたえたのは、天皇が、「神と我等の間に立つて神の賜ふ物を取次きて我等に賜ふ」たのであり、天皇は、神の意思の代執行者なのである。従って、感謝の手順としては、天皇の「恩」に感謝するのであれば、まず第一に天皇よりも大切なる神に感謝し、しかる後に、天皇へ感謝すべきであると言うのである。

明治二一年の新島は、独一真神を「皇天」と表現してはいるが、ともかく、国会開設の詔を「皇天」＝独一真神から日本人民への賜物だと、キリスト者としての第一義的な感謝を、神に対して述べている。

しかし、明治一五年の新島は、国会開設の詔に関して、キリスト者としてなすべき第一義的な神に対する感謝は記述しないで、第二義的な人間「天皇陛下」に対する感謝のみを表記している。だから、明治一五年の三本の趣意書草稿は、いずれも、キリスト者としての感謝の手順原則に違反したものなのである。そして、違反した草稿は、天皇に対する感謝表現＝儀礼の強調が異なる三種類が起草された。

だが、明治一五年の新島は、何故に、このようなキリスト者としての感謝手順に違反してまで、趣意書草稿を書いているのだろうか。この問題に関して、この小論では、新島の内面その詳細を明らかにすることはできない。しかし、少なくとも次の二点は、指摘できると思われる。

第一点は、新島の民族的な危機意識である。新島は、明治七年、帰国直前にラットランドで行った募金要請演説でも、欧米各国に派遣されている政府留学生たちの「大部分はヨーロッパの不信仰の影響下」にあると言い、また、「日本のような国では悪魔ははやばやと種子をまくのです。ですから私たちは悪魔を出しぬいて、福音の種子をまかなければなりません。」と、彼ら＝「悪魔」が西洋の不信仰を日本に広める前に、日本伝道を行いたいと述べていた。(1)

しかし、実際には、すでに政府の大学は設立されているし、不信仰の悪魔は急速に国民の意識の中に広まりつつあることは、あの「ダニエルノ夢判断」という説教草稿にも、示されている通りである。

明治一七年の新島は、二度目のアメリカ訪問中に書いた文章の中で、明治日本が直面しつつある、新たな民族的危機に関して、次のように述べている。

「私たちの政治的革命の最も深刻な時期は、ほとんど過ぎ去りつつあるが、政府と同様に社会も、すぐにある新しい事態に陥るであろう。しかし、どんな事態か。この訴えの筆者には、私たちの近い将来は、過去よりも一層深刻な問題に直面するように思える。私たちの未来はどうなるのかという問が、私たちの間で必然的に生じている。実際に、日本は自由な立憲政府を持つことが運命付けられており、日本は、必ず、人民を完全に教育しなければならない。もしも、自由な憲法とより高等な教育が国民に保障されるならば、それは大変な偉業である。しかし、これら二つの要素が要因となって、所信の自由を、そしてそれゆえ、自由な所信による恐ろしい闘いを、発生させやすくするかも知れない。もしも、それを妨げないとすれば、恐ろしい国家的な無秩序が運命となるかも知れない。もしも、国家が、現在のコースを歩むことが許されるとすれば、日本の再生の望みは、永遠に失われるかも知れない。」（明治一七年、「日本におけるキリスト教主義高等教育のためのアピール」／七・三六〇）

新島が、ここで述べているのは、これからの日本の進路である。新島は、日本にも「自由な憲法とより高等な教育が国民に保障される」時代がやがて来ることを予測している。だが、日本がいまの進路をそのまま歩むならば、それは、「自由な所信による恐ろしい闘い」を発生させやすくなり、日本には、過ぎ去った危機よりも、もっと恐ろしい「国家的な無秩序」が発生し、「日本の再生の望みは、永遠に失われるかも知れない」と言うのである。

新島は、日本のキリスト者や学生たちに対しても、同様な危機意識を述べている。

「維新以来泰西ノ学術輸入セシヨリ、神仏両道ハ勿論、我カ同胞ノ元気ヲ養ヒ来タリシ支那ノ古哲ノ学モ亦擯却セラレ、孝悌忠信ノ道ハ泰西ノ学術ト併行スル能ハス、遂ニ民権自由ト交換セラレタルニ似タリ、且無神論者ノ説ノ如キ益勢力ヲ逞シ、一派ノ学風ヲ惹起シ、古キヲ捨テ新キヲ撰ヒ○我東洋ヲシテ不知々々西洋社会党虚無党ノ轍ヲ踏マシムルヤ必セリ
長者ヲシノキ、定律ヲ嫌ヒ、道理ト称シテ、其ノ実豪［モ］道理ニアラス、真理ト称スレトモ其実真理ニ似タルモノ、其ノ結果ハ遂ニ破壊主義ニ流レ、稍モスレハ政府ニ抵抗シ転覆スベシナド奇怪ノ説ヲ立ツルニ至ル○今之カ鋒ヲ挫クノ策ヲ立テサレハ、他日我東洋ニ第二ノ仏国革命ヲ画キ出スモ計知ルベカラス」（明治一七年、「条約改正ヲ促スノ策」／一・四五〇）

新島は、維新の変革によって、ともかく、迫り来る西洋列強の圧迫から日本を護ることができたと言う。そして、それを可能にしたのは、神仏両道と儒教の精神だと見なしている。中でも儒教は日本人の元気を養い、危機を乗り切るための倫理道徳（「孝悌忠信ノ道」）たり得た。しかし、「民権自由」など西洋の学術は、儒教倫理とは両立し得ず、瞬く間に倫理基準としての力を失い、無神の学説が凄まじい勢いで日本人に広まりつつある。日本が、このままの進路を歩めば、日本は秩序なき破壊主義の社会に至ってしまい、永遠に、日本に神の御国を実現するチャンスは、失われてしまうと言うのである。明治一五年の新島も、このような民族的な危機意識に突き動かされていた。（例えば、「義人之祈」という説教が行われたのは一四年四月である。）だから、同志社大学、とりわけ法学部は、日本を救済するために一刻も早く開設しなければならないと、考えていた。

第二点は、明治一五年の段階では、大学設立運動の中心となるべき同志社が、いまだ政治意識において未熟であったことである。河野仁昭の研究によれば、新島の大学設立運動が、実際に着手され始めたのは明治一五年であり、その契機となったのは、大和の豪農土倉庄三郎が、明治一四年一〇月中旬、同志社大学に法学部を作るのならば、五千円寄附すると約束したことである。(2) だが、当時の同志社内部に、法学部設置の要望というのは、極めて微弱であった。

そのことは、明治一七年一月に新島宅で開かれた同志社幹部たちの会合でも、新島はまず法学部を設立したいと述べたが、協議の結果、文学部を最初に作ることが決定されていることからも、窺うことができる。[3] つまり、明治一五年においても、法学部設立の意義は、おそらく新島を除いて他には、理解者がほとんどいなかったのである。

このことは、新島が明治一五年に同志社大学設立の意義を訴える際に、法学部設置に関しては、その意義を、同志社外部の一般国民に訴える必要もあったが、同時に、同志社関係者たちをも啓蒙する必要があったことを意味している。

すでに言及したように、「骨案」と「主意②」とは、構成が酷似している。しかし、法学部設立と同志社大学設立の目的を記述した箇所の表現は、明らかに異なっている。

両者の記述を対比させてみると、次のようである。（なお、資料中のサイドラインは、比較の便宜のために筆者が付したものである。）

［法学部設立理由の記述部分］

・「主意②」／「抑国会ノ如キハ政府ニ於テモ兼テ之ヲ設立スル主旨ナキニハアラサレトモ、人民ヨリ切ニ要求セシ所ヨリ、遂ニ二十四年十月十二日之明詔アルニ至リシ事ト推考スレハ」（一・四一）

・「骨案」／「抑国会ノ如キハ我（闕字）　天皇陛下モ早晩之ヲ開設スルノ御旨ナキニハアラサレドモ、人民ノ切ニ願望セシ所ヨリ遂ニ彼ノ明詔アリシニ至リシナラント推考スレハ」（一・二九）

・「主意②」／「人民タルモノ其大任ニ当ルノ人物ヲ撰択シテ大政ニ参与セ［シ］メサレハ、人民タルモノ［ノ］分ヲ尽セリト云ヘカラス」（一・四一）

・「骨案」／「吾人明治ノ民タルモノ其ノ大任ニ当ルノ人物ヲ養成シテ大政ニ参与セシメサレハ吾人ハ実ニ天皇陛下ノ罪人ト云ヘキモノナリ」（一・二九）

・「主意②」／「此ノ美世ニ遭逢シ今ノ大任ニ当リナカラ、猶予不断国会開設ノ日ニ至ル迄モ全ク準備ニモ怠リ、人物ハナシ人物ニハ乏シト云テ其ノ任ニ適応スルノ人物ヲモ差出セス、随テ政府ノ主旨ニモ反ムキ自身ノ頭上ニ不都合、不幸ヲ醸シ来ラシメハ嗚呼夫レ誰ノ罪ソヤ」（一・四一）

・「骨案」／「吾人此美世ニ遭逢シ此ノ大任ヲ負担シナカラ、猶予不断国会開設ノ期ニ至ルモ尚準備ヲ怠リ、人物ハナシ人物ハ乏シト云テ其ノ任ニ適応スルノ人物ヲ撰挙セズ、随テ上ハ（闕字）　天皇陛下ノ叡慮ニ叛キ奉リ、下ハ自身ノ頭上ニ不幸ノ暗雲ヲ惹起セシメハ嗚呼夫レ誰ノ過チソヤ」（一・二九）

・「主意②」／「国ノ父母ナルモノハ教師ニ関スルモノ大器量ノ人才ヲ養成スルニ尽力シ、学［カ］力アルモノ其学力ヲ以テ世ニ事ヘ、資産アルモノハ其ノ資産ヲ以テ世ニ捧ケ、同心協力我カ東洋政事上ノ大進歩ヲ計リ、我日本ヲシテ泰山ノ堅キニ置キ、我天皇陛下ヲシテ叡慮ヲ慰メ奉、朝ニハ圧［カ］抑制法ナク、郷ニ不平念怨ノ民ナク、上下各其所ヲ得、」（一・四一～四二）

・「骨案」／｛法学科開設理由の文章中には、対応部分は存在しない。｝

［同志社大学設立の理由を述べた部分］

・「主旨②」／「諸学科ヲ振起シ製造殖産ヲ盛ナラシメ、又商法貿易ヲ興シ、道徳ヲ隆［カ］興シ教化ヲ盛ニシ風俗ヲ純良ニシ弊風ヲ矯メ、「人々信義ヲ以交ハリ父子各其任ヲ知リ」我人種ヲモ改良シ、男女ノ間ヲ正シクシ、又社会ノ初メハ夫婦ニアリト云ワルコトナレハ、速ニ一夫一婦ヲ以相ヒ結ヒ従来一妻数妾ノ悪弊風ヲ一洗シ去リ、「人種ヲ改良シ人心ヲ清潔タラシメ」我維新ノ名ニ背カス一新ノ民タル品格ニ進マシメ、我東洋ニ黄金世界ヲ来ラシメン事コソ吾輩大学ヲ立ツルノ目的ナリ」（一・四二）

・「骨案」／「普ク諸学科ヲ設ケ製造、殖産、商法、貿易、経済、文学等ヲ振興セシメ、又風俗ヲ教化一新シ人種人心改良ノ点ニ至ル迄関スル所アラントシ、我カ同胞ヲシテ維新ノ民タル品格ニ叛カサラシメ我カ日本ヲ泰山ノ安ニオキ、上ハ（闕字）　天皇陛下ノ叡慮ヲ慰メ奉リ下ハ同胞ノ幸福ヲ来タシメ、朝ニ圧抑ノ政ナク野ニ不平ノ民ナク上下各其ノ宜ヲ得、人々各其ノ分ヲ楽ミ共ニ進ミ共ニ勤テ一日モ早ク我カ東洋ニ真ノ黄金世界ヲ顕出セシメント欲スルナリ、」（一・三二）

このように、「主意②」と「骨案」の記述を比較してみると、新島は、同志社大学設立の目的を記述する箇所で、「主意②」では、「人種ヲ改良シ人心ヲ清潔タラシメ」る一例として、「一妻数妾ノ悪弊風ヲ一洗シ去」ると、キリスト教の一夫一婦制の倫理を明示しているが、「骨案」では、「上ハ（闕字）　天皇陛下ノ叡慮ヲ慰メ奉リ」と、天皇尊崇を強調している。また、法学部開設の目的を記述した箇所を比較すると、新島は、「主意②」では、国会開設の詔に関わって、主として「政府」と「人民」の関係を記述し、人民が協力一致して法学部を開設し、政治上の大進歩を図ることを記述するくだりだけで、闕字を用いないで「我天皇陛下ヲシテ叡慮ヲ慰メ奉」ると、天皇への敬愛を記述しているが、「骨案」では、「主意②」では「政府」と表記した箇所を、「我（闕字）　天皇陛下」と表記し、人民の天皇に対する尊崇を強調した表現を用いている。「骨案」の自筆原本を見ると、新島は、一旦は「政府」と表記し、その後で「我（闕字）　天皇陛下」と書き直している／［写真34］。

このような所にも、新島の読み手の価値意識・儀礼意識を配慮して、何とか協力者を募ろうとする苦辛の跡を窺うことができる。

では、なぜ「主意②」と「骨案」とでは、文章の構成は近似していながら、天皇表記や闕字使用において、このような相違が生じているのだろうか。新島は、「主意②」の末尾に近い部分で次のように述べている。

「願クハ大方ノ諸彦ヨ、………吾輩切ニ同胞ノ幸福ヲ計ルヲ以テ、誤テ政党ニ左袒スルモノト見做ス勿レ、吾輩事物元理ヲ探窮スルヲ以テ自任スルモノナレハ、決テ一政党ノ範囲内ニ入ルモノニアラス、又枉テ政府ニ佞スルモノニモアラス、□ニ真理カアル所ヲ探リ真理ノ　ニ遊ハント欲スルモノナリ」(一・四二一〜四二三)

「骨案」の中では、これに類するものとして、

「我輩ノ目的ハ一時ノ需用ニ応シ一世ノ喝采ヲ求ムルニアラス、又一世ノ排評［ママ］ニ依テ左右変更スルモノニアラス」(一・三二)

という記述がある。

これらを比較してみると、「主意②」の新島は、同志社は、「真理」に従うのであり、「真理」を枉げてまで「政党」や「政府」に迎合するものではないと、「骨案」の場合よりも、直接的表現を用いて、現実政治からは独立した立場にあることを表明している。

だから、「主意②」の記述は、「骨案」よりも、より強くキリスト教の「真理」を表現した草稿なのであり、新島は、この「主意②」の読み手としては、すでにある程度キリスト教の真理を学んでいる人々、つまり、同志社関係者やキリスト者たちを念頭に置いているように思われる。新島が、同志社内部で闕字儀礼を用いているのは明治二〇年以降であり、教会内部では一貫して闕字不使用の原則を守っているのであるから、「主意②」では闕字を用いていない理由も、説明できる。

しかし、「主意②」は、同志社関係者やキリスト者を読み手とし、彼らを啓蒙することを目的とした趣意書であり、

そこでは、闕字儀礼が用いられていないと言っても、すでに述べたように、法学部開設理由の説明の仕方は、やはり天皇＝政府よりも大切な神に対する、第一義的な感謝表現を省略している点では、キリスト者として守るべき感謝の手順に反している。

つまり新島は、同志社に集う人々に対して、彼らの政治意識を喚起し法学部開設の意義を理解させるために、キリスト者としての感謝手順の原則を枉げた表現を用いているのである。

では、新島は、原則を枉げてまで、如何にして読み手を啓蒙しようとしたのだろうか。それは、一言でいえば、同志社関係者やキリスト者の意識に纏綿し続けている勤王精神にも訴えたいということであろう。維新後に青年期を迎える世代にとって、天皇への敬愛というのは自明の事と受け取られており、それは、キリスト教を受容した若者の場合も例外ではなかった。草創期の同志社で、新島の主要な弟子たちの多くは、熊本バンドの学生たちであったが、彼らが明治九年一月三〇日に、花岡山山頂で盟約した「奉教趣意書」を見ると、彼らは「皇国」と「上帝」表記に対して闕字を用いている（〈写真集〉六二頁、参照）。現実政治からは距離をおき、キリスト教に関心を抱く彼らにおいても、天皇と天皇が統治する日本は、最初から敬愛すべきものなのである。

新島は、そのような学生たちの勤王精神にも訴えるような表現を用いることで、彼らの法学部開設運動へのエネルギーを引き出そうとしているのである。

そのようなエネルギーの喚起ということでは、「骨案」と「主意①」も同じである。しかし新島は、いまだキリスト教を知らない読み手に対しては、闕字儀礼も使用して、何とかして、協力を取り付けようと試みているのであろう。だが、一般国民といっても、土倉のように同志社に対して一定の理解を示す者と、そうでない者とがいる。河野が、「骨案」に関して、「政界の要人にも協力を要請する意図もあって、政府の方針に対する批判とうけとられるおそれがある言辞はさしひかえた」[4]と記しているように、趣意書の読み手の中には、政府要人も含まれていた。その結果、新島は、一般国民を読み手として意識するとき、「骨案」と「主意①」という、「天皇陛下」表記と闕字措置の使用回数の異なる、二つの趣意書を起草したのだと考えることができる。

明治一五年の新島は、趣意書の起草を古沢滋に依頼してもいる。(5) 新島は、これらの趣意書を起草する際には、同志社外部の人間たちからの忠告・意見を受け入れて、表現を練っているのであろう。

「骨案」「主意①」「主意②」を、それらが掲載されている新島全集第一巻で、各趣意書のボリュームと、法学部開設理由に用いている行数を比較してみると、「骨案」は九ページで法学部に関しては一六行、「主意①」は八ページで法学部には四行、「主意②」は八ページで法学部には二二行、それぞれ費やしている。

これらの内の「主意①」では、法学部開設目的を記述する際に、人民の「権理義務」、政治思想としての「自治ノ精神」、「君民同治」など、民権運動家のタームを用いてコンパクトに記述しているが、これらのタームは、「骨案」と「主意②」では使用されず、法学部開設目的の説明のために多くの行数を費やしている。そして、「骨案」では法学部に限らず同志社大学設立そのものが、「上ハ（闕字）　天皇陛下ノ叡慮ヲ慰メ奉ル」ものであることを強調し、「主意②」では、人民が協力一致して法学部を開設し政治上の大進歩を遂げることが、「我天皇陛下ヲシテ叡慮ヲ慰メ奉」ことだと記述し、大学設立は学術進歩とともに、キリスト教倫理で人心を一新するためのものであることを強調している。

このような新島のタームの用い方の違いから見ても、「骨案」「主意①」「主意②」は、政府関係者、民権家、キリスト者という、それぞれの意識の違いを配慮した草稿であることが判る。

新島は、三通りの趣意書を作ることで、多様な立場の人間からも賛同・協力を引き出そうと工夫しているのである。

注

（1）オーテス・ケーリ「ラットランドの新島襄と同志社」、『新島襄の世界―永眠百年の時点から』（晃洋書房、一九九〇年）所収、二一〇～二一一頁、参照。
（2）河野仁昭、前掲「新島襄の大学設立運動（1）」、一～二頁、参照。
（3）河野、同論文、三〇～三一頁、参照。
（4）河野、同論文、一三頁。
（5）河野、同論文、五頁。

〈b〉　明治二〇年と二二年の書簡や記録帳など

新島は、明治二〇年と二二年にも、天皇やその行為を表す語句に対して闕字を用いている。しかし、この時期の闕字措置には特徴がある。新島は、明治二二年の憲法発布後には、井上宛書簡で「憲法発布」を平出にしているが、それ以外の闕字措置は、同志社内部の新島の弟子への通信文や新島の記録帳に現れる。私の〈自筆〉調査で、このような事例を確認できたのは、明治二〇年の新島公義宛書簡と、二二年の「漫遊記」の二事例だけである。しかし、〈全集〉の闕字表記に従えば、実際には、このような事例はもっと多いのであろう。では、この時期の新島は、何故に闕字を用いているのであろうか。

新島は、私学に徴兵猶予の特典を与えない改正徴兵令が公布された後、一七年二月には自ら上京し、伊藤ら政府関係者と接触したが、政府を説得することはできなかった。この新島は、その後同志社関係者に対して、繰り返し政府の不公平な徴兵政策を批判する言葉を残している。

帰京した新島は、同志社で、「今日ノ政府ノ圧制ヲ永久甘受スベキカ、之ヲ改良スベキノ精神ヲ養フベキカ。今ヨリハ正良ノ私塾ハ倒レ、有名無実ノ官公立校多ク出デン。好シ我同志社ハ仮令生徒悉ク去ルモ、依然トシテ此の相国寺門前ニ建置クベシ。」（二月二二日「池袋清風日記」上／七五頁）と述べたと伝えられ、また、四月から二度目の外遊に出かけた新島は、旅先から日本に宛てた書簡の中にも、「当時イタリヤ国ハ漸ク盛大ニ赴ク由、政府ハ常ニ急進又余リ圧ナク、民間ノ人物学者輩ハ尽ク政府ト一致シオル由、徴兵令ノ如キハ実ニ其当ヲ得タルモノニシテ、我日本ノ勝手不公平ナル類ニアラス」（明治一七年六月六日、新島民治・とみ・八重・公義宛／三・二八四）、「我カ公平ヲ基ヒトナシ賜フ明治政府ニシテ如［斯］偏派ノ御所分アルハ如何ナルモノゾ、我輩ノ見ル所ニヨレハ明治政府ハ日本全国民ノ政府トハ認メ難シ、何ソ［眼活］ヲ全国［ニ］ソ、キ公平無私ノ令ヲ施サ、ルヤ、乍去吾輩ノ議論ハコマメノ切歯スルガ如シ、公然之ヲ紙上ニ論スルモ益ナク、内々参議連中ニ交通シ吾輩ノ意見ヲ吐露スル［ヨリ他］ニ良策ナカルナ［ベ］シ」（明治一七年一二月一六日、小崎弘道宛／三・三一三）と、記している。

これらの表現には、明治政府は、国民に対して公平であるべきであり、国民のための政府であるべきだという、新島の政府に対する強い期待感と、現実には、抑圧的で不公平な政治を行っているという義憤とが、語られている。そして、一二月の小崎宛書簡では、「乍去吾輩ノ議論ハコマメノ切歯スルガ如シ、公然之ヲ紙上ニ論スルモ益ナク、内々参議連中ニ交通シ吾輩ノ意見ヲ吐露スル［ヨリ他］ニ良策ナカルナ［ベ］シ」と述べて、今までは文章でそのことを政府に対して訴えてきたけれども効果がなかったので、これからは、直接に参議連中と交わり意見を吐露するしか方法がないとも記しているが、明治一八年末（一二月一二日）に帰国する新島は、実際に明治一九年以降、明治政府や中央の財界との接触を、それまで以上に深めていく。一九年、二〇年のその主な動きを年譜から拾い出すと、次のようなものがある。

（明治一九年）一月二三日・森文部大臣を訪問。一月三〇日・歩兵操練科設置願を文部省へ提出。五月一四日・内大臣三条実美を訪問、看病婦学校設立についての賛助を請う。五月一九日・森文部大臣を操練科設置などに関し訪問。同日、伊藤総理大臣の秘書官に会う。七月一三日・神学科設置の請願を提出。一一月一六日・京都府知事に「神学専門科設置御願」を提出。一二月二〇日・神学専門科の設置が認可される。一二月二八日・森有礼が同志社訪問。（明治二〇年）一月一〇日・京都滞在中の井上馨外務大臣に大学設立のための賛成を得ようと接触を図る。一月二六日・天皇京都行幸につき同志社の全校生徒、七条ステーションに奉迎する。二月一九日・伊藤博文夫妻が同志社を訪問。二月二〇日、天皇京都出発につき同志社生徒、ステーションまで奉送する。三月二日・東京へ出発し、五日には、文部省の折田彦市と司法省の三好退蔵、七日には森文部大臣、一一日には伊藤総理大臣、青木周蔵と面会。三月二三日・宮中顧問官元田永孚が同志社を訪問。七月三一日・司法次官三好退蔵が同志社訪問。八月一一日・京都看病婦学校の設立が認可。（以上、新島全集第八巻、「年譜編」を参照）

さらに、明治二一年以降、政府関係者有志も協力した、新島の必死の募金活動の様子は、後ほど紹介するこの時期の北垣や井上宛書簡からも、その一部を窺い知ることができる。

確かに、明治二〇年三月一九日の新島は、明治政府との改正徴兵令問題などに関する交渉に手応えを感じながら、「上等社会ニモ大分道之勢力相及ヒ候」（三・四五五）とも述べており、明治政府関係者が、度々同志社を訪問するようになっている。そのような状況下で、同志社内部では、対外的な儀礼形式が一層整えられていく。

すでに籠谷次郎や本井康博が指摘しているように、英学校開設後の同志社では、開校三年後には、紀元節と天長節が休日となっていたが、明治一九年頃には、さらに孝明天皇祭、神武天皇祭、神嘗祭、春秋皇霊祭も祝日となっているし、国旗に関しては、開校直後の明治八年一二月に、祝日には日米の国旗を掲揚する旨の願いを京都府知事に提出（不許可）し、明治一〇年のアメリカン・ボードの年会開催のときや、明治一六年の卒業式の際にも会場正面に日米の国旗が飾られ、さらに、明治一八年の同志社創立一〇周年記念式の際には、門前に国旗が掲揚されていたと伝えられている。[1]

また、同志社英学校の学生たちが学ぶ東洋学に関する学科名も、明治八年には「支那学（史類本朝史　支那史）」[2]、一五年には「漢学科」[3]、一八年には「和漢学」[4]、そして、明治一九年には「皇漢学」[5]と、名称を変更している。新島らが、政府関係者との接触を密にしていくとき、政府関係者たちの中にも同志社に関心を抱くものが現れるのであるが、新島は、彼らとの価値意識・儀礼意識における不要な対立を避け、目的（徴兵猶予の特典と大学募金への協力）を達成しようとする。新島の同志社内部における闕字儀礼も、ちょうどこの時期から現れ始める。おそらくは、新島自身が、闕字を用いた文章を記述し、同志社の弟子たちにも従うよう促しているのであろう。

注

（1）籠谷次郎「同志社における学校儀式の展開（一八八〇年代～一九四五）」、本井康博「新島襄」、共に『近代天皇制とキリスト教』（同志社大学人文科学研究所編、一九九六年）所収、参照。

（2）『同志社百年史　資料編1』（学校法人同志社、一九七九年）、六頁。

（3）同書、二六〇頁。

（4）同書、二七五頁。

（5）同書、二八二頁。

［B］政府関係者、民権家に対する闕字儀礼

最後に、新島が政府関係者や板垣宛書簡で、読み手に対して闕字を用いている事例について、検討しておこう。現在、遺品庫に保存されている原本によれば、新島は、明治一一年の外務卿寺島宛書簡で闕字を用いているが、この書簡についてはすでに詳細な分析を行っているので、ここでは分析対象からは外すことにする。すると、私の〈自筆〉調査の結果に基づけば、その後に新島が対外的な書簡で闕字を使用しているのは、明治一五年一〇月一八日付の京都府知事北垣国道宛書簡である。そして、新島は、それ以降、北垣の他、板垣退助、井上馨宛書簡でも闕字を用いている。

では、新島は、これら書簡で、闕字を用いて何を述べているのであろうか。

(1) 明治一五年一〇月一八日付、北垣国道宛書簡

［表1］を見ると、新島はこの書簡では、「閣下」に対して三箇所で闕字を用いている。新島は、同志社の貧しい一生徒が病気にかかり帰郷を家族から促されていることにつき、「右ニ付進退維谷（闕字）閣下迄歎願」、「閣下之同人を扶助し賜うは………」、「閣下幸ニ容る、所あらは………」と記して、その生徒に対する経済的庇護を、北垣に要請している（三・二二六〜二二七、参照）。

(2) 明治一六年一二月三一日付、板垣退助宛書簡

この板垣宛書簡では、「閣下」という表記が一三回用いられている。新島は、ヨーロッパ視察を終えて高知に帰省（闕字）している板垣に対して自らの日本改造構想を説き、キリスト教に対する関心を強めているかに見える板垣に、「

閣下ニハ弥御壮健………」と挨拶を記し、「閣下ニし而我東洋改良を以自任せらる、ならば、先第一ニ閣下之御心を新ニするこそ急務中之大急務と存候」、「閣下ニして尚遅々旧ニより旧衣を着し断然自新民とならされは、閣下之事業も芳名も志操も工風も焦心も百年を出さる内恐ラクハ高知之浜辺ニ消滅し去らん」と、キリスト教信仰を勧め、また「何卒閣下ニも御賛成被下、国会開設前ニ是非とも設置仕度候」と、大学設立への協力も要請している（三・二五二～二五五、参照）。

（3）明治一九年一〇月二六日付、北垣国道宛書簡

この書簡で新島は、歩兵操練科設置と神学専門科設置の件で北垣が尽力してくれたこと、近々神学専門科は開設されることになったことの礼を述べながら、医学校の件で、「右訳書相呈　（闕字）閣下之御配慮」を仰ぎたいと述べている（三・四二五、参照）。

（4）明治二二年二月一六日、井上馨宛書簡

新島は、この書簡では、まず冒頭に、

「慎テ
（平出）憲法発布ヲ祝賀ス」

と、平出を用いて憲法発布を祝している。そして、井上邸で出火との情報を得て、「其日ハ　（闕字）閣下ニモ多分御留守之御事ニテ、…………」と見舞文を送っている（四・五四～五五／〈自筆〉）。

（5）明治二二年四月一五日付、井上馨宛書簡

新島は、現在、神戸と大阪で有志者の集会を企画し、大学募金を行おうとしているが、なかなか期待するほどの協力が得られそうにない。それ故に、井上に対して、「閣下御来港ノ上………」、「………　（闕字）閣下御来坂ノ節ニハ」、「最早此上ハ　（闕字）閣下之御助力ヲ仰ノミト決断仕、」などと記して、井上が神戸・大阪に来る際に、是非力添えして欲

しいと記している。」（四・九六～九九／〈自筆〉）

（6）明治二二年四月二二日付、井上馨宛書簡

新島は、大阪の豪商たちへ募金を訴えている。しかし、どれだけの募金が集まるのかは不安である。新島は、井上に対し、「（闕字）閣下ニアラサレハ在朝大臣之御身分トシテ野ニアル小生輩ノ挙迄モ顧慮シ賜フモノナク、又閣下ノ如ク本邦ノ豪家紳商ノ瞻望ヲ握リ賜フモノナク、閣下ノ如ク大胆ニモ民間ノ挙ヲ助ケ賜フモノナキヲ確信シ、………」、「今回ノ勝敗ハ偏ニ（闕字）閣下之御助力アルト否トニ関ス………」などと記して、藤田、鴻之池その他数人の口添えを依頼している（四・一〇三～一〇四／〈自筆〉）。

（7）明治二二年四月三〇日付、北垣国道宛書簡

新島は、金森通倫を西郷大臣に面謁させるために、「是非とも（闕字）閣下之御添書を拝領」したいこと、「且又（闕字）閣下ニも大臣殿ニ御面接之際敝社大学之企ニ付御賛助可被下旨御話置被下間敷や」と、北垣知事にも直接に西郷への依頼をして欲しいこと、さらに、新島も本年中には上京して黒田総理大臣にも協力を要請するつもりであることなどを、記している（四・一〇九／〈自筆〉）。

（8）明治二二年六月四日付、井上馨宛書簡

この書簡でも、新島は井上に対し、「例之六千円ハ（闕字）閣下之御高配を奉仰度候………」、「御序ニ原氏へ（闕字）閣下よりも御話置被下度奉仰候、………」と、約束の寄付金の納付と、原の新島に対する誤解を解く手助けなどを、要請している（四・一四八～一四九／〈自筆〉）。

（9）明治二二年一一月二〇日付、井上馨宛書簡

上京している新島は、今は風邪を引いて井上に会えないことを伝えるために、「拝啓、陳者（闕字）閣下ニハ………」との書き出しで始まる短い書簡を送っている（四・二四二／〈自筆〉）。

（10）明治二二年一二月一六日付、井上馨宛書簡

新島は、井上の配慮で群馬での募金がうまく運んだこと、また、上州方面への募金は来春に再び行うつもりであることなどを、「拝啓、寒気漸々相募候際（闕字）閣下ニハ如何………」で始まる書簡で伝えている（四・二七二／〈自筆〉）。

（11）明治二三年一月一〇日付、北垣国道宛書簡

新島は、北垣に対して、「粛啓、陳者兼而待居候二十三年之春を迎ふるに付き、小生輩ニも種々之感情を惹起し候得は、まして牧民家たる（闕字）閣下ニ於而無量之御感慨も被為在候半と奉遙察候、………」と、新年挨拶を述べ、また、下村孝太郎がアメリカ留学を終えて帰国したことに伴う、同志社での「化学上応用之学科」設立について、相談したい旨などを記している（四・三三〇～三三一／〈自筆〉）。

以上のように、明治一五年から二三年までの北垣、板垣、井上宛書簡における、読み手表記に対する闕字措置を見てみると、これらも全て、書簡の読み手の価値意識・儀礼意識を配慮しながら、読み手のキリスト教への関心を高めさせたり（板垣）、新島の同志社の運営や大学設立運動への協力を得ようとする（北垣と井上）ものである。

しかし、闕字に込められた意味は、読み手に応じた違いもある。書簡内容を見ると、新島の北垣と井上に対する信頼と期待は強く、彼らに対して用いる闕字には、新島自身の偽らざる敬意・感謝・期待などの思いが込められていると言える。

だが、板垣に対して用いる闕字は、多分に儀礼的形式的な要素が強い。新島は板垣に対して、「閣下ニし而我東洋改良を以自任せらるゝならば、先第一ニ閣下之御心を新ニするこそ急務中之大急務と存候」、「閣下ニして尚遅々旧ニより旧衣を着し断然自新民とならされは、閣下之事業も芳名も志操も工風も焦心も百年を出さる内恐ラクハ高知之浜辺ニ消滅し去らん」と記述し、大胆にキリスト教を受容するように迫っている。しかし、相手は、ヨーロッパ視察で、

「人民ニ宗教心アル事」（二・三二〇）を目撃し、日本人にも「一ノ宗教カイルト答」（二・一七五）えたとはいっても、「民権」の中心人物であり、君主権を転覆させようとしている人物であり、新島の価値意識・儀礼意識とは、随分と距離がある。新島は、そのような人物に対して、彼のキリスト教を大胆に述べる際には、相手に対する闕字を多用して、読み手の反発を避けようと工夫している。このような工夫の仕方には、明治四年六月の「請願帰朝之書」草稿における闕字措置の場合と比較すると、闕字を使用する新島の心理は天皇と板垣とでは異なるのだが、やはり共通点もある。

現在の私たちは、新島が実際にはどれくらいの書簡を発信し、それらの中で、誰に対する書簡でどの様な闕字儀礼を用いたのかについて、その全容を知ることはできない。〈全集〉には、以上紹介した人物に対する書簡以外にも、木戸孝允（明治五年五月三日付）、森有礼（明治一一年一一月二日付）、陸奥宗光（明治一七年三月二二日付、二三年一月一八日付）、大隈重信（明治二一年七月一〇日付二簡、同年一〇月一五日付、同年一一月二三日付、二二年八月二二日付、同年一〇月一八日付、同月二三日付）、勝安芳（明治二一年一一月付）、九鬼隆一（明治二二年二月九日付）、松方正義（明治二二年一一月二五日付）らへの書簡も収められていて、新島は、読み手を「閣下」（森、陸奥、大隈、九鬼、松方）、「先生」（勝）、「大臣殿」（大隈）と表記している場合もある。しかし、この度の私の調査は、新島遺品庫収蔵の〈自筆〉を確認しただけであり、これらの書簡の内、遺品庫に〈自筆〉が存在するのは、陸奥宛二簡、大隈宛一簡、勝宛一簡である。これら以外は、〈自筆〉が遺品庫に存在せず、この度の調査では自筆資料を確認できていない。

以上が、私が試みた闕字の意味分析である。

終章　結論

すなわち、キリスト者新島の明治天皇に対する敬愛は、勤王主義に基づくものではなく、官吏や民権家に対する敬愛や期待も、やはり新島のキリスト教による日本改造戦略に関わったものであり、武士的な儒教倫理が背後にあるわけではない。キリスト者新島は、明治天皇とその官吏、民権家の思想と行動の中に、新島と触れ合うものを見出し、その限りでは彼等を敬愛し期待もするのである。従って、キリスト者新島が用いる闕字は、彼自身とは価値意識・儀礼意識を異にする人間との間に、良好な関係を築くためのマナーであった、というのが私の結論である。

他方、帰国後の新島は、教会の説教草稿では天皇を表記することはあるが、闕字を用いた事例は確認できなかった。従って、帰国後の新島は、教会内部では、あの闕字不使用宣言に見られるところの、ピュアなピューリタンとしての儀礼を守り続けたと言える。

以上の分析結果から、新島による闕字措置とその頻度は、書簡などの文章の読み手に対する新島の敬愛や期待感の深さと、必ずしも比例しているとは限らないことが判る（その好例は、明治一五年に起草された三本の同志社大学設立の趣意書草稿における天皇表記の違い）。

私のこの度の〈自筆〉調査では、新島が森宛書簡（三・一五六）で闕字を用いたのかどうか（「閣下」と三箇所で表記している）は、確認できなかった。しかし、新島にとって、森が特別の存在であり、新島が森に対して強い信頼感・期待感を抱いていたことを窺わせる資料がある。

その一つは、〈全集〉に唯一収録されている森宛の書簡である。この書簡は、明治一一年一一月二日付であり、新島は、先般外務省に申請した外国人女教師寄留許可願いが却下されたことに言及し、同志社に新たにゴルドン（M.L.Gordon）を雇い入れる件についての周旋を、当時外務大輔であった森に依頼しながら、次のように記述している。

「去春女教師雇入之義に付、御省中之賢官鄙生輩之為す所国典に触る、とかの御懸念有り、遂に免状も御下け渡に不相成、空しく鄙生輩をして長太息せしむるに至りし事、閣下の既に聞知せる所也、若し此度の願書も府庁より達せる実に信すへからさる探索書等に牽制せられ御擯却し賜らば（此度は如何か存せされども）、鄙生輩をして長太息せしむるのみならず、下民をして愛国心を憤起せしむるの道を防き、遂には有志輩をして怨を政府に結はしむるに至らん、是当路の賢官有為の国医予め之を未前に防がすんはある可からざる所なり、閣下頗賢明幸に鄙生の頑剛言はんと欲する所は明々白々に吐露し敢て憚からざるを恕し、又愚狂国を愛して一日も忘れざるの丹心を愛し、速に米国人ゴルドン氏への寄留免状投与賜らは、鄙生再ひ仰て青天白日を見るを得る也」（明治一一年一一月二日付、森有礼宛／三・一五七／〈自筆〉なし）

新島は、女教師寄留願いが不許可になった理由が、京都府からの同志社に関する信用できない情報に基づく政府の判断なのであれば、そのような行為は、人民の愛国心を塞ぐことであり、最後には人民は政府を怨み反旗を翻すことになる、政府の賢者は、そのようなことにならないよう、未然に策を行うべきであると記し、さらに、森は「頗賢明」であり、幸に新島の「頑剛言はんと欲する所は明々白々に」に知っているのだから、新島が「吐露し敢て憚からざるを恕し、又愚狂国を愛して一日も忘れざるの丹心を愛し」、ゴルドンの件については、是非、許可が下りるよう計らって欲しい旨を伝えている。新島は、森を新島の肺肝を知っている人物と見なし、強く信頼していたからこそ、このような表現を用いているのであろう。

また、「閣下頗賢明幸に」云々という記述は、あの明治四年六月の「請願帰朝之書」における、「天皇頗賢明」云々の行を想起させる。明治五年四月七日付の民治宛書簡では、新島は田中への不信を「明治政府」へも反射させ、明治一一年二月二八日付の寺島宛書簡では、「朝廷」＝天皇へも反射させていることから考えると、明治四年六月の新島は、彼の前に突然現れた「頗賢明」な森を念頭に置きながら、森への印象を天皇へ反射させていたのではないだろうか。新島にとって、天皇とは帰国後においても、実体の捉えきれない存在であったのであろう。新島の天皇観は、天皇を「補翼」する「群賢」たちの一挙手一投足で、明暗が反転するのである。

新島の記録帳である「漫遊記」を見ると、新島は、明治二二年二月一一日の憲法発布に対する祝文を、朱筆で記した後、続けて、やはり朱筆で、

「森大臣兇徒西野文二郎ノ
手ニカ、リ出刃包丁ヲ以テ
腹部ヲサ、レ、翌十二日
午前五時薨去ス　　　　」（「漫遊記」／五・三八四／前掲／［写真46］）

と、記している。

それだけではない。新島全集第四巻、「書簡篇Ⅱ」を見ると、新島は、明治二二年二月一二日付、不破唯次郎・杉田潮・杉山重義宛の長文の書簡は、冒頭に「御互ニ憲法発布ヲ祝賀ス」と記し、末尾は「○森大臣ニハ昨日刺客ノ為ニ刺、レシヨシ」と記しているし（四・四五〜四八）、二月一九日付、片桐清治宛書簡の追って書きでは、「憲法発布

を祝す」と「森大臣の暗殺には実に驚入候」とを並記し（四・五六）、その他、二月一三日付の徳富宛書簡（四・四九）、一六日付の井上宛書簡（四・五四〜五五）、二月（日付は不詳）付の新島公義宛書簡（四・六二）でも、憲法発布への祝文と共に、森の刺殺事件に言及している。これらの記述は、新島にとって森の刺殺事件とは、彼の記録帳である「漫遊記」に、憲法発布と共に朱筆して記録すべき、重大事件であったことを示している。

おそらく新島にとって森とは、新島に明治天皇の明君イメージを与え続けてきた人物であったのであろう。憲法発布は祝うべきことである。しかし、ちょうどそのとき、新島は、彼の明治天皇に対する敬愛を媒介してきた重要な人物を失ったのである。

では、新島は、森の刺殺事件をどのような目で捉えていたのであろうか。新島は、二月一三日付の徳富宛書簡では、次のように記述している。

「一昨日又昨日両回之電報ヲ以テ森大臣云々之事御通知被下、御手数之程奉万謝候、右暗殺之事之原因を見出スニ苦シ［キ］ニ、昨日大坂公論に大臣之去七日大学職員生徒ニ為しタル演説中甚不穏之語アリ、是等カ或ハ此度之兇変之一源因ニハアルマイカト存し居候、何レ紙上ニ相分リ可申候得共、御序ニ実際之所御漏し被下度候」（四・四八）

新島は、森の事件を徳富からの電報で知った。しかし、なぜ森が暗殺されたのか、その理由が分からなくて苦しんでいた。その後新島は、昨日の「大坂公論」に森の不穏当発言の記事が掲載されているのを見て、これが暗殺の一原因ではなかろうかと、推察している。

新島は、明治天皇を敬愛し儀礼も重んじる。それは、単に対外的・表面的な儀礼に留まるものではないのである。

私の調査では、新島が「皇室」は尊崇すべきものと述べた事例は、確認できなかった。新島が、明治一五年一月二九日に京都第二公会で行った、「改新の説」という説教草稿には、「基督教ハ国害ヲ為ス者タ、如何トナレハ民権ヲ論シ皇室ヲ軽ス」（二・六五／〈目録上〉五四五番）という記述がある。これは、キリスト教批判の一例を示したものであるが、このような批判に対する、新島の反論部分は記述されていない。

すでに検討したように、新島から見れば、明治天皇は権力を保有する人間=皇帝であるが、この明治日本に現れた皇帝には、日本を真の文明社会へと導く意思があるものと見なして、敬愛し期待もする。新島は、ある説教では、「人命ヲ重［シ］、人ノ名誉ヲ尊ミ、人ニ敬礼ヲ加ヘ、人ヲタマサス人ヲ諂ラス、人ヲ殺サス、可成人ノ身分ノ立事ヲ計ル」ことが、「人間ノ本位」「最モ人ヲ愛スルノ極」（「愛神愛人」／二・三七三）だと述べている。

新島は、キリスト者として「人間ノ本位」を尽くすべく、天皇の「名誉」を尊び、天皇に対する「敬礼」も行うのである。だから、明治一六年の新島も、「出遊記」の中で、神武天皇から遡る三柱の神名を列記して、天皇家の祖先（もちろん、神の被造物であり人間という意味で）にも敬意を表しているのであろう。

そのような新島の愛人論に基づいて見れば、天皇の名誉を尊び敬礼するかつての森の態度は、評価に値するものであったのであろう。

新島は、徳富に対して、真相は判らないから、判りしだい連絡してくれるように依頼している。だが、全集の来簡篇を見ても、その後、事件の真相について、徳富が新たな情報を提供した形跡はない。

ところで、徳富は、三月二日付の新島宛書簡で、「府下も森子刺殺以来何となく保守的反動の大勢ヲ激成し、伊勢大廟とか何とか頻りニ色々の事ヲ喋々致居候、而して人民の軽佻浮薄ナル実ニ可驚可嘆、」（明治二二年三月二日、徳富からの書簡／九下・七六六）と、森の刺殺事件を契機とした、社会の保守反動化の動きを伝えている。新島は、この徳富に対しては、

「陳者御申越之伊勢大廟云々之事共実ニ驚入たる次第ニ候、我カ同邦ノ如斯モ変化易く如斯モ瓢々たるは甚与ミし易くして、到底我東洋ニ銕腹男子なる彼ノピューリタン人種ハ出来さるものやと毎々疑念を抱き居候、乍去数百年之星霜を経ハ或ハ難期事とも存し不申、只今日ヨリハ其準備ニ着手いたし度候、其着手ハ先吾人をして真之自由教会ト

自由教育ヲ得セしめよ、此二件ハ車之両輪あるが如く是非トモナカラネハナラサル者と確信仕居候」（明治二二年三月五日付、徳富宛／四・六七）

と記している。

新島は、森殺傷事件のニュースを得て、驚きを禁じ得ないでいる。新島が「伊勢大廟云々之事共」と記しているのは、西野の「森有礼暗殺趣意書」の文面であろう。西野は、その趣意書の中で、「謹テ按スルニ伊勢大廟ハ万世一系天壌ト窮リ無キ我皇室ノ本原タル天祖神霊ノ鎮座シ玉フ所ニシテ、………然ルニ文部大臣森有礼之レニ参詣シ勅禁ヲ犯シテ靴ヲ脱セズ殿ニ昇リ、杖ヲ以テ神簾ヲ掲ケ其中ヲ窺ヒ、膜拝セズシテ出ス、是レ其無礼亡状………有礼ノ不敬ヲ大廟ニ加ヘシハ即チ皇室ヲ蔑如シタルモノニシテ、国家ノ基礎ヲ傷リ、国家ヲ亡滅ニ陥ルルモノ」[1]と記している。新島は、「大坂公論」の場合も森の不穏当発言に関心を示していたことから考えると、新島は、伊勢大廟での森の天皇家に対する不敬を問題にしているのではないだろうか。

新島のキリスト教からすれば、天皇と天皇家は敬愛すべきものである。そして、森もかつては天皇と天皇家を敬愛し、礼儀も重んじていた。だから、明治四年六月に「請願帰朝之書」を起草する新島は、森の価値意識・儀礼意識を配慮して闕字を復活させたのであった。そして、その後の新島は、森や田中をはじめとする天皇の官吏たちの発言や政策を通じて明治天皇の積極面を捉え、人民を真の文明の民へと導く可能性のある皇帝であるとの期待感を強めていった。

もちろん新島から見れば、森ら天皇の官吏たちの天皇に対する敬愛の意味は、新島のものとは同じではないし、彼らの儀礼形式も、新島がキリスト者として守るべき本来のマナーとは異なっている。しかし新島は、同時に彼らの天皇に対する敬愛と儀礼の奥に、共に天皇を敬愛する者同士として、触れ合うものを見出していたに違いない。だから、伝え聞く伊勢大廟事件が事実とすれば、それは森の天皇家に対する非礼だと、新島は捉えるのであろう。

それにしても、これらの森に関わる表現からは、晩年に至るまで新島が、どんなに強く森に期待していたかがよく判る。もちろん新島は、森像だけを天皇に反射させていたのではないだろう。しかし、森の死によって、新島は最も重要な像源を失ったのではないだろうか。

だが、新島は諦めない。森は死んだ。しかし、憲法は発布された。新島は、あくまで初心を貫き、日本改造のために全力を尽くす、というのが徳富への返書の主旨である。

さて、最晩年の新島が、苦難の中、病床に伏して後にも、雄大な日本伝道と大学設立を諦めなかったことは、よく知られているが、新島の心境は、すでに紹介した、

「徒仮公事逞私慾　忼慨誰先天下憂
　廟議未定国歩退　英雄不起奈神州」

という、漢詩に見事に表現されている。

新島は、「廟議未定」と言うのだから、依然として天皇の政府に対して希望を棄てていないのである。しかし、いまだ、天皇の政府は、進むべき方向が定まらず（憲法発布の後においても、私学に徴兵猶予の特典を与えない）、その間に、日本民族の危機は深刻化しつつある。この迫り来る日本の危機を救うのは、「英雄」であり、その「英雄」は、同志社大学が設立されて初めて生み出されるというのが、新島の見通しであり、日本改造の基本構想である。

新島は、倫理的道徳的にも、また、人民の権利を全うするという点においても、天皇とその政府はいまだ不完全であり、彼らを完全化させ日本を救うのが同志社であり、キリスト教だと見なしている。つまり、新島において、天皇の皇帝としての完全化は、キリスト教に媒介されたものであり、新島の天皇尊崇は最晩年に至るまで、徳富の言う生の「日本精神」「武士精神」とは、原理的に異質なものだったのである。

注

（1）犬塚孝明『森有礼』（吉川弘文館、一九八六年）、二九九〜三〇〇頁。

あとがき

本書は、「新島襄の闕字について」と題して、『新島研究』（同志社大学人文科学研究所・同志社社史資料室発行）の第九〇号（二〇〇〇年二月）から第九二号（二〇〇二年二月）にかけて掲載していただいた論文を、部分的訂正を行った上で一冊にまとめたものである。この論文は、元は、私が、平成一二（二〇〇〇）年三月、岡山大学に提出した学位請求論文『新島襄の思想史的研究』の第三章であり、第一章は「新島襄の『創造主』受容について――密航理由の再検討」、第二章は「新島襄の儒教論」であった。これら第一章と第二章の論文は、新島のキリスト教思想の特質を扱ったものとして、別に用意している論文と共に、機会を改めて出版したいと考えている。

私と新島との出会いは、曲折あってのことである。私は、平成元（一九八九）年春から岡山で発行されている部落問題を扱う雑誌の編集に従事するようになり、次第にこの問題に対する思想史的な関心を抱き始めていた。平成五（一九九三）年、岡山大学大学院の中に文化科学研究科が新設されたので、私はそこに入学し、岡山県が生んだ著名な融和運動家である三好伊平次に関する研究に着手し、関係資料を収集していた。だが、しばらくすると、私の関心は、明治や大正期の政府による部落改善や融和政策、さらにその背後にある思想にも広がり始め、私は、三好の思考や行動の意味を、政府による政策や思想との連関で捉えたいと考えるようになった。

政府の融和政策の歴史を遡っていくと、キリスト者留岡幸助の存在が浮かび上がってきた。彼は、明治末期、政府に対し部落改善政策の必要を進言したとされる人物である。すると私の関心は、キリスト教・部落問題・政府という三者の意味連関へと向かい始め、この問題を解く鍵を留岡思想の中に探ろうとして、『留岡幸助著作集』や『留岡幸助日記』などの資料を読んだ。

ところが、留岡自身が、彼の生き方は、恩師である新島襄を手本としたものであることを、繰り返し語っている。だとすれば、私が留岡思想を理解するためには、まずは彼が手本と見なしている新島の思想についても勉強しなければならない。私は、こう思い始め、今度は、当時はまだ刊行中であった『新島襄全集』を購入して読み始め、さらに『新島研究』のバックナンバーや、それに掲載されている主要論文などを手に入れようと、初めて同志社社史資料室を訪問した。それは、平成七(一九九五)年六月頃であった。

その頃、同志社社史資料室には中西清和さんがおられ、初めて同志社を訪問した私に対して、親切に応対して下さり、やがて新島研究会にもお誘いいただいた。その頃以降、私は、まるで新島精神の虜のようになり、新島研究に没頭した。

しかし、研究はなかなか進まなかった。私は、新島におけるキリスト教精神の特質を、彼の幼少期からの武士的な儒教、密航体験、ニューイングランドを中心とした西洋体験などの内容に着目しつつ、捉えようとしていた。しかし、まとまった著作や自伝を著さなかった新島の思想形成過程を追うことは、思うようにはいかず、膠着状態がしばらく続いた。当時、私は、新島の思想形成を、彼の倫理観や世界観の変遷を通じて検討しようとしていた。だが、それが、実際にはなかなかクリヤー・カットには描き切れない。

このように私の研究が行き詰まっているとき、岩間一雄先生は、私に対して、新島の祈祷論に着目するようアドバイスを下さった。新島の場合は、福沢諭吉などの場合とは異なって、本格的な儒学体験はない。その新島が、西洋世界を体験するとしても、それは、儒教とキリスト教との思想体系の対立緊張として捉えられるわけではない。新島の場合は、儒教的な生活体験と、日本人としては稀な長期にわたる西洋体験があり、生活体験を通じて両者の違いを理解しているはずである。だから、キリスト者新島の場合は、彼の祈祷体験の意味分析を試みてみてはどうか。岩間先生は、このような助言を下さった。そして、私が、先生からの助言に従い書き上げたのが、「新島襄の儒教論」（『新島研究』第九〇号、一九九九年二月）である。

この論文は、新島思想の質的転換を、資料的制約があるにも拘わらず、因果連関の中で捉えようとし過ぎた面があり、論証の弱さがある。しかし、それでも、この論文は、私の新島研究にとって画期的なものであった。ともかく、新島の儒教批判の意味を確定できたことで、新島の思想形成過程についても、見通しが持て始めたからである。私は、この論文を書き上げた後に、再び、新島の文明国家観などの検討を行おうとしていた。その過程で、新島の闕字にも関心を抱くようになった。

新島全集の闕字表記には不正確さがあることに気付き始めると、私は、新島の闕字措置の実態を知ろうと、何度も社史資料室に通い、新島遺品庫に収蔵されている直筆資料を閲覧し始めた。私は、いつのまにか夢中になっていた。なぜなら、近年、新島関係資料が公開されるようになっていても、いまだ、新島の闕字の実態に注目した研究者はおらず、私の眼前にだけ、その真相が次々と姿を現し始めたからであり、また、新島の闕字措置は、時々の心情の動きを写すように変化しているからである。以上が、本書出版に至る私の研究軌跡の概要である。

私の恩師・岩間一雄先生にとって、長年、岡山大学で指導された学生たちの中で、私ほど手が掛かり、しかも成果を挙げるどころか、しばしば先生を落胆させた学生はいなかったと思う。その私が、この度本書を出版することになった。それは、先生の深い愛情の賜物であり、また、新島の熱い理想精神が私の心を捉えたからである。とはいえ、この間に、余りにも多くの時間が過ぎ去っていった。両親は他界し先生は退官され、妻には多大な負担をかけ続けてきた。先生、両親、妻の愛情に対し、私は、今後の研究生活を通じて、少しずつ報いていきたいと思う。

本書出版に至る過程では、実に多くの方々のお世話になっている。その内の幾人かについては、この場を借り、お名前を掲げてお礼を申し上げたい。

学位審査では、岩間先生をはじめ、住谷一彦先生、河野仁昭先生、稲村秀一先生、高橋文博先生、小畑隆資先生にお世話になり、厳しくかつ有益なるご批評や助言をいただいた。新島研究会（同志社大学人文科学研究所、同志社社史資料室第一部門研究（新島研究））では、研究発表と『新島研究』への投稿機会とを与えていただき、代表者の井上勝也先生をはじめ多くの会員の方々から、適切な助言や励ましの言葉をいただいた。また、日本経済思想史研究会でも、やはり発表の機会を与えていただき、逆井孝二先生をはじめ多くの会員の方々からご指導をいただいた。

さらに、新島の闕字調査や本書出版に際して、同志社社史資料室に大変お世話になった。とりわけ本井康博先生は、新島に関することなら、いつでも何でも相談に乗ってくださる、私の新島研究には欠かせない方である。私は、ときには、先生の見解に対して批判的な論述も行っている。しかし、先生は、いつも私の見解に耳を傾けてくださる方であり、私は、何か新しい着想が浮かぶと、いつもまず最初に、先生にお会いしたり電話をしたりして、話を聞いていただいてきた。また、現資料室長の谷口宇平氏には、『新島研究』に掲載された私の論文と写真資料の本書への転載を、快諾いただいた。

最後に、長年、岩間先生の下で共に学んでいる、中尾友則氏をはじめとする学兄・学友に謝意を表したい。紆余曲折の多い私の研究生活は、これら学兄・学友たちの励ましによって支えられてきた。

なお、本書出版に際し、大学教育出版の佐藤守氏から格別のご厚情をいただいた。末筆ながら、こころよりお礼申し上げたい。

明楽　誠

二〇〇二年八月

■著者紹介
明楽　誠（みょうらく　まこと）

1953年　岡山県久米郡久米南町に生まれる
1979年　岡山大学法文学部卒業
2000年　新島論文賞受賞（同志社大学人文科学研究所）
　　　　学術博士（岡山大学）
現　在　『人権21・調査と研究』（岡山部落問題研究所）編集長

現住所　〒709-3604 岡山県久米郡久米南町南庄3161
　　　　E-mail: myrkm@gw5.gateway.ne.jp

闕字《けつじ》にみる新島襄の精神と儀礼

2002年9月30日　初版第1刷発行

■著　者――明楽　誠
■発行者――佐藤　正男
■発行所――株式会社 大学教育出版
　〒700-0951　岡山市西市855-4
　電話 (086) 244-1268　FAX (086) 246-0294
■印刷所――サンコー印刷株式会社
■製本所――大橋製本株式会社
■装　丁――ティーボーンデザイン事務所

ISBN4-88730-498-6